Geshe Sonam
Gyaltsen Gonta
索南格西

Kunchok
Shithar
貢卻斯塔

Saitou
Yasutaka
齋藤保高

——著——

西藏的般若心經

チベットの般若心経

中國文化大學
日本語文學系副教授

涂玉盞
——翻譯——

推薦序
觀自在與舍利子的對話──色即是空，空即是色

陳又新

在中華文化的社會裡，相信對流傳一千多年的觀自在與舍利子的對話──《般若波羅蜜多心經》的內容並不陌生，至少「色即是空，空即是色」的說法也常常聽到。及至現代，由於資訊爆炸，傳播迅速，不同文化間的交流、互動極為頻繁，各種版本或文字的《般若波羅蜜多心經》，以及相關專門文章、論著，早流傳於國際社會，研究風氣盛況空前。

佛教裡有甚深與廣大的兩種法門：中觀與般若，其中般若是屬於廣大法門，而甚深的中觀法門，卻也是源自於對般若的領悟。般若法門主要是佛陀在第二次轉法輪時所開示的《般若波羅蜜多》經典。《般若波羅蜜多》文獻在印度的發展，前後經歷了一千多年之久。

最古老的般若經是《八千頌般若波羅蜜多經》，整部經典的編纂約歷時兩個世紀以上。約在紀元之初，《八千頌般若波羅蜜多經》開始被增編成《大品般若經》的形式，也就是今日所常見的《十萬頌般若波羅蜜多經》、《二萬五千頌般若波羅蜜多經》和《一萬八千頌般若波羅蜜多經》。《大品般若經》的編纂約經歷了三個世紀，也組合了不同時期的作品，但由於卷帙龐大以及冗長的重複，使得原本就深奧難懂的《大品般若經》，更加不易理解和憶持。因此，為了使人容易瞭解般若經義，而有了一些變通的發展。方式之一，就是將般若經的體裁朝精簡的形式發展，如《金剛經》與《般若波羅蜜多心經》。另一種方式，就是將《大品般若

經》濃縮精鍊，系統地將其要義全部貫通起來，作成一部綱要性的般若經釋，如《現觀莊嚴論》。

《般若波羅蜜多心經》的字數約是《大般若經》總字數的萬分之一，卻是《大般若經》的精華所在。在我國歷史上，從姚秦天竺三藏法師鳩摩羅什譯出《摩訶般若波羅密大明咒經》開始至宋朝為止，可考的至少就有十一次漢譯，現存九本。其中唐代三藏法師玄奘譯的兩百六十字《般若波羅蜜多心經》，由於字數精簡，涵括佛教的重要思想，且容易記頌，故而流傳最廣，至今仍是學佛者都能琅琅上口，甚或抄寫《般若波羅蜜多心經》皆視為一種功德或修行。同時，由於經文內容言簡意賅，想要瞭解其中蘊含的義理，必須藉助進一步的分析解釋，才能理解，使得歷來講解或注釋《般若波羅蜜多心經》的專家學者非常多。儘管如此，但仍無法滿足廣大《般若波羅蜜多心經》讀者的需要。主要的原因是：從一千多年前由梵文翻譯成中文的《般若波羅蜜多心經》，因時空環境不同，在理解或解釋上恐將產生許多衍義，這是有心瞭解佛教思想或信徒所不樂見的事。例如：《般若波羅蜜多心經》開頭的「觀自在菩薩」尊稱，被以說文解字方式無限延伸解釋，卻少將「舍利子」比照說明。再如，結尾咒語「揭諦，揭諦，波羅揭諦，波羅僧揭諦，菩提薩婆訶」的發音為何也引起討論。由於玄奘是以唐代的聲韻來音譯，現代人則以當代的發音或用注音本來頌讀，時隔千年，難免失準。雖說心誠則靈，但若能一開始就明白始末、唸出梵音，豈不更直接、更精準，這在藏文版裡是可以達到的。

七世紀時，西藏社會為了傳遞文化，特別根據梵文創造出自己的文字。九世紀時，更為了精準翻譯從印度傳來的佛典，甚至把西藏文字進行

改革。這種精準傳播梵文佛典的文字運用，一直到今天，連在印度本土已經消失的佛典都可以從藏文的譯本翻回梵文，可見藏文在傳播佛教思想上的重要性。一般而言，藏傳佛教分為前、後弘時期。在前弘時期，主要是翻譯佛典文獻，依照藏文《登迦目錄》所列的六類大乘經典中，屬於《般若經》類，就有《般若十萬頌》等大、小經典十六種，注釋有《般若十萬頌大疏》等五十二種，已譯未校的有《般若四千頌》及《念住經》兩種。在後弘時期，有竭力提倡般若教義的大譯師仁欽桑波（Rin chen bzang po, 958-1055）譯講《二萬般若釋》、《八千頌般若》及《八千頌大疏》等。從迦濕彌羅（Kasmira）學成返回西藏的額羅登喜饒（Nor blo ldan shes rab, 1059-1109）在廣弘般若之外，更譯出《現觀莊嚴論》等許多般若經論，其後世弟子更是繼之廣弘般若經論、撰述多種般若釋論傳世。1042 年應邀前往西藏弘法的阿底峽（Atisha, 982-1058）除協助仁欽桑波所譯的《般若八千頌》、《二萬光明論》、《八千頌大疏》等校訂外，後到轟塘也講解《現觀莊嚴論》、《二萬光明論》等，其弟子種敦巴（'Brom ston pa, 1005-1064）——迦當派（bKa' gdams pa）的創祖，更是常講《般若八千頌》、《八千頌大疏》、《略疏》、《二萬光明論》等。至今，解釋佛教般若思想的《現觀莊嚴論》，仍是西藏各派寺院中所必修的課程之一，而期間學者的學習心得或著述，數量極多，令人目不暇給。

　　值得一提的是，般若除了是佛學中重要的思想之外，更是實踐修行成佛的重要依據。在藏傳佛教裡有以般若為主要修行法門的宗派：希結派（Zhi byed pa）與覺宇派（gCod yul pa）。希結派的「希結」是能息滅的意思，是指依般若空義對治我執煩惱，加以修行來息滅惑業苦等。此派後

又分前、中、後期傳承，都是傳揚般若修行教授的中堅。覺宇派的「覺宇」是指能斷對象，即以般若空慧作為能斷我執的修行，這系又傳出男系的頗覺（Pho gCod）、女系的摩覺（Mo gCod）。雖然目前這兩派已經不存在，但他們的般若修行法門教授，卻早已遍融於全藏傳佛教各派中，至今未斷。

藏文版的《般若波羅蜜多心經》對學習藏文者並不陌生，因為大多數人學完藏文字母拼音後，多會以它作為閱讀教材。一方面藏文的《般若波羅蜜多心經》可與中文譯本相互對照學習之外，另一方面也可瞭解這段般若思想發生的始末原貌。故事的場景是：有一天佛陀和他的學生們：比丘、菩薩，出家與在家眾，到王舍城城外的靈鷲山上課。大家依序坐定後，佛陀開始教授極深的禪定修習課程。當大家也依法練習時，有位名叫觀自在菩薩的同學，對修習空性智慧禪定特別有心得，另一位出身舍利族、名叫具壽的同學請教他的看法。這時佛陀也聽到他們兩人的對話，除大加肯定外，並要求所有同學們依此學習。這一段師生上課情節，在玄奘法師所譯的《般若波羅蜜多心經》是沒有呈現出來的；因此，若想運用圖像記憶來加深對般若思想瞭解者，閱讀藏文版的《般若波羅蜜多心經》應是不錯的選擇。

（本文作者曾任南華大學宗教學研究所助理教授）

作者序
以實踐為目的的佛教哲學

為等虛空眾生，施予智慧與慈悲，

於三無數劫，圓滿累積二資糧，

導三千大千娑婆世界，

吉祥大導師　釋迦族的尊佛，我頂禮。

在西藏佛教的寺院中，僧侶們齊聚大殿修法時，大多從這一節偈頌開始誦起。內容首先禮讚頌揚釋迦牟尼佛（釋尊）的功德，接著禮讚以龍樹（Nāgārjuna）為首的印度佛教八大祖師的豐功偉業。從這一點可以看到，西藏的佛教徒們是多麼遵循教主釋尊的教法，及傳承印度祖師們的教理，所以他們以印度佛教的忠實繼承者自居。

釋尊出生在娑婆世界，也就是我們所在的這個宇宙，目的是為救渡一切眾生。他是一位從不間斷、堅持救渡一切眾生的佛陀。為了救渡這個地球的眾生，釋尊出生在古印度，是一位釋迦族的太子。他運用了凡夫思慮所無法想像的巧妙方法，在各種機會場合上，向人們以及一切眾生伸出他救援的手。若問在這個救渡眾生的過程中，最重要的豐功偉業是什麼？答案應該是開示了正確的教法。用佛教用語來說就是「轉法輪」。也正因為有轉法輪的恩德，在遙遠後世的我們才能夠學習佛教、實踐佛教。

在菩提迦耶（Buddha-gaya）的金剛寶座上，釋尊示現開悟後，從最初在鹿野苑（Mrgadava）「初轉法輪」開始，到最後在拘尸那揭羅（Kucinagara）的娑羅雙樹下入滅的這段時間，為眾多弟子們說了各式各樣的教法。這些教法被大致整理分類為初、中、後的「三轉法輪」。

首先的「初轉法輪」，是以四諦的教法為中心，是佛教教理的基本架構。其次的「中轉法輪」，則以說明究竟真理的空性以及闡述與空性表裡一致關係的甚深緣起為主。而最後的「後轉法輪」，則以解說到達究竟真理的過程中，所必須修習的瑜伽行、如來藏等多種教法為主。也就是說，釋尊說法依照著「最初鞏固基礎，其次一氣呵成地提示最甚深的內容，最後設定達到究竟目標的路程」這樣的順序。從這點看來，也可明白三轉法輪中，中轉法輪的內容才是最究竟的——換句話說，中轉法輪是直接表達釋尊真實意的教法。

*

中轉法輪的教法中，最主要的經典是《般若經》。《般若經》是一龐大經典群的總稱，《十萬頌般若》、《二萬五千頌般若》、《八千頌般若》等是最為人所熟知的。這些都由很長的戲曲所構成，透過多次反覆的表現，來傳達用言語所無法簡單表達的甚深幽玄的教法。

將如此龐大《般若經》的廣大甚深內容，整理成極精簡扼要、極精華濃縮的經典，那便是《般若心經》。因此應該可以說，《般若心經》就是中轉法輪的精髓。但正因為被濃縮得太短，想正確理解它的內容，適切的解說或加上注釋變得不可或缺。

在《般若經》、《般若心經》中，明白顯說的是空性與緣起，而隱藏

於字裡行間的是五道與十地的修行理論。這兩者是本書的討論重點，也正是西藏佛教僧院教育的中心課題，前者被整理成「中觀學」，後者被整理成「般若學」。西藏佛教的僧侶們花上將近十年的歲月反覆練習問難辯答，藉此來徹底學習般若學與中觀學。

在充分學習體會那樣的教法之後，希望進一步繼續求道的僧侶們，便開始認真學習實踐密教。密教雖然也有它殊勝獨特的方法論，但如果沒有中觀學或般若學做密教思想的基礎的話，是無法達成有用的修行效能的。而被密教視為是一切佛法頂端的《祕密集會》，也正因為有《般若經》所說的教義做基礎，才能成為真正有意義的、最高水準的密教。

仔細思維以上所敘述的，應該可以明白西藏佛教最中心的經典，確實就是《般若經》，而《般若經》的要點是濃縮了其精髓的《般若心經》。在這極精簡扼要的《般若心經》經文中，含藏著釋尊的真意。我們若從中觀學和般若學這兩方面來探討的話，應該能正確地理解西藏佛教的教理。

有了這樣的認識基礎後，接下來談本書的撰述企畫，也就是我們首先希望透過《般若心經》來學習西藏佛教，同時也為長期浸淫於佛教文化傳統中，並且熟悉漢譯《般若心經》的國人，深入淺出地解釋藏譯的《般若心經》。

＊

敬告與本書有緣的讀者們，在您閱讀本書前，希望能先注意下述事項。我們在撰寫本書時，預設了下述三點主要目標。

（1）以西藏佛教的角度為基礎，來解釋國人所熟悉的《般若心經》。關心這方面的讀者，請從第一章第五節「五種圓滿」開始，到第二章第二節（三）「空與無自性」，及第三章全部為主來閱讀。

（2）以《般若心經》為題材，闡述西藏佛教僧院教育的中心課題，即中觀學與般若學之一端。關心這方面的讀者，中觀學方面請以第二章、般若學方面請以第四章為主來閱讀。

（3）對於想要學習與修行西藏佛教，特別是密教的讀者們，本書能提供您必要的基礎知識，及重要佛教用語的意義。對這方面有興趣的讀者，希望您能從頭到尾閱讀一遍，並活用索引與注釋部分。

　　本書的題材並非是「淺顯易懂」的，《般若心經》的內容意義是甚深且廣大的。西藏僧院的僧侶們，必須用將近十年的時間、不分晝夜反覆修習中觀學、般若學。這樣的內容，哪裡是一本書就能簡單說清楚的。因此，即使是本書各章的說明也只是「介紹此教義一端」的程度而已，所以敬請讀者們諒解。

　　縱使如此，我們還是「希望盡可能地陳述內容的真意，希望本書對關心此議題的讀者們能有真正的助益」，所以有時候不得不犧牲「易懂」的部分，而將目標放在充實而有力的內容上。因此，對初學者而言，某些地方的說明可能會有點難懂。

　　但我們也秉持著「即使是初學者，只要多花點時間，邊閱讀邊思考的話，也一定能理解」的信念，讓這本書不會變得太難。本書雖然使用了專門的佛教用語，但也一定會在書中說明該用語的定義或意思。因此，書末索引所採錄的主要佛教用語，依筆畫的順序排列，並標示在日文原書中的

頁碼（即頁邊以[ ]標示的頁碼），且用黑體字標示，以方便查詢。即使如此，在閱讀時如果還是碰到不瞭解的名詞時，原則上請先理解書中所述的意義，並請繼續往下閱讀。

有效利用索引，並筆記新的用語，若能這樣稍做努力的話，本書對初學者而言，將會是滿有趣的一本書。對初學者的學習或修行（實踐）而言，熟悉本書的內容應該會很有幫助。

雖然本書的題材非常富有哲學性，但我們並無意將它撰寫成以學問為目的的學術書。《般若心經》說來雖是釋尊所說多數經典中，非常富含哲學性的一部，但它畢竟是以實踐為目的的佛教哲學，所以唯有能達成實踐基礎的任務，佛教哲學的存在才會有意義。在提升佛教實踐的質上面，本書若能盡一份心力的話，那是再好不過的事了。

但願與本書有緣的讀者們，本書均能回應您們所感興趣的部分和目的，也祈求大家能享受佛陀的恩惠……。如果能這樣的話，拙著若有些許功德的話，均迴向一切眾生除無明、除苦……。

藏曆 2129 年 1 月 15 日（2002 年 2 月 27 日）祈禱大法會日

索南格西（Geshe Sonam Gyaltsen Gonta）

貢卻斯塔（Kunchok Shithar）

齋藤保高（Saitou Yasutaka）

推薦序　觀自在與舍利子的對話
　　　　——色即是空，空即是色　　　　　陳又新　3

作者序　以實踐為目的的佛教哲學　　　　　　　　7

凡例　　　　　　　　　　　　　　　　　　　　　16

第一章

《般若心經》是怎樣的經典？　　　　　　　　　19

　　一　《般若心經》內容介紹　　　　　　　　20

　　二　《般若心經》的顯義與隱義　　　　　　24

　　三　般若波羅蜜的分類與定義　　　　　　　25

　　四　般若與方便　　　　　　　　　　　　　26

　　五　五種圓滿　　　　　　　　　　　　　　28

　　六　釋尊的加持　　　　　　　　　　　　　30

第二章

《般若心經》的顯義——空性與緣起　　　　　35

　　一　舍利弗尊者之問　　　　　　　　　　　36

　　二　觀自在菩薩之答——五蘊皆空　　　　　38

目次

（一）一切法的分類與五蘊　　38

（二）自性之意　　43

（三）空與無自性　　51

（四）空性的理解　　55

（五）空性與緣起　　60

（六）勝義諦與世俗諦　　67

（七）透過平易的實例來說明　　71

第三章

《般若心經》講述的教誨　　113

一　色即是空──甚深四句法門　　114

二　不生不滅──甚深八句法門　　121

三　五蘊、十二處、十八界的勝義無　　126

四　十二緣起、四諦、智慧的勝義無　　132

五　無住處涅槃的達成　　140

六　般若波羅蜜的真言　　143

七　釋尊印可　　144

八　會座所化歡喜受持　　145

第四章

《般若心經》的隱義——五道與十地　159

　一　資糧道　162

　二　加行道　171

　三　見道　176

　四　修道　186

　五　無學道　194

第五章

《般若心經》與密教　235

　一　顯教與密教　236

　二　本尊瑜伽與空性的修習　238

　三　生起次第　242

　四　究竟次第　245

後記　253

附錄　藏文版《般若心經》修行次第　　　　　　　　　261

　　一　藏文版《般若心經》原文與羅馬對音　　　262

　　二　藏文版《般若心經》漢譯（附玄奘譯）　　277

　　三　《般若心經》日課讀誦次第、修習法、功德　　283

本書引用之印度與西藏論師及其著作介紹　　　289

索引　　　　　　　　　　　　　　　　　　　295

目次

凡例

- 本書由五章構成，注釋置於各章結尾處。

- 本文中，說明或換言之語用（　）表示，主要引文中，作者補充語用〔　〕表示。

- 書末索引，主要採錄有助理解《般若心經》或西藏佛教的重要用語。各用語的定義或意思，請參照頁邊以［　］標記的日文原書頁碼。又，本文與注釋以黑體字標示重要用語。另，本文與注釋中所出現的參照頁碼，亦為日文原書頁碼。

- 書末所附「藏文版《般若心經》修行次第」，包括藏文經文、藏文讀音、漢譯文、玄奘漢譯文。進一步針對讀經、修行方法、功德利益做解說。又，在經文翻譯中，附上文中對該句解說的日文原書頁碼，以利讀者對照經文與本文。

- 本書介紹的重要人物及典籍，統一在書末附上簡單的解說與介紹。

又，本文中主要圖示，其共同的解說如下：

　　虛線「┈┈」表示同義、三角、四角的關係；實線「──」表示矛盾關係；點線「……」表示其他關係。

　　在佛教論理學上，兩者的存在關係可以整理成四種，即同義、三角、四角、矛盾關係。所謂「同義關係」，表範圍一致，也就是「若 A 即 B，若 B 即 A」的關係。所謂「三角關係」，表一方包括另一方，也就是「是

A 的話不一定是 B，但是 B 的話一定是 A」的關係。所謂「四角關係」，表範圍的某部分是重疊的，也就是「即使是 A 未必是 B，即使是 B 未必是 A，但有部分是適合 A 與 B」的關係。所謂「矛盾關係」，表範圍完全不重疊，也就是「如果是 A 不會是 B，如果是 B 不會是 A」的關係。

舉簡單實例來說，人類與人是同義關係，人與西藏人是三角關係，西藏人與比丘是四角關係，比丘與世俗人是矛盾關係。又，舉圖 1 為例，心王與識是同義關係，心所與想是三角關係，心所與行是四角關係，心王與心所是矛盾關係。

一

《般若心經》是怎樣的經典？

[4]　　　　本章說明《般若心經》的經題和導入部分，以此為內容的題材，在時間、場所、登場人物及效用等等的設定上，藉此來釐清整個《般若心經》的架構。

一　《般若心經》內容介紹

《般若心經》的經題，用梵文來說是《Prajñāpāramitā Hridaya Sūtra》，用藏語來說是《bCom ldan 'das ma shes rab kyi pha rol tu phyin pa'i snying po》。藏語的經題若直接翻譯的話，就成了《佛母般若波羅蜜多的精髓》。在此先詳細地解說這個經題的意義。這個簡短的題名蘊藏了博大精深、深遠幽玄的意義，所以正確理解它是非常重要的。

首先探討「bCom ldan 'das ma」（佛母）這個詞的意義。

致使我等眾生執迷苦惱的東西有所謂的「四魔」，即：（1）貪欲、瞋恚、愚痴等煩惱（煩惱魔）；（2）隨著煩惱而產生的身體與心（五蘊魔）；（3）怎麼逃也逃不了的死（死魔）；（4）妨礙善行的惡神（天[5]魔）。另外，在悟道修行的過程中還有不得不克服的「二障」，即：（1）因貪欲、瞋恚、愚痴等所產生的障礙，也就是所謂的煩惱障；（2）因貪欲、瞋恚、愚痴等產生的零碎殘渣（薰習）所留下影響的障礙，也就是所知障。毀壞斷除上述四魔和二障的功德，也就是具備沒有這六種不好因素的功德，稱為「bCom ldan」（壞具，即「具足毀壞此四魔和二障之功

德」）。

　　我們在這個被稱為「輪迴」的迷惑世界中，反反覆覆地經歷了數不清的生與死。而現在的我們是在輪迴世界中，比較得天獨厚的人類境地（人道）中接受著生命。但在輪迴的世界裡，即使找到了一時的幸福，也絕不可能是能夠永遠持續的。所謂輪迴，它的本質是充滿苦惱的世界，只要生活在其中，不管是誰都無法與苦惱完全無緣地過日子。因此，唯有脫離輪迴的世界，抵達寂靜的「解脫」境地，才能得到真正的幸福。於是，小乘佛教以達成解脫的「阿羅漢」境地作為目標，努力修行。但因為阿羅漢的境地無視生活在輪迴世界中受苦惱煎熬的其他人，所以在大乘佛教的立場，阿羅漢的境地是被否定的。換句話說，名為輪迴的痛苦世界，和被稱為解脫卻只顧自己幸福的世界，都是被否定的。從這兩種極端世界中超脫，無論在什麼樣的場合都不受束縛，且為了救渡萬物（一切眾生）而來回奔走，是「佛陀」所領悟的境地。同時這個境地，才是大乘佛教的目標，這樣的境地被稱為「無住處涅槃」。像這樣從輪迴和只顧自己解脫的兩個極端中跳脫出來，就是「'das」（超越）的意思。

　　阿羅漢的解脫境地，只要切斷二障就能獲得。因此，若只顧自己的解脫與得救的話，那麼「斷二障」大致上就已經達到目的了。但是，如果要解救在輪迴世界中受苦的一切眾生的話，不只是自己的事，他人的事也必須全部瞭解才行。就像去除髒東西之後還留有惡臭一般，即使把稱為無知（無明）的根本煩惱全數滅盡，仍會殘留一些因為微細薰習力所留下卻無法徹底瞭解清楚的所知障。當這些所知障完全滅盡時，才能理解佛陀大徹大悟的境地。從更深一層的意義來說，所謂的所知障，就是對應該瞭解清　　　　　　　　　　　　　　　　　　　　　　　　　　　　　　　　[6]

楚的事──即便不是因為執著實有──卻顯現出迷亂、難理解的原因。唯有滅盡所知障的佛陀，才能正確瞭解、認識一切的存在。因此，此處要「超越」的，不只是煩惱障，連所知障也必須要能完全超越。在一般西藏的佛教用語中，用「世尊」來歸納這一切，並當作是「佛陀」的同義語來使用。

　　過去、現在、未來的三世諸佛都因為學習般若波羅蜜多的內容意義，並以之為依據來修行的緣故，才能領悟到佛陀的境地。因此，般若波羅蜜多才是一切三世的諸佛之母。直譯經題的「bCom ldan 'das ma」就是「佛母」之意，這裡面包含著以上所說明的意義。

　　接下來我們要討論的是「shes rab kyi pha rol tu phyin pa'i」（般若波羅蜜多）。

　　正確領會教義及真理的智慧叫作「shes rab kyi」（般若、慧），這要以「三慧」為基礎方能達成。所謂的「三慧」，即：（1）聽聞教理教義的智慧（聞慧）；（2）思考所聽所聞教理教義的智慧（思慧）；（3）修習所理解之教理教義的智慧（修慧）。因為完成這三慧的修習是究竟圓滿的，所以加上「pha rol tu phyin pa'i」（波羅蜜多）一詞。「波羅蜜多」是「成為完全」的意思，所以「般若波羅蜜多」（以下本書把「波羅蜜多」略記成「波羅蜜」）是「完全智慧」的意思。這個無非就是佛陀所悟得的道。佛陀悟得的智慧是完美無缺的，所以也稱為「一切智智」（一切相智性）。它的本質是超越生死的，是無法以形狀、表相來呈顯的（無相），

[7]　是遠離「常與斷」、「有與無」四個極端（四邊）立場的。

　　為解救一切眾生，以佛陀的境地作為目標修行的人，稱為「菩薩」。

菩薩的修行大致可分為以下六項，即：（1）毫無吝惜地把自己的財物、能力給予他人（布施）；（2）受持「菩薩戒」等戒律（持戒）；（3）忍受苦難而不發怒（忍辱）；（4）歡喜努力於修行（精進）；（5）實踐正確的瞑想而集中精神（禪定）；（6）學習佛陀的教理、教義而獲得正確的智慧（般若）。

完成以上六種修行，就能達到佛陀的境地。因此，菩薩的修行統稱為「六波羅蜜」，即「完成六種修行」的意思。般若波羅蜜相當於第六項的修行，當然還在修行的菩薩，其智慧（般若）尚未完全完成（波羅蜜）。當修行完成、達到佛陀境地之際，才是智慧真正完成之時。因此，以這個完整的智慧作為修行目標的菩薩，實際上雖然還不是完整的智慧，但也稱為「般若波羅蜜」。

又，在佛道修行的過程上，一定要累積「二資糧」，即：（1）實踐各式各樣的善行（福德資糧）；（2）增加對真理的理解（智慧資糧）。二資糧中的福德資糧是要修行從布施到禪定的五項波羅蜜。另一方面，智慧資糧則是修行般若波羅蜜。

講述這個般若波羅蜜的經典有《十萬頌般若》、《二萬五千頌般若》、《八千頌般若》等等，漢譯經典統稱它們為《大般若經》。而將《大般若經》的龐大內容、深遠幽玄本質，不但毫無損傷反而將其濃縮在極精簡扼要的經文中，除了《般若心經》之外沒有能出其右的了，因此經題中有「精髓」兩字。

[8]

二　《般若心經》的顯義與隱義

在佛教教主釋迦牟尼佛（釋尊）對弟子們講述的眾多教義中，《般若經》在思想層面上是最高的。釋尊所說的教義，在印度傳往後世時，產生了兩個流派。第一個是從釋尊、文殊師利菩薩到龍樹菩薩的法脈，這個法脈闡揚《般若經》的顯義，也就是直接用語言來闡述教義。其內容主要闡述空性與緣起的真理，我們現在可以透過龍樹的《根本中論頌》等六論書來學習。

所謂「空性」，是指一切存在（諸法）沒有獨立的實體、沒有普遍性的本質。這是佛教的究竟真理（勝義諦）。而在日常生活的次元中，缺乏獨立實體的一切事物，是相互依附於複雜的因果關係上的。這就是所謂的「緣起」，也是說明日常真理（世俗諦）的關鍵。關於這一點，將在第二章〈般若心經的顯義——空性與緣起〉中詳細說明。

第二個流派是從釋尊、彌勒菩薩到無著菩薩的傳承，這個法脈闡揚《般若經》的隱義，換句話說，此派是闡述隱藏在經文字裡行間的意義。其內容主要闡揚五道、十地的意義，我們現在可以透過彌勒菩薩所講述的《現觀莊嚴論》等經典來學習。

所謂「五道」，是指從佛道修行開始至達成理想境地之間的階段，小乘佛教與大乘佛教分別有各自的「五道」。所謂「十地」，則是說明大乘佛教的菩薩從達成聖者之位到成就佛陀境地之間的階段。關於這些內容，將會在第四章〈般若心經的隱義——五道與十地〉中詳細解說。

[9]

　　在此順道說明，在西藏的僧院中，為了能更明確地學習《根本中論頌》等思想，使用月稱（Candrakīrti）所撰述的《入中論》為主要的教材，而且根據師子賢（Haribhadra）的注疏來學習《現觀莊嚴論》。另外，為了加深對此等印度論書的理解，一向以宗喀巴（Tsong-kha-pa）為首的西藏學僧們所撰述的論書或注釋書為輔來加強學習。

三　般若波羅蜜的分類與定義

　　一句「般若波羅蜜」，有其本來意義與暫時意義。此中的本來意義，是指「果上般若波羅蜜」，換句話說，就是在已經成就菩薩修行的果位上，所得到的完全智慧。當然，這無非就是佛陀所悟之境地。另外，藉果上般若波羅蜜所理解[2]的對象——究竟真理的空性——又稱為「精髓般若波羅蜜」。

　　相對地，「般若波羅蜜」的暫時意義是指「經論般若波羅蜜」和「道般若波羅蜜」。前者是《般若經》的經文，是指向凡夫開示果上般若波羅蜜的語言文字。後者是以果上般若波羅蜜為目標的菩薩行，相當於六波羅蜜的第六項。

　　接下來就這一點進行更有條理的整理。首先，將般若波羅蜜分為「四法」：（1）精髓般若波羅蜜；（2）經論般若波羅蜜；（3）道般若波羅蜜；（4）果上般若波羅蜜。而此「四法」的個別定義如下。第一的「精　　[10]

髓般若波羅蜜」，是一切的存在（諸法）是沒有實體的空性。第二的「經論般若波羅蜜」，是闡述果上般若波羅蜜的《般若經》，以及解說《般若經》的論書或注釋。第三的「道般若波羅蜜」，是為了達到果上般若波羅蜜而實踐的菩薩行。第四的「果上般若波羅蜜」，是指實踐道般若波羅蜜的修行後，所得到的完全智慧。因此，般若波羅蜜整體可以定義為「以四法為其特徵的完全智慧」。

又，與果上般若波羅蜜同義的佛陀「一切智智」，也具備四種特徵，即：（1）根據的特徵在佛陀的心；（2）應有狀態的特徵是不二；（3）本質的特徵是覺悟的智慧；（4）脫離否定對象的特徵是如幻一般沒有實體。

四　般若與方便

佛道修行有智慧與方便兩面。所謂「智慧」面，是指正確地理解空性，這是不分大乘、小乘的，是佛教整體所共通的。也就是説，不論是斷煩惱障得阿羅漢果的解脫，或是斷所知障得佛陀的覺悟，正確理解空性都是必要的，都是不可或缺的。因此在智慧面上，是沒辦法分大乘道與小乘道的。

[11]

所謂「方便」面，是指為達成理想境地所必要的實踐（修行），這在大乘與小乘是不一樣的。為脫離輪迴世界而達成阿羅漢境地的實踐是小乘

的方便，為解救一切眾生而達成佛陀境地的實踐是大乘的方便，兩者相當不同。相信進而理解（信解）利他為第一的大乘思想，對在輪迴世界受苦的一切眾生，都是一樣慈憫與體諒的（大慈悲）。又，為解救受苦眾生而實踐自己所發願成佛的誓願（菩提心）等等，這些是大乘方便的主要特徵。關於實踐的第一步，修行者必須受菩薩戒，直到成佛堅守戒律不移。不過，光從實踐戒律也可看出小乘與大乘的不同，小乘的修行者必須遵守十善戒和波羅提木叉戒（在家五戒、出家具足戒等），相對地，大乘的修行者必須再加上菩薩戒。因此，藉仔細分辨「方便」的一面，就能明確地區分小乘道與大乘道的差異。

如同孩子的出生需要父母一樣，為了產生阿羅漢的果或佛陀的果，一定要備齊智慧與方便這兩個因。印度和西藏的傳統想法，是依父親的種族來決定小孩的種族。舉例來說，印度人的母親和西藏人的父親結婚所生的小孩，應該屬於西藏人。仿照這樣的習俗，生出一切乘（的果）的智慧面被喻為母親，而賦予各乘（果的）特徵的方便面被喻為父親。

如果依循大乘之道且以佛陀的境地為目標的話，那麼，理解空性的智慧（母親）和理解大乘思想的信解、菩提心、大悲等的方便（父親）是不可或缺的。如前所述，佛陀境地的無住處涅槃，是遠離輪迴苦和遠離只求自己解脫這兩種極端的狀態。其中，遠離輪迴要靠智慧，遠離只求自己解脫要靠大悲。遠離輪迴的修行是大乘和小乘都必要的，但只有大乘菩薩被課予遠離只求自己解脫的修行。

[12]

五　五種圓滿

在藏傳佛教中，為了確認該教理的正統性與圓滿性，通常在敘述教理前，先提示「五種圓滿」。所謂五種圓滿，指的是下列五項要素齊備：（1）說教的時期；（2）說教的教主；（3）說教的場所；（4）受教的弟子（所化）；（5）教說的內容（法）。《般若心經》的經文，也是在開頭就揭示了這五種圓滿[3]。

第一是時期的圓滿。經文開頭「如是我聞，一時」的部分，相當於教說時期的圓滿。這是表示結集《般若心經》的人，直接聽聞佛陀宣說此教，一次就完全受持該教說。不是重複說好幾遍的意思，所以是非常難得珍貴的教說。

第二是教主的圓滿。相當於經文「世尊」的部分。說《般若心經》的人，是現身於人間的佛陀，也就是世尊。世尊的意思，如同第一節中所解[13]說的一樣，和佛陀是同義的。在《般若心經》等顯教經典中，指的是應身佛的釋尊。也就是說，以人的身分出生在古代印度的釋尊，用人所能理解的語言開示教法。

第三是場所的圓滿。相當於經文中「在王舍城與靈鷲山」等部分。王舍城是在家信徒和一般出家僧侶所聚集的地方，而靈鷲山（Grdhrakuta）則是特別的出家弟子們所聚集的地方。王舍城在東印度，是當時極繁榮的摩揭陀國（Magadha）的首都，相當於現在比哈爾邦（Bihar）的羅基爾（Rajgir）。靈鷲山是在它東邊的聖山，除了《般若心經》以外，還有許

多大乘經典是在這裡說的。世尊之所以能夠同時出現在王舍城與靈鷲山，在兩地的弟子們面前說法，是因為釋尊就是佛陀，佛陀能夠超越空間的限制，同時出現無數個化身。

第四是所化[4]的圓滿。相當於經文中「與比丘大聖者、菩薩大聖者等齊聚一堂」等部分。比丘大聖者是指佛教的一般所化（弟子），菩薩大聖者是指體悟大乘佛教且付諸實行的所化（弟子）。大乘是佛教教說中，特別殊勝的教法。以《般若心經》為首的大乘經典，是以全體佛教所共通的教義為前提，構成了大乘獨特的殊勝教理。在聽聞這樣的《般若心經》時，比丘大聖者們只能理解一般水準的佛教教理，而菩薩大聖者們不但能理解大乘佛教，而且能運用教理來實踐菩薩行。

第五是法的圓滿。相當於經文中的「爾時，世尊……」以下所說的教義部分。

佛教的聖典分類為經、律、論「三藏」，其中的「經藏」是釋尊親自 [14]
所說，經後人整理而成。其形式約可分為三類：（1）釋尊親口所述之教；（2）釋尊加持之教；（3）釋尊許可所說之教。而《般若心經》涵蓋了這三類。

首先，所謂「釋尊親口所述之教」，是指經中文字所述，一般記載著釋尊的言說，如《般若心經》末尾「善哉、善哉。善男子……隨喜吧」的部分。

其次，所謂「釋尊加持之教」，是指釋尊進入三昧[5]狀態的結果，其功德澤被所化們，然後所化中的某人代替釋尊說出的教義。例如《般若心經》中，舍利弗尊者發問，雖然回答的是觀自在菩薩，但這一切都是釋尊

的三昧力所致。因此，雖然從觀自在菩薩口中所說，卻與釋尊的真意沒有差別。這就是「加持之教」，這部分佔《般若心經》經文的大部分。

最後，所謂「釋尊許可所說之教」，是指在釋尊許可之下，所化們在後來整理出來的教義。這相當於所謂經文的地的部分，在《般若心經》中即是開頭所說的時期、教主、場所、所化圓滿的部分，以及末尾所說歡喜與受持的部分。

[15]　六　釋尊的加持

接下來我們要詳細地探討佔《般若心經》大部分的「加持之教」。首先，加持的人是誰？前面已經說了是釋尊。釋尊在說《般若心經》時，進入的三昧狀態稱為「甚深顯現」。經文記載為：「爾時世尊入甚深顯現三昧法門。」甚深指的是空性，顯現是指理解空性的智慧。也就是進入一種佛教究竟真理的空性狀態、與完全理解空性的佛陀智慧，兩者不二的瞑想狀態。釋尊藉著進入這樣一種甚深顯現的三昧狀態來加持與會的大眾。雖然「加持」有祝福的意思，也有聖化或淨化的意思，但在佛陀說法時，進入三昧加持與會大眾，會出現的通常是難以想像的感應。我們應該相信佛陀的瞑想狀態，是具有相當偉大的力量，無法用尋常的次元來理解的。

《般若心經》中，釋尊加持與會大眾時，從來聽聞佛法的與會所化中，特別挑選了觀自在菩薩。觀自在菩薩——真正的意思，是了義的見解

——是諸佛大慈悲的象徵，是與佛陀完全等同的境地。以釋尊為首的諸佛陀們，為了具體顯現自己的大慈悲，而以觀自在菩薩的化身出現。但《般若心經》中的觀自在菩薩，是以釋尊弟子的角色出現，在眾多所化中，屬於前述「菩薩大聖者」的代表。觀自在菩薩得到釋尊的加持，能觀想般若波羅蜜，體會究竟真理的空性。經文的記載是「爾時，聖觀自在菩薩摩訶薩〔得到世尊的加持〕，能觀甚深般若波羅蜜，覺悟〔以〕五蘊〔而存在的東西〕的自性都是空的（觀自在菩薩行深般若波羅蜜多時，照見五蘊皆空）」。也就是釋尊在《般若心經》中想說的內容，觀自在菩薩在那個時點上完全能體悟。此處暫時擱置所謂「觀自在菩薩本來與佛陀等同境地」的了義見解。觀自在菩薩在這裡完全扮演著釋尊弟子的角色，身分是一位正在修行中的修行者，那麼，觀自在菩薩對佛陀的密意應該是不能完全理解的。既然如此，為什麼在這裡能一瞬間覺悟佛陀的密意呢？那是因為有釋尊的偉大加持力的關係。 [16]

在這種情況下，為了讓覺悟佛陀密意的觀自在菩薩，從口中說出在《般若心經》中所說的內容，另外選出了發問者舍利弗尊者。舍利弗尊者（舍利子）是釋尊的聲聞大弟子。所謂「聲聞」，是指一邊聽聞教說、一邊實踐小乘佛教的弟子們。舍利弗尊者是《般若心經》中的所化之一，相當於前述「比丘大聖者」的代表人物。所以，雖然安排舍利弗尊者向觀自在菩薩提出問題，但那也是得到釋尊的偉大加持力而有的行為。經文中的記載是「於是，藉〔世尊〕佛的力量，長老舍利弗尊者詢問觀自在菩薩」。

之後，透過舍利弗尊者與觀自在菩薩的問答，終於《般若心經》的教

義逐漸明朗。這是「法的圓滿」（請參照前節）的內涵，它由四個偉大要素組成：（1）舍利弗尊者詢問般若波羅蜜的實踐方法；（2）觀自在菩薩回答所問；（3）釋尊認可；（4）與會所化大眾歡喜受持教義。關於經中的具體內容，將在下章詳細說明。

[17]

注釋

1.所謂「修習」，是將心集中於某對象，反覆觀察、分析，直至十分熟練。

將某教義視為自己的東西，為了完全體會它，首先學習聽聞，其次從各種角度來思考以加深理解，再以充分瞭解的內涵為對象，反覆再三地修習，這是必要之事。

「瞑想」一詞，雖然很難以嚴格的佛教用語來定位它，但大抵上的意思相當於此處的「修習」。

2.「理解」一詞，此處指無誤地、確實地瞭解。

在西藏佛教用語中，以「心認識對象」的意思作為動詞的字很多，其中理解即是藏文的「rtogs pa」，用以表示最完全的瞭解。

3.在中國、日本常用來課誦或寫經的是玄奘三藏所翻譯的《般若心經》，屬於「法圓滿」的主要部分。漢文譯本中也有將「五種圓滿」全部翻譯出來的不同譯本，特別是法成三藏所譯的敦煌石室本，其內容幾乎與西藏文本一模一樣。

4.「所化」，是指應該受教化的人，也就是指弟子。

5.「三昧」，將心集中於所專注的對象後，進入深層的瞑想狀態。或說是「定」。

二

《般若心經》的顯義
——空性與緣起

[20]　　　在本章，我們將以舍利弗尊者與觀自在菩薩的一問一答為基礎，更詳細地檢討《般若心經》的中心課題，即整理空性與緣起的基礎知識。這對於經文後部的理解來說，具有極為重要的意義。

　　釋尊透過《般若經》來闡述空性與緣起的教理，而它正是釋尊說法的真意。然而將空性與緣起的思想重新整理，並提出淺顯易懂架構的，乃是以龍樹為祖師的「中觀派」哲學。西藏佛教在宗義解釋的傳統上，將印度佛教的思想哲學整理成「說一切有部」、「經量部」、「唯識派」、「中觀派」這四個學派，且以中觀派的見解地位最高。因此，在西藏的僧院教育裡，不但特別重視「中觀學」，並以中觀學作為僧侶們反覆辯答學習的中心課題。在如此受僧院重視的中觀學裡，實際上最重要的論書是月稱的《入中論》。在印度的哲學思想及論理學非常興盛的時期，月稱獨具慧眼地專心致力於龍樹思想真意的研究，並樹立了中觀哲學在佛教思想中的崇高與究竟地位。月稱所樹立的這派思想潮流，稱為「中觀歸謬論證派」。本章將以歸謬論證派的見解作為主要依據，來探究中觀學的另一面向。

[21] 一　舍利弗尊者之問

　　得到釋尊加持的舍利弗尊者，向觀自在菩薩提出質詢，所問的內容，即經文中的：「善男子、善女人中，若有人欲實踐甚深般若波羅蜜之行時，該如何學習？」

　　與大乘佛教的教理有緣，不但瞭解其思想並希望能實際去實踐這些教理，同時又具備實踐能力的人稱為「大乘種性」[1]。具足這樣資質的人，只要學習大乘佛教的各種教理，提升對眾生的慈悲心，那麼不管誰總有一天都會得到究竟圓滿。如此這般的大乘種性修行者，只要能確實發菩提心，就是這個階段中的真菩薩。

　　所謂「菩提心」，是指「為救渡一切眾生，自己願以成佛為目標」的誓願（發願心），實際上也因此而進入修行（發趣心）。唯有生起這樣的誓願與修行的菩提心，並且持續實踐的人才是真正的大乘修行者，也就是「菩薩」。

　　話說舍利弗尊者是釋尊的聲聞大弟子，實際上並非是菩薩。不過，他　[22]因為得到釋尊的加持，而對大乘佛教的思想及實踐抱持著深切的關心，所以才能於此刻針對大乘思想及其實踐方法提出問題。所問的內容，是大乘種性的修行者，在生起菩提心成為菩薩之後，應該做什麼樣的修行呢？語言上是以般若波羅蜜為主題，詢問修習智慧的方法。然而，若將問題意識做廣義解釋的話，則應該可以說是關於菩薩修行的全面性問題。

　　觀自在菩薩接受發問並回答，其回答的內容毫無疑問正是《般若心經》教義的核心。舍利弗尊者的問題，在言語的表面上是以智慧的修行為主題，內含的意義上則是以所有菩薩的修行為主題。而觀自在菩薩的回答，也以顯義的空性與緣起及隱義的五道與十地來做解答。

　　觀自在菩薩的回答，可分兩個部分來談。第一，是針對一般的所化對象，分析解說顯義上的空性與緣起，並就隱義上依序地說明部分的五道之義。第二，是針對優秀的所化對象，以般若波羅蜜的真言傳授空性與緣起

的精髓，並就隱義上的五道一口氣做解説，也就是「得訝他。噶得噶得……」的密咒提示。

二　觀自在菩薩之答——五蘊皆空

[23]

　　觀自在菩薩的回答，在經文中，首先是總論的説明，即「舍利弗啊，希望實踐甚深般若波羅蜜行的善男子、善女人，不論是誰都應當做如是觀察。也就是若能觀五蘊〔存在之一切事物〕的自性是空的話，才是正確的觀」。在「也就是」下頭簡短的經文中，充滿著佛教思想的精髓，因此首先必須就專有名詞的五蘊、本性、空做解説。此處先暫時擱下經文部分，僅就空性與緣起的必要事項做説明。正因為空性與緣起是《般若心經》的中心課題，因此在這個階段先將基礎知識做個整理，有助於後面的經文理解。

（一）一切法的分類與五蘊

　　所謂「五蘊」，即一切事物都是色、受、想、行、識這五個集合（蘊）所組成。而「一切事物」這個詞，有必要進一步更嚴密地做檢討。首先從阿毘達磨及佛教論理學的角度來分析一切存在及五蘊。

　　在佛教用語中，稱一切存在為「一切法」或「諸法」[2]。凡是可以説得上是「存在」的所有事與物（有），就是「一切法」。「有」的定義為

「正確認知（量）的對象（所緣）」[3]。又，一切法的範圍，與佛陀的智慧所能知（一切智智所知）的一切事與物的範圍，是完全一致的。如果說有事或物不包含在一切法之內，那麼，該事或物是完全不存在的（畢竟無）。在佛教論理學的傳統上，用「虛空中的蓮華」、「兔子的角」等來譬喻「畢竟無」。它們也許是幻覺，也許是錯誤的認知所感受到的，所以不能成為正確認知的對象。另外，若站在佛教的立場的話，所謂「宇宙創造神」的概念，也只是錯誤見解下的產物。因為不管在任何意義下，都不可能承認其存在，所以將其定位在一切法的範圍之外[4]。 [24]

　一切法可分有為法與無為法。所謂「有為法」，它有成立、維持、消滅（成、住、滅）三種性質（三相），是依附在原因與條件（因、緣）之下才成立的。像這樣依附在因與緣而產生的事或物，稱為「所作性」。如果是所作性，其存在是「無常」的。舉例來說，以黏土為因，以陶工之手、土窯之火為緣而完成的陶瓶，隨著時間慢慢變舊、褪色，終於因某些緣由而壞去。另外，有生命的東西之死，有形物的破壞，都是能讓我們很容易明白無常的一種呈現方式。其實不僅如此，在各種因果關係中，剎那變化的狀態就是無常。因此，不論是易壞而虛幻的事物，或是堅固的事物，一切的有為法都將歸向無常[5]。又，是有為法的話，其本身就是由因與緣所成，對其他的有為法也會產生效果作用（功用）的影響。這樣的存在稱為「事物」。也就是說，所謂有為法、所作性、無常、事物，是從不同面向去看同一個存在的呈現方式[6]，它們所涵蓋的範圍也是一致的。而所謂「範圍一致」的意思，好比說「是有為法的話，必定是無常」與「是無常的話，必定是有為法」，這兩個主張命題的雙方都是成立的。因此，雖然

在前面講過「所謂五蘊，即是一切事物都是色、受、想、行、識這五個集合（蘊）所組成」，五蘊的全體與有為法，在範圍上也是一致的。

所謂「無為法」，是不屬於有為法的存在，是脫離成、住、滅三相的。由於不是藉因與緣而成的事物，所以是「非所作性」；同時並非時時刻刻在變化，所以是「常」；再者其自身並未成為其他存在的因與緣而受到效果作用的影響，所以是「非事物」。通常用空性、真如等詞彙所表現的究竟真理，從輪迴解脫然後脫離因果束縛境界的涅槃[7]，以虛空[8]為首的概念性的存在[9]等，以上所舉都是無為法的例子。

[25]

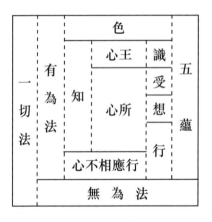

圖1：一切法的分類與五蘊的關係

觀看此圖的方式：例如，一切法分為有為法與無為法，而有為法又分為色、知、心不相應行，知則再分為心王與心所，其中心王與識同義，而識又屬於五蘊之中。五蘊與有為法在範圍上是一致的，再加上無為法，便成了一切法。注意：為使色、知、心不相應行合在一起，五蘊的各個順序與經文有所差異。關於本書圖示中的線條所代表的意義，請參照凡例。

經過以上的分析，應該可以明白我們平時所認知的「事物」，其存在都屬於有為法，這樣的想法大致上是沒有錯的。接下來，讓我們更進一步詳細討論有為法。將有為法做更容易理解的分類的話，可分作「物質性存在的色」、「精神性存在的知」以及「非物質、非精神的心不相應行」三方面。

由於「色」是以物質性存在的方式來呈現，所以被定義為「身為色而

被認可的事或物」。眾生的身體，山、海、天體等大自然的無生物，建築物、道具等人工的無生物，這一切都屬於色。而這樣子的色，是由四種基本要素「四大種」[10]所組成，即有著堅固強硬性質的地大、濕潤滑順性質的水大、高熱燃燒性質的火大、輕飄移動性質的風大。一般認為色是透過「四大種」不同比例的混合，而形成各式各樣的物質[11]。

「知」屬於精神性的領域，即眾生的心。它被定義為「清楚明白知道者」。也就是說，清楚明白對象、把握該對象，並同時理解其功用，這就是心的本質[12]。將「知」分類的話，可二分為心王[13]與心所[14]。 [26]

「心王」，是指在各種眾生的精神領域上，完成其主要作用的中樞部分。阿毘達磨將這樣的狀態細分為善心、不善心、無記心（非善非惡的中立之心）等[15]。

「心所」，則是跟著心王的作用所衍生出來的精神作用，被分類為五十一項[16]。雖然一個心王可以同時衍生出好幾個心所，不過要依當下時點的心王的狀態，來決定所生心所的種類。比如說：感受（受）、識別（想）、意思（思）等心所，是心王在任何一種狀態下皆能夠產生的。信心（信）、惻隱之心（不害）等心所，主要是在善心的作用下產生。貪心（貪）、憤怒（瞋）等心所，則主要在不善心的作用下產生。用更現實的想法來說的話，則可以舉下面的例子來說，即在產生信等心所的時候，心王是善心；在產生瞋等心所的時候，心王是不善心。

「心不相應行」，是不屬於色也不屬於知的有為法，可以分為補特伽羅及補特伽羅之外的存在（例：時間、瓶的無常等）[17]。

所謂「補特伽羅」，指的是一種有心的眾生。他的身屬於色，心屬於

知。若將補特伽羅做分類的話，則可分為佛陀[18]與有情。所謂「有情」，指有心的眾生[19]，尚未達到佛陀境界者的總稱。阿羅漢、清淨三地的菩薩[20]、六道輪迴的眾生等全都屬於有情[21]。

[27]　　在將有為法分類為色、知、心不相應行的前提下，接下來要探討色、受、想、行、識等「五蘊」。首先，五蘊中的第一蘊「色蘊」，是將有為法分作三類時的色的集合。其內涵將在後頭說明「十二處」時，再做詳細檢討。

　　五蘊中的第二蘊「受蘊」，是屬於知範疇的心所之一，是受心所的集合，心是感受、體驗苦樂等種種作用的總稱[22]。受是對象（境）、知覺機能（根）、心（知）三者相會之後生起「觸」心所，由觸心所所生。若將受蘊分類的話，則有身體的感受與精神的感受兩種，而且這兩者各自有苦、樂、平等（非苦非樂）三類。

　　第三的「想蘊」，是心所之一的想心所的集合，是當心掌握住對象的特徵後，做出「這個就是這個」的識別功用的總稱。因為想也出自觸，所以它所依據的知覺機能在視覺（眼根）、聽覺（耳根）、嗅覺（鼻根）、味覺（舌根）、觸覺（身根）、心（意根）等點上分作六大類。

　　第四的「行蘊」，簡單來說是以「意思作用」為首所集合的種種存在。若用較嚴密的角度來檢討的話，一般認為除了受心所與想心所以外的一切（心相應行），以及所有的心不相應行，都屬於行蘊的範疇。

[28]　　第五的「識蘊」，是屬於知範疇的心王的集合。因此，「識」與心王所涵蓋的範圍是一致的，也與後頭將要論述的「意」是一樣的。其內容將在後述的「十八界」中再做更詳細的分析。

從結論上來看，以上的說明可以確認一點，那就是下列三者所涵蓋的內容範圍是一致的：（1）有為法的全體；（2）色、知、心不相應行的全體；（3）五蘊的全體。在這個基礎之上，試將一個人的存在套入五蘊來做探討。身為人的「我」的人格性，就是有情，是補特伽羅，亦是心不相應行，因此也可以說屬於行蘊。不過這只是形式上的

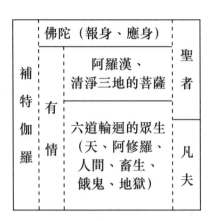

圖2：補特伽羅的分類

補特伽羅	有情	佛陀（報身、應身）	聖者
		阿羅漢、清淨三地的菩薩	
		六道輪迴的眾生（天、阿修羅、人間、畜生、餓鬼、地獄）	凡夫

分類。進一步再將人格性做分類時，「我」的身體屬於色蘊，「我」的精神方面屬心王，也屬於識蘊，心所則屬於受蘊、想蘊、行蘊。因此，若要窮究「我」的人格性——補特伽羅——的真正面目的話，大致上是「被設定在五蘊的集合的基礎上」。

（二）自性之意

接下來先回想一下《般若心經》中的「五蘊〔存在之一切事物〕的自性是空（五蘊皆空）」這段經文。將本段經文與前舉的例子一起思考的話，那麼「我」的身體、「我」的心王與心所，不論是哪一項的自性都是空。於是，被認為是在這些集合體的基礎上成立的「我」的人格性，其自性也同樣是空。

為了能夠清楚理解這一點，必須探討「自性」這個用語的正確意思。自性的一般意思是「事物的本質」。不過，經文中所陳述的自性，是在一

[29] 般的意義上頭，再加上非常強烈的「離開其他存在而獨立的實體」或是「確實以真實而存在」的概念。某事物若依這樣的自性而成立的話，那麼該事物不需依附其他因或緣就能獨立而存在，並且會恆常不變，有著絕對性的性質[23]。

這樣的自性，在佛教哲學上與「無我」的「我」是同樣意思的。當然即便在佛教，平常講「我」的時候，也是有「我」及「自己」的意思。如果是一般的「我」的話，應該就沒有用「無我」這個詞來否定的道理了。為什麼呢？因為稱為「我」的這個人，他單純的存在是得到世間的常識所認可的，且透過日常的正確認知得到證明。但是，這樣子的「我」的概念──帶有哲學意識和不帶哲學意識──往往被賦予「普遍的實體性」這樣的概念。像「離開其他存在而獨立的實體，擁有自己獨立的存在」這樣的想法或是「如同『我』這個概念，認為是真實的而且有自己獨立的存在」的想法，甚至於日常生活中「我」或「自己」這樣的字眼，也是經常脫口而出的。會有這樣的舉動，應該就是認為是實體而有的概念潛藏在心中所萌芽的。如果是這樣的話，那麼，是否應該認可這樣子的實體性？這一點還需要加以更徹底地分析探討[24]。

以下就針對這一點進行更詳細的檢討。不論是我本身也好，還是其他任何事物也好，當它們存在的時候，其存在的確實度是不一樣的。大致上，我們可以將這種確實度分成兩個階段：一個是相對性存在的次元「世俗」，另一個是絕對性存在的次元「勝義」。世俗次元的存在，即便是看起來好像是靠自己的力量而呈現出來的，實際上卻是依附於其他事物（例如因或緣等）始得以成立的。由於它並非獨立的實體，所以無法在該事物

自身中找到任何確實獨立存在的證據。另一方面，勝義次元的存在，在呈　　[30]

現方式與實際之間並沒有這樣的差異。如果在勝義的次元裡頭，找得到以

自己的力量而存在的東西的話，那麼，它應該是實際上脫離其他事物而完

全獨立的，並且是以堅固實體的形式而成立。因此，「我」若是真的以實

體性的我或自性的形式存在的話，那它就成為勝義的次元了。假設「在世

俗中，自性是成立」的話，那麼依照中觀歸謬論證派的見解來分析，便會

陷入矛盾之中，所以自性，必須在勝義之中才能成立[25]。例如，讓我們試

著在勝義的次元中，徹底地探求屬於自性的「我」是否可能存在？如果其

結果是什麼也沒有的話，那麼以自性而存在的「我」，其存在是不可能在

任何一個次元中找得到的。

　　存在的本身有上述的區別，那麼相對地，以存在為對象的認知本身也

應有所區別。以世俗的存在為對象一事，是指分析日常的正確認知。此稱

為「言說量」。所謂「言說」，是依附於名稱及言語，並設定屬相對的次

元，與世俗是同樣的意思。另一方面，以勝義作為對象一事，是分析至究

竟的正確認知。此稱為「正理知量」[26]。

　　在日常生活上，若是藉正確認知來認定「這個東西存在」的話，那麼

站在世俗的角度上來看，它的成立是可以被認可的[27]。但若從勝義的角度

來看的話，要確認其成立的條件並不充分。想要知道該對象是否有真正獨

立的實體，必須從各種角度去徹底分析，並且必須以最究竟的標準去確認

該對象不依附於任何事物。如果在承受一切最嚴格的分析之後，仍然存在

某種獨立實體的話，這樣子才是勝義的存在，才是絕對次元的存在——我　　[31]

或自性。

　　接下來進行更具體的探討。假設現在眼前有個瓶子。在日常生活中，具備正確覺知能力與判斷力的人，看到那個瓶子後，知道「這裡有個瓶子」，這就是言說量。藉此知道瓶子是「存在」的，在世俗次元中，瓶子的存在便成立了。

　　這個時候，在那個人的視覺識（眼識）裡，便顯現有瓶子的色彩與形狀[28]。而那些顯現，是那個人的心的連續（心相續）上，受到從不知開端為何時的無盡的過去（無始）持續而來的無知（無明）的潛在力（薰習）所影響，於是瓶子看起來彷彿是憑著自身的力量而存在。受此矇騙後，那個人便毫不疑問並自然而然地誤以為瓶子是自己存在——事實上若不依他，存在是不可能成立的——是一個獨立的實體。這是凡夫眾生本能的想法。

　　關於凡夫眾生的本能想法，在宗喀巴的《菩提道次第略論》觀之章中做了如此說明，即「把〔虛構而〕應被否定的事物當作諦（真實）來認定的結構，便是〔錯誤地〕認為『〔儘管那應該被否定的事物，事實上〕並非受到無始〔以來〕的分別[29]力量所掌握，而是自體（該事物的實體性）促使境（對象）的成立』，便稱那個〔時候的〕執著境[30]（被把握的對象）為『我』或『自性』。這就是〔中觀派的論師們〕所稱說的不附屬於屬性之基體的補特伽羅之上的『人無我』，以及不存在於眼、耳等法之上的『法無我』。因此，能夠間接地瞭解到〔錯誤地〕認為自性存在於補特伽羅與法之上，正是〔人與法的〕二我執」。上述的引文雖然有些難解，但唯有直接透過像宗喀巴大師這樣可以完全信賴的大學僧的闡述，才能正

[32]

確地明瞭關於自性或我、人我執與法我執、人無我與法無我等重要佛教用語的正確意思。

人我執與法我執，是在補特伽羅與法上虛構出實體性，這種根源上的無知稱為「無明」[31]。凡夫眾生——非哲學上的分析——的日常思維是立基於二我執而展開的，並且以此為根據而自然地產生「我」與「我的東西（我所）」的想法。前者稱為「我見」，後者稱為「我所見」，兩者合起來則稱為「有身見」，這也被認為是眾生不斷輪迴轉世的第一原因[32]。

以有身見為中心的無明為基礎，令凡夫眾生產生各種的煩惱。關於凡夫眾生的煩惱模樣，在月稱的《菩薩瑜伽行四百論注》書中做了如下的解釋：「由於貪（貪欲）等也是因愚痴（愚笨）且僅對被遍計（虛構）之事物的自性增益（附加）其喜好與厭惡性質的作用，所以貪便與愚痴一同作用，並且以愚痴為依據。理由是愚痴正是〔諸煩惱之〕主。」[33]在這種情況下，愚痴與無明是同義的。而《菩提道次第略論》的觀之章中，引用此文做如下解說：「因愚痴而認為諸境是自相成就時，所認定的境若適合自身之意的話，以此為緣而生貪，若不適合自身之意便生出瞋（憤怒）。若那個境是處在無所謂適與不適的中間（狀態）的話，以此為緣雖然不會生出二者（貪、瞋），可是卻會在後續中生出與愚痴同類之物。」

此處所謂的「自相」，是指對象自身具備的固有性質與作用。依中觀歸謬論證派的見解，因無明而在對象上虛構出來的東西就是自相，換句話說，它被誤認為是自性的一種[34]。如果可以明白那樣的自相根本無法成立[35]的話，那麼憑「喜好」與「厭惡」來看對象而後產生的貪與怒，就應該完全沒有意義了。《菩薩瑜伽行四百論注》說出「煩惱，只對被虛構出來的

[33]

事物產生效用」此一要義的理由，應該可以從這一點得到充分的理解。

　　不過，飽受無明折磨的凡夫眾生，難道不知道自相只是虛構出來的東西嗎？即便理論上知道，但如同無法直接用手摸到（自相）一般，由於對自己的喜好或厭惡的特性會令自己深信對象真的存在著。於是起了貪欲與憤怒等煩惱，進一步造惡累積惡業，進而受輪迴世界所束縛且持續沉溺於苦海中。

　　上述的過程，在《菩提道次第略論》中，做如下的說明：「首先，將『是我』的所緣『我』認為是自相成就的話，就會對我產生貪欲[36]。於是，對我所樂（幸福）產生痴迷、愛着。如此一來，我所樂也和種種的我所一樣，不觀待（依附他）而能獨立是不可能的，所以會貪愛我所。這是因為我所樂覆蓋了我所的過失，而把它當作功德（優點）來運用。然後把種種的我所當作我所樂的手段來理解。如此一般所產生的煩惱形成了業，再因為業而不斷在輪迴中轉世。」

　　修行者為了切斷這樣的惡性連鎖，就必須根本斷絕最初的因「無明」，特別是根本斷絕「有身見」。為此，必須獲得理解人無我與法無我的般若。於是，首先必須好好學習佛教思想的哲學。接著則須徹底思維所學習的內容，再充分瞭解吸收，接下來努力修行實踐，那麼就能更深入地理解人無我與法無我的道理[37]。

[34]

　　在《菩提道次第略論》觀之章中，有如下的解釋：「〔世尊〕[39]說補特伽羅依自性而成所以是空[38]，藉修習理解空性的形成能減有身見，有身見若滅，其他的一切煩惱便會消滅。」又說：「人我執與法我執也就是無明，是在得到瞭解無我的見解之後，更進一步透過修行實踐該見解來消除

無明。於是，在認識對象貼上『喜好』或『厭惡』的標籤等不合理的妄分別便會消滅，也因此從有身見產生的各種煩惱便會消滅。然後煩惱引起的業也會消滅，也就不會再有與自身意識沒有關係的業果所引起的輪迴了。如此這般，才可以離開輪迴達到解脫。」[40]

那麼，從哲學觀點來檢討煩惱產生的構造時，用前述瓶子為例，認為瓶子有獨立實體的想法是凡夫眾生的本能，這是一個值得關注的點。靜窺以《般若心經》為首的各種經典的教義，從結論來看上述凡夫眾生的錯誤想法，的確是錯誤的，這一點是無庸置疑的。不過，若是一位學習哲學的修行者的話，應該不會把凡夫眾生的錯誤想法單純地當作是錯誤來處理，而必須去注意那個錯誤想法裡面所含藏的矛盾。為什麼？因為若能突破那個矛盾，則能切入佛教思想的核心，或許可以就此開啟悟入般若的大道。那麼，這裡所說的矛盾到底是什麼呢？這一點前面其實已經略微提及，就是唯有在世俗次元中方可確認其存在，並在世俗的存在上虛構出獨立的實體性。若仔細思考、體會這個道理，就不會願意只是擱置那個矛盾了。如果瓶子如同我們看得到（顯現）的樣子，有真正獨立的實體的話，那麼在 [35] 勝義次元中，它的獨立實體應該是可以被確認的才是。這樣的話，就應當在勝義次元中以正理知量來檢驗瓶子的存在，並嘗試徹底地分析才對。

不管是在世俗次元中，還是在勝義次元中，在探討同一個存在（例如瓶子）時，如果能確定它是成立的，那就是一種表裡一致。不過，以世俗為對象的言說量，無法正確認識勝義的存在。另外，以勝義為對象的正理知量，則不以世俗的存在為對象[41]。也就是說，世俗與勝義是隸屬於兩個

完全不同次元的世界。

　　世俗，好比是地面上的世界；走在路上看到建築物、山水等等事或物的人的視覺，是言說量。接下來，請試想天空厚厚的雲層低垂的樣子，地面上的人是無法窺知雲層上頭有什麼東西的。

　　另一方面，勝義的世界，好比坐上飛機，飛在雲層上端一般。從飛機的窗戶向外看的人的視覺，可以比喻為正理知量。此時，若是可以看得到雲端上頭有什麼的話，那便是勝義次元的存在。在地面上的建築物不管多麼高，從雲端上往下看是看不到的。也就是說，即便在世俗次元上是存在的，在勝義次元卻是不成立的。對於這一點，海拔相當高的高山，其頂端突出在雲層的上頭，所以在飛機上往外看是有可能看得到的。這好比唯有這座山的頂端，是成立在勝義次元的存在。

　　這個飛機的比方，在今後的說明之中會不時出現，但這也只是一個譬[36] 喻罷了。實際上，世俗與勝義的關係，是無法像這個譬喻一樣，用空間做隔板來區分。也就是說，世俗與勝義兩者都應該像瓶子一樣來討論其存在，並且不可誤解為「眼前的瓶子為世俗，而離瓶的遠處世界為勝義」。所以為了容易說明而舉的譬喻，反而常常造成理解上的混亂，所以必須特別注意[42]。

　　現在回到正題。藉著正理知量，來徹底地追求在勝義次元中瓶子的存在與否時，到底能夠找到什麼呢？如果在勝義次元中，瓶子是完完整整地保留著的話，瓶子是以自性而成立的；如果只找到瓶子的色彩的話，色彩便是瓶子的自性；如果找到的是還原為最初的材料黏土的話，黏土便是瓶子的自性；如果只找到裝水的功用的話，功用便是瓶子的自性。那麼，實

際上究竟是如何呢？

（三）空與無自性

這個答案，無外乎是《般若心經》的主題：空。接下來，讓我們來探討「空」這個詞的意思。空在一般意思裡是「……是不存在的」。

接下來，我們要試著深入地探求《般若心經》的「五蘊〔存在之一切事物〕的自性是空」這段經文。「自性是空」的部分，在藏語裡頭是「朗辛奇・同帕」（rang bshin gyis stong par）[43]。朗辛奇（rang bshin gyis）是自性，同帕（stong par）是空。而「同帕」這個單字，雖然是名詞也是形容詞，不過在這裡是作為「不存在」、「盡是空」之意的無意義動詞來使用。因此，在「朗辛」後頭附上的「奇」（gyis）是具格的助詞，也就是表示後頭的動詞為主要動作。而成為「不存在」、「盡是空」，也就是指 [37] 「這是不存在的」之時的「這」。因此，經文在這裡可以解釋為「自性是不存在的」[44]。「若以正理知量來徹底地分析五蘊的各項的話，自性沒有其存在的餘地」，這就是此處所解釋的意思[45]。

例如不斷地在勝義次元中追求瓶子的自性時，結果卻任何一種形態都得不到，故可以說「瓶子是無自性」，也可以說「瓶子的自性是空」。又，在前述飛機的譬喻中，坐在飛機上睜大著雙眼尋找「雲層上端是否可以看到什麼」時，看不到地面上的建築物也看不到山，看到的只是綿延不斷的無限虛空。實際上，勝義次元的空，就是被解釋為「如虛空」。

本來，正理知量就是為了希望能在勝義次元中找到些什麼東西。雖然是極逆向的論點，但實際上卻是「什麼也沒有」找到。當深入到最究竟去

尋求瓶子的自性時，到最後得出的是：「啊，真的，什麼都沒有⋯⋯。」這種絕對無自性的感覺，才是在理解空時，無論如何也不可缺少的[46]。

對了，一切存在被分為肯定思維的「證成法」，以及否定思維的「遮詮法」。前者是即便不以否定方式去分析對象也能夠理解的存在，換句話說，只要能掌握存在本身的概念，就沒有必要用否定的概念。後者是以否定方式分析對象之後才能瞭解到的存在，也就是說，為了掌握存在本身的概念，必須用否定的概念來分析[47]。瓶子或柱子等是前者的例子，無我與空則是後者的例子[48]。所謂空，是藉正理知量，在勝義次元中，以最究竟的目標探求自性，直到最後卻是什麼也沒得到時，才能真正理解空是什麼[49]。

[38]

像這樣的遮詮法分為「定立性否定」法與「非定立性否定」法[50]。前者是相對性的否定，也就是對所否定的對象以外的某些存在隱含否定的意思。例如說出「那位比丘雖然太胖，但堅守戒律過午不食」這句話，其實隱含了他在「中午以前拚命吃」的意思。或者是，為了表示自己是一般世俗之人而說「我不是比丘」的情形，其道理也是一樣的。相對於此，後者是絕對性的否定，也就是對所否定的對象只是單純地否定其存在而已。例如說「比丘不喝酒」之時，這句話本身不含其他意思在裡頭。

上述中，無我、空屬非定立性否定的遮詮法。也就是說，若是在勝義次元的世界裡尋求瓶子的自性的話，將會什麼也得不到，這便是空。否定瓶子的自性的同時，是不會去設想還有其他的東西存在——例如以「究竟實在」的概念——作為瓶子勝義來設想的。此外，也不具「空」的實體化的含意。

還有一點應該注意的是，否定自性的方法的特徵，換句話說，作為基

本體的瓶子與被否定的對象——自性，是沒辦法被設定成為分別獨立的個體的。在「瓶子沒有自性」的情況下，瓶子與自性的關係不是像「瓶子之中沒有水」那樣簡單可說明的，而是必須理解為「瓶子的任何一部分都不是有自性而存在」。

在勝義次元裡頭以證成法來證明其存在的應該就是自性，且應當是作為真實（諦）而成立。「作為諦而成立」的意思，就是不依附外力，只靠自身之力才能成立，以佛教用語來說就是「諦成就」。不過這樣子的自性，換句話說因為屬諦成就之物所以在最後是找不到的，所以是「無自性」，是「諦不成就」的。這是絕對存在次元的真理，也就是「勝義諦」，而這個真理就是「空性」[51]。因為，在藉著正理知量做終極的分析之後，最後唯一可得到的結論是空性，所以空性是一切存在的最究竟真理。而這樣的真理，用佛教用語來說就是「真如」、「真實義」，或者是「法性」、「法界」[52]。而無自性性、勝義諦、空性、真如、真實義、法性、法界等用語，意思完全一樣，全屬無為法。 [39]

若是無為法的話，就不是藉著因與緣而生的，也不是無常的。也就是說，如果是真理的話，不是藉由某人而創作出來的，也非隨著時間推移而變化生成的。一切法打從開始就是無自性，就是空。不論佛陀出現與否，對其解釋與否，都不會改變一切法是空的這一點[53]。而在月稱的《六十頌如理論注》裡頭也做了如下的解釋：「並不是損減[54]事物才見得到空寂，而是〔本來就是〕空的事物，看到它原本的空。」

這樣的究竟真理，其自身的存在感在設定上產生一種極微妙的問題。在諸法無自性之外，另外設定了一個實體的勝義，或視空性、法性、法界

為實體──如同前述──這是搞錯了否定的種類所產生的極端論[55]。相對
[40] 地，主張「若在勝義次元中找不到任何自性的話，那麼也找不到勝義諦」
的看法，這是站在不承認勝義諦與空性是所知（應知之物）的立場所產生
的極端論，是從沒有區分證成法與遮詮法的不同所產生的極端論。這幾點
都非常重要，因為在理解上稍有困難，所以藉由以下的教證來做說明。

　　就前者的極端論，在龍樹的《空七十論自注》中做的解釋如下：「所
謂勝義，完全表現於『緣起的一切事物其自性是空』。」宗喀巴引用了這
句話，在《了義未了義善說心髓》中觀派章裡頭解說如下：「在遮遣（否
定）的基體即緣起之中，設定了唯有切斷自己的所遮（應否定之物）我作
為勝義諦，這一點因為與兩位祖師〔無著與龍樹〕的方式相通，所以應設
定除此以外的其他勝義是不合理的。」

　　此外，在龍樹的《法界讚》裡頭的解釋如下：「應將諸法的無自性作
為法界來修習。」而宗喀巴的《菩提道次第略論》觀之章中，引用了此句
並且做如下的解說：「龍樹說『諸法因自性而成立』，此話中的自性是不
存在的這件事，是應當修習的法界，而且修習此事，正是修心的最勝〔方
法〕……。因此所謂『如是顯現的諸法，並非藉自性而成立』之說，由於
這樣說的空是斷空（虛無的空），這是設定以別的空性作為應當修習的諦
成就的空性……等等的方向。為什麼引用〔龍樹的話〕呢？那是對『東方
明明沒有蛇卻深信有蛇的人，為了除去他對蛇的恐懼，如果說在東方沒有
蛇這樣的話，並無法對治他的恐懼的話，而認為應當改說在西方有樹〔因
[41] 為認為這樣說可以對治，所以應該這樣子說〕』。與這種說法一樣都是沒
有射中箭靶。」

　　另外，關於後者的極端論，在月稱的《入中論自注》第六章裡頭做了如下解說：「如果『那樣〔勝義諦的〕相的自性是找不到的，不是嗎？那麼，他們（諸佛）又是如何觀的呢』。如果〔你〕這樣說的話，〔我則說〕雖然〔沒有辦法找到〕是事實，然而『透過不可觀這個方法，他們確實是可以觀得到的』。」[56]

　　又，在《菩提道次第略論》觀之章裡頭，有如下的說明：「『〔如果〕沒有勝義諦的話，那麼為了究竟涅槃而修的梵行便毫無意義。又，如果要所化（眾生）去瞭解（勝義）是不可能的，那麼，為了讓眾生〔們〕瞭解那個東西（勝義）佛陀出現在世間也是無意義的。又，〔《入中論自注》中〕引用經部（《除蓋障菩薩所問經》）所說：大佛子（大菩薩）們〔有〕未通曉勝義諦〔等過失〕』，以〔這樣子的理由為根據〕來證明『有勝義諦』。但若僅依憑這一點的話，那麼，對那些說『依照大阿闍梨（月稱）的說法，勝義諦非所知』，以及說『在聖者的等引（三昧）中沒有瞭解真實義的智』，說這樣話的人正是顛倒講述〔邪說〕。」

　　藉由以上的議論，宗喀巴大師確認了諸法的自性，是連一點點的微塵大小也不存在的，唯有這種意義之下的空性才是勝義諦，而且更進一步地強調勝義諦是藉正理知量才能理解，並鮮明地做出「空性是應該知道的對象（所知）」的立場。唯有相當地理解這些要點，才能正確實踐正規佛道修行中所不可欠缺的「以空性為所緣的三昧」。

（四）空性的理解 [42]

　　接下來，針對理解空性的認識主體「正理知量」稍加討論。一般來

說，所謂的「量」就是「正確的認識」，而藉推論而認識稱「比量」，藉直覺而認識則稱「現量」。中觀歸謬論證派將「量」定義為「對主要境（對象）的本身無錯誤之知」[57]。而「無錯誤」的意思，是指當心面對某對象時，可藉由心來理解該對象的真實面。

所謂「現量」，就是依賴著五感與心，再加上經驗的力量，而能無錯誤地認識主要對象本身[58]。例如：若是用雙眼來看桌上的瓶子的話，其色彩與形狀則是可以藉著現量來知覺的。這便是言說的現量，而且在世俗的次元中，這大致上被認為是正確的認識。

所謂「比量」，就是以正確的論證為基礎，而能沒有錯誤地認識主要對象本身[59]。例如：從所作性這個論證出發，可以推論聲音是無常的[60]。這便是言說的比量，而且在世俗次元裡，這同樣地大致上被認為是正確的認識。

被認為是正確認識的理由，是因為面對那些主要對象並無錯誤，換句話說，正確地認知瓶子的色彩、形狀或聲音是無常[61]。

不過，這樣子的言說量，在究竟意義上是錯誤的。首先，凡夫五感的現量，必定引起迷亂。為什麼呢？因為雖然五感的對象好像是以諦成就的方式來顯現[62]，不過就如前面已經詳細檢討過的，任何存在實際上都不可能是諦成就的。此外，在後頭會言及，聖者的修行者的情形如果是從以空性為所緣的三昧中醒來後的日常現量，那麼，在掌握世俗次元的存在時，將會伴隨著「認識主體」（有境）與「對象」（境）的分別，即所謂的「二顯現」。聖者們（尤其是指阿羅漢與清淨三地的菩薩）因為非常熟悉且真實感受到二顯現並非諦成就，所以不會像凡夫一樣產生執著與憤怒。

[43]

不過，既然是脫離藉現量瞭解空性狀態的二顯現，那麼就不得不說這是一種迷亂。

更進一步說，若是比量的話，因伴隨著分別心的緣故，所以必會造成迷亂知。所謂「分別」，就是用名稱或概念努力地掌握對象的知識，而這樣子掌握對象的方法稱為「執著性」。但只要伴隨有分別心，就無法完全正確地使對象顯現出來[63]。這一點在日常生活中，也可以有某種程度的體會。就如「百聞不如一見」這句話一樣，不論是用多少的正確根據來推論，都不及看到實物來得明白。又，即使凡夫的意現量[64]是無誤的記憶知，也因為伴隨著分別的緣故，所以也一定是迷亂知。

截至目前為止，已討論過各種的認識，但若從終極究竟的角度來看的話，所謂真正的正確認識，到底是什麼呢？答案是面向勝義的瑜伽現量。所謂「瑜伽現量」，是在三昧中直覺地理解所緣（認識對象）的知。其中，當聖者修習以空性為所緣的三昧時，所產生的效用稱為「面向勝義的瑜伽現量」，這是在凡夫心中所不可能產生的。若得到以勝義為所緣的瑜伽現量的話，就應該是直覺地瞭解空性，並且唯有如此才是聖者之所以為聖者的原因。如是，佛陀的一切智智，便是將這種聖者的瑜伽現量達到最究竟的狀態。 [44]

為了達到那樣的聖者境界，我等首先要學習佛教哲學，經由學習而具備分析（伺察）勝義的比量，必須用推論來正確理解空性作為當下的目標。比量，正是為了進入法界這個未曾體驗的次元，在資料收集上不可欠缺的方法。要是欠缺比量，即便重複體驗三昧，也會因為不知道真正應該

追求的東西是什麼，而沒辦法直覺地覺知空性。

以前述飛機的譬喻為例，伺察勝義的比量，如同想知道雲的上端的狀況，而在地上做正確的測量。也就是說，透過測量大樓的高度、山的海拔、雲的位置與雲層的厚度，應該可以得到在雲的上端確實是什麼也沒有的證據。同樣地，即使現在不能直覺地覺知空性，但理論上還是可以確信一切法的無自性。因此，如後文所述那般[65]，從與緣起的關連來探討空性的意義，是最為王道的方法。又，在中觀派的傳統中，也談到「以藉車的比喻否定七邊」[66]和「否定生四邊」[67]的邏輯。

然而，即便用了非常精密的計算來確認在雲的上端真的什麼都沒有，仍舊無法體驗雲的上端的世界。如果真的想完完全全明白雲端的世界的話，終究還是需要從地面飛上雲端，自己實際去看。同樣地，如果可以藉著比量而邏輯性地確信空性的話，那麼接下來就必須以能夠實際體會作為目標，並且必須努力希望能夠隨身具備「面向勝義的瑜伽現量」才行。那麼，該怎麼做才好呢？

[45]　　簡單來說，就是以藉著比量得到的正確理解作為基礎，再以空性為所緣不斷地重複修習。這個時候，首先分別修習將心集中在空性的「止」，以及觀察、分析空性意義的「觀」，接著要努力地將兩者做無法分割的結合。在重複這種「止觀不離」的三昧的過程中，認識的主體（有境）與對象（境），也就是心與空性個別呈現的「二顯現」狀態，將次第地斷滅，最後當兩者一體化時，就完成了以勝義為對象的瑜伽現量，並且能憑直覺理解空性[68]。

然而，搭上飛機而處在雲端上的人，是無法永遠維持在雲端世界的，

必須在燃料用盡之前，再次回到地面上。不過，就算是回到地面後，因為實際上看過雲端世界的經驗不會消失，所以對以前的看法應該會有所改變。當實際體驗了無限虛空的廣闊之後，再回過頭來看在此之前以為是絕對存在的地上世界，就會發現它實際上是那麼渺小，而且只是相對性的存在罷了。

　　聖者的修行者藉著現量體驗空性時，其三昧稱為「無漏的等引」，而直接理解空性的智慧則稱為「等引智」。無漏的等引狀態，宛如雲端上的飛機無法看到地面的世界一般，其世俗的顯現是完全消失的。例如：眼前有個瓶子，只有瓶子的空性是瑜伽現量的認識對象，瓶子的色彩與形狀是完全看不到的。因此，藉著等引智所理解的勝義的空性，便以「猶如虛空的空性」來表現。

　　但修行者在集中力衰退之前，就會自等引中醒來，回歸到日常的世界。而那個時候就好像飛機一旦降落到地面，就看不見雲端的世界一般，瓶子的空性就會從直接認識的對象中消失，取代的是再次看到瓶子的色彩與形狀。但以直覺體驗到縱使是無限虛空也無法相比的勝義空性，其強烈印象並不會因為離開三昧就消失。那個效果是相當大的，隨著「二顯現」，再次回到瓶子的色彩、形狀這樣的世俗世界來，「彼等如幻象，故非諦成就」這一點不再只是理論，而是可以隨著強烈的實際體驗而理解[69]。那樣的智慧，稱為「後得智」，而透過這樣的智慧所理解的世俗空性，用「如幻的空性」來表現。 [46]

　　在宗喀巴的《菩提道次第集義》中談到：「等引之如虛空空性與後得之如幻空，修習此二者，連結方便與般若，藉此往赴菩薩行之彼岸〔修如

是行〕的人是應當被讚賞的。」

聖者的菩薩，在不斷重複交互修習等引智與後得智的狀態後，藉著這樣的修習在完全斷除煩惱障與所知障的瞬間，就到達一切智的佛陀的境界。在到達一切智的境界後，等引智與後得智的區分才消除，也同時能夠理解瓶子的空性與色彩、形狀。這好比烏雲盡去的朗朗晴空，可以同時將無限的虛空與地上世界盡納眼底的狀態……這樣的形容，可算是相當吻合。至此，自己到底身居何處已經不是問題了，不管在何處一切的存在皆瞭然洞悉。

前文以空性理解為主軸概觀了菩薩的修行階段，這在第四章將再做廣泛的探討。

[47]　（五）空性與緣起

到目前為止，透過對空性的討論，我們已經有相當程度的瞭解。不過「空」這個語詞的意思，會因前後文脈的關係而有微妙的差異。對這一點，若事先沒有好好理解的話，恐怕會陷入嚴重的誤解，所以必須十分注意。

例如：言及「瓶子的自性是空」時的空，是指「完全無」的意思。換句話說，「瓶子是完全無自性的」。然而，此處的問題點是「瓶子是否依自性而成立」。若「僅瓶子是否存在」的問題，就不是討論對象。因此，透過正理知量來反覆探求的結果，將會導出「瓶子完全不是依自性而成立」這種絕對否定的結論。這就是勝義中的「猶如虛空的空性」。

其次，言及「瓶子是空」的空，也不能夠單純地以「完全無」來處

理。在語義解釋上，應當是在「瓶子」的後頭省略了「自性」這個詞，如此的話，將出現與前例同樣的結論。換句話說，「瓶子依自性而成立」的命題是被全面否定的。不過，既然以「瓶子是空」來表現，就不僅是自性的次元，僅就瓶子的存在這一點，也是得好好思考的。若以世間常識來想，絕對無法認同「瓶子完全不存在」的想法。雖然瓶子是存在的，但這並不是說它以自性而存在，而是完全欠缺獨立實體性，依附於外在因緣而存在的一種狀態，就好像幻影是靠著魔術師的小道具與技巧而產生的一樣。像這樣，一方面以「完全不是依自性而成立」作為前提，一方面將存在的現象是依附於外在因緣而成立的事實表現出來，這就是世俗中的「如幻的空性」。 [48]

於是，這種「依附於他而成立」的狀態，正是佛教哲學中所說的「緣起」。若徹底探求一切法是否依自性而存在的命題，那麼，找到的答案會是猶如虛空的空性；若只單純思索一切法存在的命題，那麼，將會找到一切法都是依緣起而成立的解答。

緣起有三層的意思。最一般的意思是「依附於因與緣而成立」。第二層是「依附於部分而成立」。最後，第三層的意思是「依附於因分別而取的名稱上，依暫定（假說）[70]之物而成立」。第三層之意是最深入的解釋，並且只有在中觀歸謬論證派的見解中才找得到。在這三層的緣起的意思中，第一個意思只適用於有為法。那是因為有為法是所作性並且是事物，而無為法是非所作性並且非事物之故。第二與第三層的意思適用於有為法與無為法兩方[71]。原因如下：一切法、空性、緣起，它們涵蓋範圍的大小是一致的。換句話說，代表一切法存在狀態的兩面──被否定的一

面：依自性而存在；被認同的一面：單純存在。這正是空性與緣起，兩者是完全的表裡一體。

關於這點的教證，可舉《無熱龍王所問經》中所説：「不管怎樣，緣所生之事物皆是不生。不生體性（實體性）。觀待（依附）緣而生者是空。」又，龍樹的《根本中論頌》第二十四章解釋如下：「緣起所生者，〔我〕稱其〔為〕空性。因其依假説，故其為中道。凡非緣起之處，一切法皆不存在。故非空之處，一切法皆不存在。」

[49]

為了更深刻地理解緣起，我們有必要導入相互緣起的想法。所謂「相互緣起」，指的是雙向的依附關係。由於「依他而成立」是緣起的意思，所以好比「A 是依附於 B 而成立」這樣的假設。此時，若從中觀思想的角度做深入探求的話，當然 A 依附於 B，同時 B 也依附於 A 而成立[72]。

在三層緣起中的第一層情況，A 是結果，B 是原因。這時候，雖然結果依附於原因而成立是理所當然的，但原因也是依附於結果而成立。那是因為 B 原本就不是因為擁有實體性才成立的緣故。B 之所以被認為是原因，是因為有 A 這個結果。意思是說，原因是依附於結果而成立的。這就好像因為生了小孩，所以成了父母一般。

三層緣起中的第二層意思，A 是全體，B 是部分。全體是依附於部分而成立的。那是因為，如果沒有部分，全體是不可能存在的。同時，部分也因依附於全體才能成立。所以，如果沒有了全體的話，就不可能當作部分來起作用。這就好像因為有零件所以才能組裝成車子，同時也因為有了車子，零件才能發揮它的效用一樣。

　　三層緣起中的第三層，是有最深意義的一層。A 是認識的對象，B 是被賦予的名稱。在這個例子中，首先反向思考 B 依附於 A，這樣想比較容易明白。也就是說，因為認識的對象存在，所以才能賦予對象名稱。這是一般常識就可以理解的。然而，就如到目前為止的考察所明白的那樣，一切的依附關係都是雙向的。因此，B 若依附著 A，那麼 A 也必然依附著 B。也就是說，認識對象應該是依附於所賦予的名稱而成立。但事實上，當藉由正理知量徹底地分析認識對象 A 時，對象本身作為 A 而成立的要素，卻是不論在哪裡都找不到的。故此，認識對象 A 的成立，除了透過所賦予的名稱之外，是沒有任何根據可證明其存在的[73]。　　[50]

　　如此這般，使認識對象 A 成立的本質，在 A 本身絲毫也找不到。因此，也不存在於認識的心以及所賦予之名稱的分別上。那是因為，認識 A 的心，是依附在對象 A、知覺機能與前剎那之心，才得以成立的緣故。在這種多層的相互緣起的連鎖中，在依附於其他因緣的同時也單純存在的某事物，人們認識為「那是 A」。像這種世間一般共通的認識，稱之為「世間極成」。使認識對象 A 成立的某種本質上的東西，不論在哪也絕對是找不到的，因此，唯有在相互緣起的複雜組合裡，所產生的世間極成這種相對性基準才被公認為大致上的根據。

　　為了對空性與緣起的關係能有更清楚的理解，適當地設定空所應該否定的範圍是極為重要的。關於這一點，在寂天（Śāntideva）的《入菩薩行論》（《入菩提行論》）第九章中解釋如下：「不觸分別之事物，無法掌握非存在。」而宗喀巴的《中觀密意解明》（《入中論》的註釋）第九章　　[51]

中，引用了這句話並且解說如下：「〔寂天〕如是說：『分別之事物，即所遮（應否定之物）的總體，若不在心中清楚顯現，則無法清楚掌握所遮不存在之理。』因此，不存在的諦成就，以及『何者為空』的所遮相，若不能如實地顯現在心的境上的話，就沒有辦法清楚地對諦的無（不以真實而存在）與空的體（空的本質）做正確的判斷。」例如：為了正確理解瓶子的空性，就必須對瓶子的哪些狀態該否定、哪些狀態不該否定，做出明確的認識。

如果應否定的範圍過於狹窄的話會變得如何呢？例如：說一切有部等雖然否定了五蘊中的補特伽羅的實體性（外道所說的真我等等），仍然主張以五蘊的各個蘊為首的諸法本體，真實存在於三世中。而唯識派雖然否定諸法依外境而存在，卻無法完全否定認識主體的心（特別是指阿賴耶識）的實體性[74]。又即便否定了那些因思想哲學而在後天被虛構出來的實體性（真我、三世實有的法體、阿賴耶識等），仍殘留著自無始以來已成習慣的先天諦執（俱生諦執）[75]。這就好像是，即便在癌症手術中切除了

[52] 大腫瘤，卻仍遺漏了小的癌細胞一樣。

所謂「諦執」（諦取），就是將認識對象誤認為是諦成就[76]。在《中觀密意解明》中，解釋俱生諦執時，首先介紹中觀自立論證派的見解，即「對有情而言，當內外的諸法因諦而存在的方式呈現時，唯有把握住『諦存在並非藉著顯現於心的力量才被如此設定，而是諸法〔作為諦〕的狀態是〔實際〕有的』，這才是無始以來的俱生諦執」。針對自立論證派的這種觀點，同書所做的評論是「自立論證派做這樣的設定，如果是以歸謬論證派〔所想定〕的所遮（應否定之物）作為基礎來看的話，那將是非常粗

糙的。原因是，〔這〕並非是細微的俱生諦執」。自立論證派雖然否定諸
法因諦、勝義、真實而成立，但在世俗次元裡，則承認其藉自體、自相、
自性而成立[77]。所謂「藉自體、自相、自性而成立」的意思，是指自體的
本身有某種固有的性質或作用。也就是說，自立論證派承認在世俗的次元
裡，諸法有某些細微的實體性[78]。

　　相對地，中觀歸謬論證派對諸法藉著自體、自相、自性而成立的看
法，不論在任何次元裡，均持完全否定的態度。如果有那麼一點點承認其
存在的話，也是將其定位為最細微的俱生諦執。像這樣，依佛教哲學的歸
謬論證派的究竟見解，從外道所主張的那種最粗大實體性到自立論證派也
放過的最細微實體性等，都絲毫不放過，一切應否定之物均全盤否定。由
此可知，應否定之物的範圍過於狹窄的過失，便完全被排除。

　　至目前為止的討論可整理如下，因為是空所以應該被否定的是，離開　　[53]
他緣而獨立的實體性、諸法依諦而成立、諸法依自相而成立等說法。如果
應該否定的範圍過於狹隘時，則諸法中會有某些東西被認為是有實體性
的，而且將會留下由諦所組成的某事物。如果是這樣的話，那麼將陷入
「常邊」的極端論中，將無法完全地切斷對輪迴的執著，那麼解脫輪迴的
行為也將變得不可能[79]。

　　那麼，為了不陷入這種常邊，並且完全排除應該否定的實體性時，諸
法到底應該以怎樣的方式成立呢？中觀歸謬論證派做了如下的說明：「依
附於由分別所賦予的名稱上，只是暫時存在於被設定（假說）之物上。」
關於這一點，在《中觀密意解明》中的解釋如下：「如同〔龍樹〕所說：
『在勝義中甚至連名稱都沒有，在言說（世俗）中，藉著名稱的言說之

力，除了被設定物之外，別無他的物。』像這樣子，在名稱中，只是以假說之物而存在。若清楚瞭解這個道理，一切法應該是依附於〔他〕而被設定，因依附而假說、因依附而生。也正因為這一點，無〔任何〕事物藉自體而成立，即便設定『有某些法』，應該也可以知道〔那是〕被設定在非追求假說之事物這一點。」諸法唯有是這樣的狀態，才是三層緣起的最深意思。

接下來探討應否定之物的範圍過於廣泛的情況。上述檢討了應該否定之物在適當排除後被承認的諸法的狀態，但若連那樣的狀態也排除的話，應否定之物的範圍將會變得過於廣泛。也就是說，連依附於名稱的假說，[54] 也完全地否定其存在。這樣的極端論稱為「斷邊」。斷邊的見解，是對於緣起的虛無方向全面否定。如此一來，世俗中的因果關係、善惡區分、三寶的存在也全都被否定了。其結果成為墮三惡趣的因，所以被認為是比常邊還要惡的見解[80]。將「一切法是空」的「空」的意思，理解為即便在世俗世界也是絕對無，並且解釋為「任何東西都完全不存在」，這是陷入斷邊的理解。

若能離常與斷「二邊」[81]，並且適當地設定因為空而應該否定之物的範圍的話，那麼將能正確理解空性與緣起的關係。此處就兩者的關連性進行復習。一切法以緣起而存在。這樣的一切法是空。這時候的「是空」的意思，是諸法不因諦、不因自相而成立。如果有東西是因諦、因自相而成立的話，那就不能說是空。那樣的東西，應當不是因緣起而存在的，而是因獨立實體而存在的。不過，那樣的東西卻是一個都不存在的。因為是空而應該被否定的是，那個因諦、因自相而成立時的獨立的實體性。因為一

切法中，那樣的實體性是被全面否定的，所以一切法是空。由於是空，一切法藉因緣而存在，甚至是微塵也不例外。因此說一切法以緣起而存在。宗喀巴的《菩提道次第廣論》觀之章中，引用了聖教並強調說：「知者們啊！自性是空，這個空性的意思就是緣起。不過，卻不在功用是空（沒有效果的作用）這個非存在的意義上。」

（六）勝義諦與世俗諦 [55]

如上述般地理解空性與緣起的關係，也與勝義與世俗這「二諦」的設定有關連[82]。如前所述，勝義是絕對存在的次元，世俗是相對存在的次元，而諦是真實的意思。若某存在（例如瓶子）是「因諦而成立」的情形下，是指在世俗次元中，就如同我等看到的一樣；即使在勝義次元中也是認同它因諦而成立的。不過，就如同再三強調的一樣，實際上因諦而成立的東西一個也不存在。所謂一切法不因諦而成立，其自體在勝義的次元中就是真實，這稱為「勝義諦」。因此，在思維瓶子的存在時，它的勝義諦就是瓶子的空性。

關於勝義諦，在《菩提道次第略論》觀之章中，做如下解釋：「勝義諦的諦相是無所欺瞞的。之所以這麼說，是因為雖然以別的存在方式來存在，但〔那樣的話〕並沒有用不同的表現方式來呈顯以欺瞞世間。」例如：當徹底地追求瓶子的真實狀態（從其他的影響到獨立的實體性）時，是找不到任何東西的。因此，追求瓶子的真實狀態的最後結論，是瓶子是欠缺實體性的，換句話說就是無自性。這與勝義諦的內容，即瓶子的空性，是一致的。這一點便是所謂「無所欺瞞」的意思。

另一方面，在世俗次元中，瓶子是以瓶子的形態而存在，這種情形就是世俗諦，換句話說，瓶子是瓶子。但是，這一點與追求瓶子的真實狀態的結論（瓶子無自性）是以不同的表現方式來呈顯的，所以若從「無所欺瞞」的意義來判斷的話，瓶子不被認為是真實。不過，在不追求瓶子的真實，而只藉世間的常識來判斷的話，大致上是被認為是真實的。這種情形，終究是「從世間角度來看諦，這是世俗次元的存在」的意思，所以稱為「世俗諦」。

[56]

因此，即便歸納「二諦」的呈現，在諦的認定基準上，勝義與世俗是有差異的。瓶子呈現在凡夫五感的諦（真實感），使得凡夫深信那是諦成就。不過從諦執悉盡斷滅的聖者角度來看[83]，縱使自等引三昧後仍有瓶子的顯現，也不認為那是諦成就。故此，對聖者而言，瓶子並非是諦，而認為那「僅是世俗」[84]。所以，這個僅世俗之意，才正是「空」的瓶子，因緣起而如幻般地存在。換句話說，這只不過是依附在被賦予的名稱上，而被暫時說為存在。

如上所述，世俗諦是凡夫執其所見為諦成就，以如此的世間迷亂認識來認定諦，但那諦絕對不是在世俗次元裡頭成立的[85]。若誤解世俗所見為諦的話，便與中觀歸謬論證派的立場——即便在世俗裡，仍完全地否定諸法以諦與自相而成立的見解——有顯著的矛盾。

那麼，在瞭解二諦的順序上該如何來設定呢？首先要確認一點，那就是究竟的真理只有勝義諦。因此，只要是身為修行者，就必須以瞭解勝義

[57]

諦為目標。不過，凡夫的修行者無法以現量來認識空性，所以要驟然瞭解

勝義諦是不可能的。因此，首先藉著言說的推論分析，一方面將其作為正理的比量來使用，一方面也是到達勝義諦的過程所必須的。這個言說的推論分析，就是世俗諦。因此，作為瞭解勝義諦的根據，必須設定世俗諦的意義。

關於這一點，在《根本中論頌》第二十四章中解釋如下：「不依據言說，無以顯示勝義。」[86]同樣地，在《入中論頌》第六章中解釋如下：「言說諦為方便，勝義諦自方便生。無法區別此二者的人，終因歪邪的妄分別而往赴惡道。」[87]為了體驗勝義諦，亦即空性，一開始唯有藉著言語以達概念性的理解。我等必須銘記這一點。具體來說，首先要經常聽聞教義，其次徹底考察論據，透過它們來理解概念性的空性，並以此為基礎反覆修習止與觀，這是相當重要的。若誤以為「勝義諦是超越言說的次元，從而認為只是概念上的理解是沒有用的」，因此輕忽聞、思、修的過程，那麼即便反覆修習禪定，也將白費珍貴的人生，而完全無法體會空性。為了告誡這種實踐至上主義，特意用「終因歪邪的妄分別而往赴惡道（三惡趣）」這種強烈表現。這樣的解釋可算是相當理解了月稱的密意。

如上所述，探討二諦的步驟，其順序被設定為「以世俗諦為基礎，進而瞭解勝義諦」[88]。但另一方面，為瞭解世俗的真正原貌，一定要理解勝義諦。世俗並非諦成就，所謂純世俗的存在，唯有藉瞭解勝義諦，才能開始真正領會。因此，要完全瞭解二諦的意義，就必須設定「勝義諦為先，世俗諦為後」的順序[89]。也就是說，在尚未能用現量來理解空性的凡夫階段中，就世俗所認識的許多事情，後來將必須修正，或必須否定。 [58]

如果能真正理解二諦的這種關係，應該可以理解到藉言語來概念性地

學習佛教的思想哲學，是有其重要性與有限性的，因此也確立了修行者連結學問與實踐的正確態度。而這正是自宗喀巴大師以來所培養的格魯派宗風。

接下來，將從「基、道、果」的層面來試著整理大乘佛教的修行架構。首先，基盤上存在有世俗諦與勝義諦這兩個次元的真理。其次，以二諦為基礎的道，是用來實踐方便與般若二修行，也就是累積福德與智慧二資糧[90]。最後，圓滿累積這二資糧的果，便可以得到色身與法身，即佛陀的二身[91]。在龍樹的《六十頌如理論》中，也說了下述的迴向文，即「透過此善，一切眾生積累福德與智慧的資糧，從福德與智慧生出殊妙二身」。

這種「基、道、果」的關係，是與「世俗諦、方便、色身」以及「勝義諦、般若、法身」這兩組關係設定在一起的。從與第一組的關係中，可以衷心領會在世俗的次元中因果關係是存在的，重要的是對於世俗的「有限」[92]得到確信。從與第二組的關係中，可以衷心領會在一切法中沒有絲毫的自性，重要的是對於勝義的「如實有」[93]得到確信。

[59]

為了得到色身與法身，必須修行方便與般若，同時在這個前提下，對於世俗諦與勝義諦的正確理解，更是不可或缺。於是，為了完全無誤地瞭解二諦的關係，以中觀歸謬論證派的見解為基礎是相當重要的。宗喀巴大師便透過《菩提道次第廣論》等各種教義，對這一點再三強調。

（七）透過平易的實例來說明

為了更容易瞭解到目前為止的討論，接下來舉日常生活中的題材為例，對空與緣起再稍做檢討。

如前所述，空、無自性、無我三者都是相同的意思。又，身為空的否定對象的自性，與我是同義的。意思是，包括以自身為首的一切存在，只是被虛構出來的實體性。所謂「無我」，就是否定這樣子的實體的我。不承認被設定在五蘊集合上的補特伽羅是有其實體性的，稱此為「人無我」。又，不承認以五蘊的各個蘊為首的一切法中有其實體性，稱此為「法無我」。《般若心經》的經文「五蘊〔存在之一切事物〕的自性是空」，直接講述了法無我。而補特伽羅既然是被設定在五蘊的集合上，應當也可以被認為是間接講述了人無我。

為令人更容易理解，在說明人無我時，傳統上經常使用「繩與蛇的譬喻」。若有繩子掉落在昏暗的地面上，由於斑紋的模樣與擰旋的方式與蛇相似，也許會因誤認是蛇而心生恐懼。不過實際上，縱使遍尋繩子的任何地方，都找不到真正蛇的足跡。因此，由於昏暗而誤以為「是蛇」的這個想法，只能說因為分別心而被暫時設定出來。 [60]

依附於五蘊而生「這是我」的想法，也與此譬喻相同[94]。然而在五蘊中，不論是時間的前後流轉或同一時點上，五蘊集合的任何一部分，可以用來設定成為我的要素卻是一個也沒有。但由於在我與五蘊之間，全體與部分的這層關係是成立的，所以沒辦法將我設定為與五蘊完全無關的個別實體來看。其結果可知「我，只不過是藉由分別，被設定依附於五蘊而

已」。反過來說，則可得到「我，沒辦法作為獨立的實體而成立」這個結論。這在佛教哲學裡頭，就稱為「人無我」。

在日常生活中，哲學上也許可以確信沒有獨立實體的我，但在潛在的想法中卻經常有「有實體的我」這樣的念頭。在這樣的念頭為前提之下，產生了對自己和自己的東西的執著（我執與我所執），於是貪欲、瞋怒等各種煩惱也就跟著產生。

那麼，獨立實體的我，是怎樣被否定的呢？關於這一點，將以身邊容易明白的例子為基礎，再稍做探討。

[61]　例如：先假設有一個人，他是我的敵人。他，是否具有使他成為我的敵人的普遍性本質呢？假如有那樣本質的話，那麼他在與我認識之前，就以敵人身分存在著，今後也將永遠如此持續著。但實際上，由於各種的（或許多數是我製造出來的）因與緣，逐漸使關係惡化，可能才是真正的原因。如果是這樣的話，那麼他成為敵人的性質，絕對不是普遍性的，而且既然是依附於因和緣，就不可能是獨立的實體。所以，或許將來招致敵對關係的因解除了，或許因時間久了而淡化敵對意識，或許互相反省替對方設想的話，今日之敵也許將是明日之友。

再從別的層面來檢討這個例子。將作為我的敵人的他，區分為構成的諸多部分，也就是區分為對我採取敵對行為的「色」、對我感到不快的「受」、識別到討厭我的「想」、欲對我行敵對意圖的「行」、將我作為敵人來認識的「識」這五大集合體（五蘊）。而這五蘊的每一部分，都可以進一步做更細微的區分。另外，如果有敵視的集合體存在的話，那麼，

他只是這個敵視集合體的一部分。一般來說，由於全體是被設定在諸多部分的集合體上，所以可以說全體是依附於部分而成立的。反過來的話，由於部分是藉著構成全體才可以說是部分，所以也可以說部分是依附於全體而成立。在這樣子的部分與全體的相互依附關係中，在細微次元到粗糙次元的層層重疊構造中，我等總是注意著其中的某次元的某存在，並且在那上面虛構出獨立的實體性。以這個例子來說，就是指那個我的敵人。不過，只要他的存在是成立於五蘊相互依附的關係上的話，就不可能是獨立的實體。由於五蘊的各個蘊都與更細微的部分集合體相互依附，所以也是 [62] 相同的。如此分析的話，作為敵人的實體將不存在於任何地方，而且也將找不到我的憤怒所應當對應的真正對象。

　　另外，更進一步從別的層面來分析。那個「我的敵人」其存在之所以成立，是因為我的心中貼了寫著這個名字的標籤。事實上，他是敵人這件事，應當不是萬人的共識。即便他自身以某狀態存在著，即便他很清楚地敵視著我，但只要我的心不貼上那樣的標籤，他便不可能成為我的敵人。在這種情形下，「貼上標籤」的比喻表現，倒也未必是「任意下價值判斷」這種負面意思，而是指我等的心給予某對象名稱的認識經過。我等的分別心——不只是帶著我方與敵方這樣的善惡價值觀——不管以任何存在為對象，如果沒有經過貼上標籤這個過程的話，那麼認識是不可能成立的。也就是說，雖然對象是因為心而被認識到其各種層面的存在，不過，這並不是因對象本身的力量而成立的，是透過分別心給予名稱而被暫時設定之事[95]。這在佛教用語中稱為「假說」[96]。現在這個例子的情形，是以他的敵對行為為主因，我貼上「敵人」這個標籤。不過相對地，若從「他，

因煩惱而反覆造惡業，將來必定受到極大痛苦」這樣的想法出發的話，便可貼上「慈悲的對象」的標籤。或從「託他的敵對行為之福，才能夠修忍辱的行」這個想法出發的話，便可以貼上「等同上師般地難能可貴的稀有存在」這個標籤。有可能的是，「我的敵人」的存在，並非以他自身之力而在，而是自始至終只是假設之事而已。

[63]　　以上從三方面討論了「作為我的敵人的他」的存在，這相當於先前所敘述的三層緣起。又，敵人的實體性被完全否定一事，就表示「如果是緣起的話，一定是空」這層關係。

　　到此為止的例子，是以「作為我的敵人的他的普遍實體性」為問題點。這是將他當作有著可以獨立存在的實質，來設想他是有著敵人這樣的普遍屬性，而結論是否定他能獨立成立。否定這樣子的實體性，是屬於粗糙次元的人無我。即便不加上哲學性的分析，這樣子的實體性不成立，甚至是世間的常識程度便可以理解的。所謂「昨日之敵，是今日之友」這句話，就是說自己的心態，能用來憎恨或喜好對方，這樣的想法是任何人在日常生活中都有過的經驗。

　　不過，若更深入探討的話，那麼，並不只「作為敵人的他的普遍實體性」的概念是後天虛構的，即便是本來就實實在在地有「他自己」的存在感，也同樣是應當完全否定其實體性的。即便不屬於粗糙次元中「可以獨立存在的實體」，「他自己」顯現於我的心中的，卻是好像是真實存在的他。因為唯有透過那樣子的顯現，才能認識到他的存在，所以我才會認為他本身就是真實存在的。而否定這樣子的諦成就與諦執，需要更細微次元中的人無我。

　　否定他本身有真實存在的實體性的邏輯，與前面探討的敵人的普遍實體性並無二致。也就是說，他的存在是因為依附於因與緣，是因為存在於與部分相互依附的關係上，而且只不過是我的心賦予他一個名稱的假說之物而已。在前述例子中，為了容易理解而將敵人這個部分放在前面來討論，但仔細想一想，即便除去敵人這個部分，而只以他本身作為討論對象，所得到的結論也將是完全相同的。 所以，即便將討論的對象換成我自己，或其他的第三者，想必還是同樣的。因此可以知道一切補特伽羅的無我；同樣地，也可以知道他的五蘊、我的五蘊以及一切法的五蘊都是無我的。 [64]

　　然而，像這樣子即使知道他的存在本身是無我的，也就是說沒有實體的，其實也並不是「他完全不存在」的意思。這一點，從世間的常識來看，也是理所當然的。若陷入將無我誤解為完全的無，並產生「不論是他、我，還是行為，全都不存在。因此，善惡的區別、因果的關係也全都不存在」這種斷邊的錯誤見解的話，就完全遠離了佛教的意思。

　　儘管實體不存在，但他卻是存在的，而且其敵對行為的效用也波及到我。如果「他所帶來的危害，因為是無自性所以全都不存在」的話，那麼也就不需要忍辱[97]的修行了。另外，如果「不論是他，或是其他人，因為是無我，所以一切都不存在」的話，那麼，對他人的慈悲與利他行也變得沒有必要了。不過，這些都與現實世界完全不合，而且也與釋尊的各種教義完全矛盾。

　　若排除事物有實體與事物完全不存在這兩種極端論的話，那麼，事物到底是以什麼樣的形態而存在呢？在自身與他人的人格存在，以及構成它

們的各個五蘊，都是排除有任何實體性的，它們只是依附於其他緣而「單
[65]　純地」存在著。在中觀歸謬論證派中，以「單純我」來表現這樣的人格性
存在。唯有這個「單純我」，才是善惡行為（表業）[98]的實行者、其潛在
力（無表業）的舵手、被暫時設定為六道輪迴中轉世的主體。

　　像這樣，若能以哲學邏輯正確地設定這些事物的存在感的話，那麼面
對這樣的形態，修行者該如何實踐才好呢？貪欲、憤怒等煩惱所指的對
象，並非是單純存在的事物，而是在單純存在的上頭附加（增益）了實體
性。那是因為對單純存在的事物來說，它本身並不存在固有性質（自
相），所以也就沒有貪欲、憤怒等煩惱所要面對的事物。雖然單純存在的
事物成立於世俗這個相對次元中，但被附加的實體性卻是在世俗次元中不
存在的[99]。若能正確無誤地理解這一點，那麼將引導出修行者的正確行
動。

　　對單純存在的事物來說，確實是有其效果性作用（功用）。既然有其
效果性作用，那麼就應該採取適當的對應。不過所謂效果性作用，因為並
非是事物本身所存在的固有性質，所以應該也沒辦法成為貪欲、憤怒等煩
惱的對象。因此，像「因為這是有益之物，所以應當享受。不過它並非以
實體而存在，所以產生貪欲與執著是無意義的」或是「由於確實會招來危
[66]　害的效果性作用，所以應當避開。不過它並非以實體而存在，所以產生憤
怒是無意義的」這樣正確地判別單純存在與實體存在的意思，便可避開極
端，邁向中道[100]的實踐。

　　菩薩在實踐大慈悲與利他行以及深入理解空性這兩方面，是不偏向任

何一方而修行的，並且將心向上無限提升。累積這樣的修行結果，若能成為境界高的菩薩的話，那麼對自己的身體本身並沒有實體性這件事，便能夠像實際拿在手上那般清楚地理解。當然，這樣子的菩薩們，平時是很用心地守護著賴以實踐利他行的身體。不過，若在真正需要的時候，他們甚至可以為了他人而毫無痛苦地放棄生命去實踐利他行，就宛如將青菜給他人一樣。在寫著釋尊種種前世的《本生譚》中，釋尊將自己的身體布施給飢餓的老虎母子便是個好例子。在《入菩薩行論》第三章中也說道：「身體、財物，以及三世的一切善，為了一切有情的利，都應當毫不吝惜地捨離。」

　　若將這樣子的故事，改換在我等凡夫身上的話，我等將會恐懼到顫慄不已，這是因為對大慈悲與利他行的實踐，以及對空性的理解，我等凡夫在心性上未臻成熟。在還未成熟的階段裡，強迫凡夫境界的菩薩拿身體或性命來做布施，其結果將會因產生恐怖與後悔而失去菩提心，所以被告誡絕對不可以履行。再強調一遍，境界高的菩薩並不是強忍著恐怖感，用「從清水舞台往下跳的決心」來履行身體與生命的布施，而是以一種好像「等很久」的樣子，從容、歡喜而勇敢地去實踐。這般高境界的菩薩們，來世將成為更高境界的菩薩，所以和會擔憂因死而中斷修行或擔憂會墮入三惡道的凡夫們是不一樣的，他們是完全地將身體置之度外。 [67]

　　所以不必悲傷，覺得我們「無論如何也做不到像境界高的菩薩那樣……」，只要選擇適合現在的自己的程度來修行，藉著方便與般若——利他行的實踐與空性的理解——不斷累積這兩方面的功德，最重要的是，要一點一滴地提升心。根據自藏傳佛教的中興祖師阿底峽（Atiśa）以來的

傳統，其實踐方法是「自他交換法」[101]（修心）這個祕訣。其中講的是，觀想將自己的身體、財產、功德布施給他人，同時代替他人受苦的修行方法。透過這樣的觀想反覆練習，若能斷除我執和愛着的話，和境界高的菩薩們一樣的時候終會到來。

以上藉由這些較易瞭解的實例，我們對空性與緣起的關係做了復習。

到此為止，透過各種的議論大致已經能夠說明，《般若心經》經文中的「五蘊〔存在之一切事物〕的自性是空」的意義。另外，對於將空性與緣起的教義思想體系化的中觀哲學，我們也已經有了某種程度的瞭解。以此為基礎，將可較容易地理解有名的「色是空（色即是空）」的經文。

注釋

1. 所謂「大乘種性」，就是不畏甚深空性之義，並欣然接受從大悲心到利他行的人。具備這樣資質的修行者，在修行發菩提心、圓滿菩薩行時，能達到佛陀的境地。

   與此相對的，則是藉聲聞乘與緣覺乘（請參照第四章注2）的修行而成為阿羅漢（請參照第四章頁202）的人，具這種資質的人，稱為「聲聞種性」、「緣覺種性」。此外，無法判斷是這「三種性」中任一項的人，稱為「不定種性」。又，不具備能成為佛陀或阿羅漢資質的人，稱為「一闡提」。以上合起來稱為「五種性」（五性）。

   像這樣的「五種性」的區分，在某期間內確實是存在的。也正因為如此，釋尊體諒短時間內沒辦法得到大乘種性資質的修行者，為他們說聲聞乘或緣覺乘的方便教法。但在究竟上，因為一切有情均有成為佛陀的可能性，所以五種性的區分並不是絕對的。因為即使是聲聞乘或緣覺乘，最後還是要流向大乘道。這就是所謂的「方便三乘，究竟一乘」（請參照第四章頁203）。

2. 「法」這個用語，有「真理」、「教義」與「存在」等意思。佛法僧三寶中的法相當於前者，一切法及諸法中的法則相當於後者。

3. 以下舉例說明佛教用語中「存在事物」一詞的簡單意思以及嚴格定義：

   （1）境的意思是「對象」，其定義為「藉智慧（知性）可明白的事物」。（2）所知的意思是「可明白的事物」，其定義為「慧的境」。（3）所量的意思是「可量的事物」，定義為「藉著量（正確認識）可瞭解的事物」。（4）有的意思為「存在的事物」，定義為「藉量可緣之事物」。（5）成實的意思為「作為基體」，定義為「藉著量而成就（成立）之事物」。（6）法的意思是「存在」，定義為「具備自身的體（存在性）之事物」。（7）所緣的意思是「可緣的事物」，定義為「藉量而斷增益之基體」。以上七個用語，意義全然相同，所指範圍也大致一樣。又，所謂「量」，是認識而且理解；所謂「緣」，是心向對

[69]　　象並認識。

　　在此就上述所舉定義中較難懂的「所緣」再做補充說明。例如：要是有個人不太知道蘋果，當他看到梨子的時候，或許會以為那是蘋果。像這樣以錯誤的知識來看蘋果，就是「加在蘋果上的增益部分」。而唯有將這個增益的部分完全排除，才能正確地選出真正的蘋果。也就是說，瞭解蘋果的量的「所緣」，也就是指藉量（認識）──排除所有被增益的部分──就是掌握「這就是蘋果」的認識。關於「量」的定義，一般來說是指格魯讚普的《解脫道作明》（《量評釋》的注釋）中的「新而無誤之知」。在「無誤」這句話裡頭，包含著「沒有欺騙」、「可以信賴」、「確實」等意思。另一方面，在凱托普的《因明七部莊嚴》中，定義如下：「憑藉自身之力徹底地觀察分析所量的無誤之知。」請參照注 57。

4.但是，誤認畢竟無的事物為「存在」的那顆心，以及那顆心所認識的錯誤概念等，是確實存在的。因此，那顆心與概念並不是畢竟無。

　　例如：某人誤以為「兔子有角」。佛陀的一切智智可以讓那個人完全看透產生錯誤認知及其錯誤概念的事實關係。因此雖然兔角是畢竟無，但誤認其為存在的那顆心，以及有「兔角」的錯誤概念，並非畢竟無。

5.「四法印」，即「一切的有為是無常（諸行無常）。一切的有漏是痛苦（一切皆苦）。一切的法是無我（諸法無我）。涅槃是寂靜（涅槃寂靜）」。但是，應該留意無常的有為法與無我的一切法，所包括的範圍是不一樣的。

　　判定是否為佛教徒的基準是有無皈依三寶，同樣地，判定是否為佛教思想的基準
[70]　　則是四法印。但「無我」的意思，依佛教哲學的深淺而有不同的解釋。其最廣義是指否定「常住、單一、自在之我」。所謂自在，是指不需仰賴他緣，完全自律地存在。

　　附帶一提，所謂「有漏法」，即從有為法中，除去屬於道諦的法。而「無漏法」則屬於無為法與道諦。涅槃即滅諦，屬無為法。也請參照第三章頁 137。

6.在同一個存在中，有著種種不同的面向，稱為「同體異面」。

　　憑著分別（參照注 29）的意識來認識對象的情形，是以言語等印（標幟）作為

基礎，用排除不適當的要素來掌握對象（請參照注 28）。此時從各種角度來排除不適當的要素，結果所掌握的認識對象的各個面向，就是同體異面中的「面」的意思。

例如：當完全排除「非創造之物」的可能性時，便是掌握了「所作性」的面。又，完全排除「沒有效果作用」的可能性時，便是掌握了「事物」的面。像這樣掌握個別的面的情況，稱為「異面」。然而其多樣的面，實際上是同一個存在，此稱為「同體」。

以下從阿毘達磨與佛教論理學的立場來表示有為法的各個面向的定義僅供參考：（1）有為「被認為是有生滅住三〔相〕的東西」；（2）所作性是「生起的東西」；（3）無常是「剎那」變化；（4）事物為「可以有功用（效果性作用）的東西」。

7.請參照第四章頁 240。

8.所謂「虛空」，就是沒有任何妨礙物或可觸碰物，指的是成為那種狀態的一部分而已，只是這樣一種概念。也就是說，那個部分沒有被任何東西堵塞或占有，所以是一種可在那裡設立新物質性東西（有色）的狀態。或許與「零」的觀點是相通的。但與真正的空在語感上是有差異的。

9.概念性存在的東西，稱為「共相」。作為外在的知覺對象（外境），它實際上是 [71] 不成立的。然而，唯有藉由分別（分辨）排除否定對象，或藉由想起概念，才得以把握到它的存在。相對地，作為外境且實際上是成立的，並且可以不依靠概念而直接認識的存在，稱為「自相」。自相是有為法、無常、事物，而共相則是無為法、常、非事物。例如：瓶子本身雖然是自相，不過瓶子的一般概念則是共相。自相、共相的思維方法，主要在經量部等有說明，而四學派的定義與解釋有所不同。

10.有的時候會在地、水、火、風的「四大」上，加入無為法的虛空成為「五大」，或再加上識（知）成為「六大」。

11.四大種是著眼於物質的性質與作用這兩方面的構成要素的分類，與自然科學的

分子、原子、中子等等的概念是不一樣的。

12.請參照注 62。

13.心王，雖然有單指「心」的時候，但廣義的心與知是同義的——也就是將心王與心所合併一起的時候——在本書為了避免混淆，所以使用「心王」這個表達。

14.就心王與心所的區別，在彌勒菩薩的《中邊分別論》中說明如下：「看見〔成為對象的〕東西是識（心王），而〔把握〕其特徵的是心所。」又，格魯讚普的《善說阿毘達磨海藏》（《大乘阿毘達磨集論》的注釋）中的解釋如下：「『唯有憑藉緣境（認知對象）來被識別，而不須從其他的特徵來設立知』，這就是心〔王〕之義；至於『以緣境為基礎，從作用的影響等其他特徵到對境發揮作用的知』，則是心所之義。」

15.在世親（Vasubandhu）的《阿毘達磨俱舍論》等著作中，將心王的狀態分類為「十二心」：欲界的善心、不善心、有覆無記心、無覆無記心；色界的善心、有覆無記心、無覆無記心；無色界的善心、有覆無記心、無覆無記心；無漏的有學心、無學心。其中不善心與有覆無記心合起來稱為染污心。

[72]

16.「五十一心所」在無著的《大乘阿毘達磨集論》中的解說，即心王是無論在任何狀況下都是不斷生起的「五遍行」（受、想、思、觸、作意），依對象分類並起作用的「五別境」（欲、勝解、念、定、慧），善心之作用有「十一善」（信、慚、愧、無貪、無瞋、無痴、精進、輕安、不放逸、捨、不害），不善心之作用有「六根本煩惱」（貪、瞋、慢、無明、惡見、疑）與「二十隨煩惱」（忿、恨、覆、惱、嫉、慳、誑、諂、憍、害、無慚、無愧、惛沉、掉舉、不信、懈怠、放逸、失念、不正知、散亂），依動機或視情況而做善或造惡的「四不定」（睡眠、悔、尋、伺）。關於五十一心所的各項意思，在《達賴喇嘛的佛教哲學講義》（福田洋一譯，大東出版社）的第三章有簡單的說明。

另一方面，在《阿毘達磨俱舍論》中，扣除上述的無痴、惡見、失念、不正

知、散亂等五項，而成「四十六心所」，並將此「四十六心所」分類為大地法十、大善地法十、大煩惱地法六、大不善地法二、小煩惱地法十、不定法八。

17. 在《大乘阿毘達磨集論》中說，得、無想定、滅盡定、無想事、命根、眾同分、生、老、住、無常、名身、句身、文身、異生性、流轉、定異、相應、勢速、次第、時、方、數、和合性等為「二十三心不相應行」。其中所謂「得」，即某補特伽羅將「自己的東西」所應具備的各種存在和心相續做連結而成的力量。

另外，在《阿毘達磨俱舍論》中說，得、非得、眾同分、無想果、無想定、滅盡定、命根、生相、住相、異相、滅相、名身、句身、文身等為「十四心不相應行」。

又，就心不相應行的各項意思，請參照俱舍學與唯識學等的解說書。至於簡單說明則請參照《八宗綱要》（凝然大德、鎌田茂雄全譯注，講談社學術文庫）的第一章〈俱舍宗〉與第四章〈法相宗〉。 [73]

18. 將佛陀的存在分作四身時，報身與應身屬於補特伽羅，自性法身是無為法，智法身屬知的範疇。詳細內容參照第四章頁 209。

19. 植物不包含在有情之中。佛教雖然承認植物為生命體，但並不認為植物有心（識）。因此，植物不可能有輪迴轉生。植物屬於色的範疇，與無生物同被認為是構成宇宙全體的環境要素（器世間）。

20. 自第八地到第十地的聖者菩薩，由於已經完全斷除煩惱障，所以不被輪迴所束縛。相對於此，第七地以下的聖者菩薩，以及凡夫菩薩，則均屬於輪迴眾生。

21. 嚴格來說，在這裡應該要加上中有（參照第三章注 48）。

22. 「受」的一般作用是體驗、享受異熟之果。例如：惡果經歷痛苦、善果享受喜樂等。另外，「受」的特別作用是引起貪欲（貪）、憤怒（瞋）、愚痴（痴）等三種根本煩惱（三毒）。例如：因體驗痛苦，便產生憤怒。

23. 與「自性」相似的概念有「自相」。這是指「在事物本身的固有性質與作用」（不同於經量部等所說的自相、共相時的自相）。例如：「熱」、「燃燒」等

是火的自相。也請參照頁 33。

雖然中觀自立論證派承認世俗的諸法是透過自相而成立的，但中觀歸謬論證派並不承認這一點。另外，在勝義中主張諸法無自性這一點，是所有中觀派共通的見解。也請參照注 25 第三段。

24. 關於藉「自性」與「我」的用語來表現實體性有必要徹底探討一事，在宗喀巴的《菩提道次第略論》觀之章中有如下解釋：「雖說對治無明（無知）應修習
[74]　　真實義（空性），但若不瞭解無明的話，就不知道該如何修習對治。因此，辨識無明非常重要。所謂無明（是什麼），即是明的反面〔概念〕。而這個明並非指什麼都可以，而是〔應該設定為〕知道無我的真實義的般若〔之意〕。所謂無明的反面，並非單純地說般若不存在，或說與般若不同等等，而是與般若有矛盾的關係（也就是無明與般若沒有共通部分）〔的意思〕。換句話說，增益（虛構）我的同時，因為也增益（虛構）了法與補特伽羅（人格）的我，所以法我執與人我執便是無明。據此可掌握到增益的方法，是『諸法是依自體（該樣東西的實體性）、依自相（請參照注 23）或依自性而成立』。」

再者，所謂「對治」，即指去除煩惱等的有效方法。例如：去除憤怒（瞋），要修習慈悲（慈）；去除慢心（慢），要修習緣起；去除貪欲（貪），要修習不淨。特別是瞭解空性的般若，是為對治一切的煩惱。請參照第四章頁 185。

25. 關於「勝義」，在龍樹的《根本中論頌》第十八章中，解釋如下：「非依他而知的寂靜，持諸戲論而無戲論，無無妄分別之別義，此正是諦之相。」關於勝義被稱為諦（真實）的意思，在《菩提道次第略論》觀之章中的解說如下：「勝義諦的諦相，就是無欺。也就是說，雖然以別的狀態存在，但不以〔與該狀態〕不一樣的表現方法來呈顯以欺騙世間。」

又，「世俗」的定義，在月稱的《淨明句論》（《根本中論頌》的注釋）第二十四章中解釋如下：「因為〔真實義〕完全被遮蔽，所以是世俗。也就是說，因為無明完全遮蔽事物的真實義，故稱世俗。或因為相互依賴，所以是世俗。也就是說，由於相互依存的緣故〔是為世俗〕的意思。或說世俗是標幟（記

號），也就是世間言說之義。」從第二個意思來看，因為世俗被設定在相對存 　[75]
在的次元裡，所以在相對存在的次元裡，若有離他緣而獨立存在的實體之自性
成立的話，便是矛盾的。關於這一點，在宗喀巴的《菩提道次第廣論》觀之章
中，明確敘述如下：「若有依自體而成立之自性者，應可作為勝義等而成
立。」

但是，這些都是中觀歸謬論證派的解釋。中觀自立論證派承認在世俗裡頭，諸
法是透過自相而成立（請參照注 23），並且每當說明諸法的無自性時，總是使
用「在勝義裡頭」這樣的限定性用語。歸謬論證派則批評這樣的看法，並強調
不應該對「無自性」加上設限用語。為什麼呢？理由是「在世俗中自性成立」
的話，與前面所述矛盾。即便如此，自立論證派仍然主張「所謂自性這樣細微
的實體性，是可以設立在世俗的次元中的」。這是在勝義的次元中被否定的自
性理論，可以直接適用於世俗中。就這一點，在月稱的《入中論自注》第六章
中，做如下解釋：「在真實義（勝義）的情況下，透過某些正理，若〔自性〕
是從自身或他緣所產生，這是不合理的。若依該正理，即使在言說（世俗）的
次元裡，〔作為自性而產生〕也是不合理的話，那麼，〔作為〕你所〔主張的
自性的〕生，又是依什麼而成立的呢？」繼承這樣的解說，宗喀巴在自己的著
作《中觀密意解明》（《入中論》的注釋）第六章裡的解說如下：「因為只憑
著『依自相成就（成立）』這一點就已經成了諦成就（以實體而成立）了，所
以是否和所謂的『在言說中』〔的表現〕相結合或不結合是一樣的。」也請參
照第三章注 20。

26.嚴格來說，應該是「伺察（分析）勝義的正理知量」。請參照注 28。

27.嚴格說法，請參照注 99。

28.瓶子的色彩（顯色）、形狀（形色）、感觸（觸）、作用（用）、剎那性（無
常）等，在其基體、時間、本質等方面，其成立與存續是一體的。這稱為「成
住同質」。

掌握瓶子的眼識等，是以總合的成住同質之諸要素作為對象，並面對其整體。　[76]

這樣的認知方法稱為「證成趣入」。

但是，掌握瓶子的分別意識，是在分辨成住同質的諸要素後，以言語等印（標幟）為基礎，一面排除「不是瓶子」的部分，一面僅掌握「是瓶子」的部分。這樣的認知方法稱為「遮遣趣入」。

另外，將有為法分作色、知、心不相應行這三種情形，瓶子的色彩等雖屬於色，但無常屬於心不相應行。總之，這些全部都在相對存在的標準上，而認識它們的是言說量。

29.所謂「分別」，就是可將名稱（名）與意思（義）混合認識的執著性之知。

所謂「執著性」，就是心在面對對象時，雖混合了名稱與概念，卻努力地要掌握它們。但未必指煩惱的執著。

另外，非分別的知，稱為「離分別」。例如掌握瓶子色彩的視覺識屬於離分別，而認為「音為所作性，故是無常」這樣的判斷意識就是分別。參照注 58。

30.所謂「執著境」，即是執著性的知（請參照前注與第四章注 57）的對象。也就是說，可憑分別而有意識地把握東西。例如：藉比量（請參照頁 42）來瞭解的對象等。

31.請參照第三章注 43。

32.以中觀歸謬論證派的見解為基礎，試將有身見、無明、二我執等關係做個整理。

所謂「有見身」，不是只有「我」與「我的東西」的意思，而是執著其有自相（請參照注 23）。凡夫眾生原本習慣且喜好以二我執為基礎來做思考，所以即便沒有意識，也是把對象作為自相來掌握。

「我見」的所緣，並非五蘊的各蘊或集合的五蘊，而是單純地在產生「是我」的想法時，其所緣是「只是我」（參照頁 65）。執著「只是我」這個所緣為自相，便是我見。

[77] 所謂「我所見」，是將自己的眼睛等當作是「我的東西」，並且執著「我的東西」有其自相。不過，將「我的東西」這個實例，當作是眼睛的自相來把握，

這是法我執，不是「我所見」。所以也不是「有身見」。

將自身以外的補特伽羅作為自相來看時，雖然是人我執，但不是有身見。

十二緣起（請參照第三章頁 132）的無明，是眾生輪迴轉世的根本原因。其中令某人輪迴轉世的實際原因，是那個人的有身見。

俱生的二我執，被設定為十二緣起的「無明」。所謂「俱生我執」，就是一切眾生天生具備視我為實體的習慣。於是，在錯誤思想哲學的影響下，虛構出某些實體性（例如：外道所主張的常住、單一、自在我等）的情形，稱為「遍計我執」。

在除滅無明的修習中，應以俱生我執的對治為主，並且將遍計我執的對治定位為補助方法。這是因為俱生我執是較細微而且難以掌握的，要掌握並斷滅之是很困難的。

另外，將二我執定位為含攝在一切煩惱障中，並且不視為所知障，這一點也是中觀歸謬論證派見解的特色。

請參照注 75、第三章注 43，以及第四章注 48、84。

33.關於這一點，在《菩提道次第廣論》觀之章中的解釋：「關於貪等其他〔煩惱〕的對治，〔世尊〕所做的開示，是針對各個部分的對治。因此，所說無明的對治就成為對一切的對治了。所以說無明是一切罪過的基盤。」

34.請參照注 23。

35.由於貪欲與憤怒等煩惱所指向的對象，是在事物上面所虛構出來的實體性，所 [78]
以勝義原本不在世俗中。

例如：某人對喜歡的蘋果有所執著。蘋果與其味道，雖然在勝義的次元中不成立，但在世俗的次元中卻是成立的。不過，那個人所執著的實際指向對象，即在蘋果與其味道之上增益的自性、自相這些即便在世俗次元中也是完全不成立的東西。正確地清楚這個區分是極為重要的。

但同時需要注意下述之事。即在蘋果之上增益的自性，必須是作為蘋果的存在感來理解。換句話說，是「在基體 A 的上頭，增益其自性 A'」的意思。如果不

是這樣的話，就成了「在基體 A 的上頭，增益自性 B」，在這個情況下會產生「不管怎麼否定 B，也無法完全地否定 A 的實體性」的錯誤。因為唯識派所主張的空有較強的這種傾向，所以被認為比中觀派的空還要略遜一籌（請參照注 68、81）。

36.對「我」的貪欲、執著，稱為「自己愛着」。無明即從我執產生了對自我的執著，並且因對自我的執著，產生了諸多煩惱。其結果便是被束縛在叫作輪迴的痛苦世界裡。

不僅如此，持著以自我中心，即所謂自己愛着的心態，其反面就會產生出不關心他人利益的狀態。因此，從大乘的立場來看的話，自己愛着就成為發菩提心的最大障礙。如果沒有發起菩提心，且到最後都一直持續著小乘的修行的話，那就會到達阿羅漢的境界。到了那個時候，斷滅了無明，斷滅了對「我」的貪欲與執著，諸多煩惱便也會完全消失。但即便成了阿羅漢，在自己愛着中所謂的「不關心他人利益」，仍會原封不動地殘留下來，這稱為「不染污的自己愛着」（不伴隨煩惱的自己愛着）。然而透過某些機緣，在未來某時機能克服這個狀態時，阿羅漢便發起菩提心進入大乘之道。請參照第四章頁 203。

[79] 37.若是探討產生二我執的次第的話，首先產生法我執，然後藉此再產生人我執，隨之展開十二緣起。請參照第三章注 43。

不過，修行者在瞭解二無我的次第時，應該是先理解人無我，然後才是法無我。這是因為在補特伽羅裡頭來理解所謂的無我，要比在法裡頭來理解要容易些。但兩者之間的真理並沒有深淺差別的意思。在設定以完全相同的無我這個真理作為基體時，兩者唯一的差異是補特伽羅比較容易掌握而已。請參照第四章注84。

38.關於「依自性而成立之事物是空」的意思，請參照注 44。

39.由於在這裡宗喀巴是引用了寂天（Śāntideva）的《大乘集菩薩學論》，並加以解說，所以嚴格來說，應該是「〔寂天〕說」的。但是，由於《大乘集菩薩學論》本身就引用了《如來祕密不可思議經》中的「寂慧啊！如是。也就是例

如：把樹的根處給砍斷的話，其一切枝葉便會枯萎。寂慧啊！就如同這樣子，將有身見等完全斷滅的話，煩惱以及一切隨煩惱便會斷滅」這段經文。所以本文為了方便理解，用「〔世尊〕說」的方式來呈現。

40. 由於《菩提道次第略論》的表現有些艱澀，所以在本文中以取意方式來解釋，不過仍將原文翻譯如下：「將男、女等的補特伽羅以及色、受等法的戲論（被分別之物）作為諦（真實）來把握的無明，會在領悟了無我的空性見解後，並依之修習而消滅無明。要是無明消滅的話，那麼，緣諦執（請參照頁 52）之境而（認識）增益其喜好、厭惡等象徵的非如理作意的妄分別便消滅。要是妄分別消滅的話，那麼，具有身見之根的貪等其他諸多煩惱便消滅。要是諸多煩惱消滅的話，那麼，依諸多煩惱所引起的業便會消滅。要是業消滅的話，那麼，依業而產生毫無自由的輪迴便會消滅，因輪迴消滅所以得以解脫。」 [80]

41. 關於正理知量的認知對象，在月稱《菩薩瑜伽行四百論注》中的解釋：「我等的伺察（分析），是專心於自性的追求。」在引用此文並加以解說的《菩提道次第廣論》觀之章中：「所追求的是在色中生滅等的自性之有無。換句話說，雖然是追求在色之中，有無以自體成就（成立）的生滅，但並非依正理而只追求生滅。因此，稱正理為『伺察真實義者』。那是因為，這是伺察真實義的生滅等是否成就之故。」

42. 根據佛教的世界觀，在上空有與地上的粗大苦痛無緣的天界。此外，在這上頭還有與粗大欲望無緣的天界（色界）。更上面還有超越空間性次元的天界（無色界）（請參照第四章注 11）。但縱使達到那樣的境界，實際出生在那樣的天界，也無法體驗勝義。也就是說，在本文所說的飛機的譬喻，只是用「飛上雲端，從上空飛機的角度所能確認的巨大物」來比喻離他緣而獨立的絕對存在，而不是在現實的上空世界是勝義的意思。真正的場所（不管是在地上或在天上）在相對關係中，依存於他緣而成立的東西，是存在於世俗的次元中。所以，如果有完全不依存於他緣而成絕對獨立的東西的話，那便是存在於勝義的次元中。

43.在梵語經文中，有關「自性是空」的部分，是 svabhāva-śūnya 的合成語。
　　svabhāva為「自性」之意的陽性名詞的具格；而 śūnya 為「空無」之意的形容
　　詞，當與名詞的具格相結合後，則成了「欠缺……」之意。因此，這個合成語
　　的全體即是「欠缺自性」，也就是與無自性是同義的。

44.雖然本文是用音譯來介紹經文「自性是空」的西藏語是 rang bzhin gyis stong
[81]　　pa，不過為了更易於具體理解，也可以用「依自性而成立的是空」（rang bzhin
　　gyis grub pas stong pa）來表現。也就是「任何的存在，都不是依普遍性的本質
　　或獨立的實體而成立的」的意思。例如：在《中觀密意解明》第六章中，將外
　　空性（請參照注 51）定義如下：「所謂『色等六境依自性而成立，此是空』這
　　樣的無自性，才可以認定是外側的空性。」（此句的藏文為 gzugs l sogs pa'i yul
　　drug rang bzhin gyis grub pas stong pa'i rang bzhin med pa nyid ni/ phyi rol gyi stong
　　pa nyid du 'dod do。）

45.究竟的真理「空」或「空性」，與「一切法無自性」是同義的，並且與「緣
　　起」是表裡一體的關係。然而，「五蘊其自性也是空」的表現，有解釋為「五
　　蘊的自性正是空性」的餘地。但這樣的解釋，只要有一小步的錯誤，便有可能
　　陷入重大誤解的危險。因為那會犯下在一切法之上冠上「空」與「空性」之名
　　的實體性意義的過失，換句話說，這樣的解釋打開了「空的實體化」之道。

　　為了防範這樣子的情況，有了所謂「空空性」（請參照注 51）的說法。也就是
　　說，究竟真理的空或空性也是空，並且沒辦法以一個獨立的實體來成立。關於
　　這一點，在《根本中論頌》第十三章中的解釋如下：「若是非空的東西有著某
　　東西的話，空便也會有著某東西；若是非空之物是一點也沒有存在的話，那
　　麼，空又要如何存在呢？勝者們（諸佛）說空性是完全地排除一切的見。又說
　　對見空性的人，已經沒有教化他們的方法了。」《菩提道次第廣論》引用這個
　　說法做如下解說：「所謂『見空性』，並非見到『自性是空』，而是〔指〕理
　　解到以自性是空的空作為諦〔成就〕，或見事物（是空）。」又，《菩提道次
　　第略論》在批評將空性當作實體化來看這件事時說：「無以對治之見解。」因

為假如以非空的其他存在為實體的話，那麼，藉空來修正它是有可能的，但對 [82]
於要修正以空為實體的見解，那就已經是沒有任何東西可拿來修正了。

在充分地根據這一點，並憑藉著「五蘊的普遍本質是空性，且毫無例外地否定
一切存在有獨立的實體性，而這個否定也適用於空性本身，因此，五蘊的普遍
本質，不是依實體而成立」的意思，那麼「五蘊的自性就是空性」的見解，一
般認為是沒有錯誤的。

在這種情形下，將究極真理稱為「法性」，或稱為「法界」，這又與空性、無
自性是完全同義的。在《中觀密意解明》第六章中解釋如下：「所謂的否定自
性，就是否定眼等有本質的存在這一點。又，主張有自性，是認定將那個否定
〔的本身〕，作為『眼等法性』的自性。故此，否定事物依自性而成立，與承
認事物的法性（即自性），是一點也不矛盾的。」

再者，在不適用依空否定其實體性的情形、那虛構出的獨立實體，這種錯誤的
空性，被稱為「他空」。若視此同如來藏的話，那麼將隨之產生與《般若經》
的思想或中觀哲學不相容的見解。

關於這一點，在土觀的《一切宗義》第二章格魯派一節中敘述如下，「〔在宗
喀巴之前的時代，西藏學僧〕某人曾主張『空性是諦成就，而世俗中他法為空
的他空才是究極的真理』，不過這樣的主張並不被承認」，其理由引用前述
《根本中論頌》第十三章。在西藏佛教史上，主張他空說的學僧以覺囊派的篤
補巴最為有名。《一切宗義》在第二章覺囊派一節中介紹其主張之後，加上多
面性的批判。詳細請參照《西藏佛教宗義研究》第六卷（谷口富士夫，東洋文
庫）。

與此有關部分，請參照第四章注 91。

46.關於佛教徒在現實生活中，也必須正確理解空性這一點，請參照注 69。

47.《因明七部莊嚴》將證成法定義如下：「不觀待（依存）於斷除所遮（應否定 [83]
的事物）之物，並以自力顯現心之境（對象）之法。」可舉諸事物作為實例。

又將遮詮法定義如下：「心藉直接拒絕的所遮相來瞭解事物。」就實例可解說

如下：「在所知或所量的範圍內，不構成該事物的法，都被認定為遮詮法。也就是說，以這樣子的所知為主題，便是遮詮法。那是因為，若是直接瞭解對象的心，藉斷所遮相而顯現，於是對象被遍充（必是那般）之故。」

48. 是肯定還是否定的區別，並非依名稱或語言來決定。例如「無常」這個詞，雖然含「無」這個否定詞，但不能成為遮詮。那是因為，無常的意思是「剎那變化」，即便不用常的概念也可以理解它的意思。相對地，「常空」（非常）的情形是若不先掌握住被否定的對象「常」這個概念的話，便無法理解。

另外，「空」也確實是一個有否定意涵的詞，且實際上也被設定為遮詮法。但若著眼於究極真理的層面，並用法性或法界（請參照頁 39 以及注 45）等詞來代替的話，在言語上就沒有否定的意思。但是，實際上要理解它的內涵時，還是必須分析否定對象的自性。

像這樣，不管用什麼樣的言語來表現究極真理，若不用否定對象來追研探究的話，是無從得知的。這就好像若不用挑出污染物質的手段，便無法確認空氣是否真的清淨。

49. 在《中觀密意解明》第六章中說明如下：「〔月稱〕說，應該藉破除我執境（對象）的方法來瞭解無我。理由是若未破除我執境，在面對我執境時，也只是稍微收斂一下而已，所以不能說指向無我。」

[84]　　只是因為視自己或外在的事物為實體，並起貪著之心，是不好的，所以為了不讓這樣的心生起，過著無念無想的生活，那麼，這並非真正瞭解無我或空性。唯有藉正理知量徹底地探求我或自性，其結果是什麼也得不到，藉著這樣來完全地否定它們（我或自性），才能瞭解無我與空性。

50. 《因明七部莊嚴》說明定立性否定的意思如下：「在心的境（對象）直接斷絕所遮（應當被否定之物）之後，便使外在之法顯現或成立。」

又說明非定立性否定的意思如下：「在心的境（對象）直接斷絕所遮之後，而未使外在之法顯現或成立。」

順帶一提，藏語的定立性否定，是以「是……」這個判斷動詞的否定形 ma yin

來呈現，而非定立性否定則以「有……」這個存在動詞的否定形 med 來表現。

51.空性被分類為「十六空性」。按照《入中論》的解釋整理如下：（1）否定眼等六根的自性，即「內空性」；（2）否定存在於自相續（自己這個補特伽羅）外側的色等六境的自性，即「外空性」；（3）否定包含存在於自相續內側的色等外內之法的自性，即「外內空性」；（4）對否定基體自性的空性本身之自性再否定，即「空空性」；（5）否定東方等十方的自性，即「大空性」；（6）否定客塵清淨（請參照第四章注 91）的自性，即「勝義空性」；（7）否定三界等有為法的自性，即「有為空性」；（8）否定無為法的自性，即「無為空性」；（9）否定離常斷二邊之中道的自性，即「畢竟空性」；（10）否定無始無終之輪迴的自性，即「無始無終空性」；（11）否定不遺棄大乘等之自性，即「無失空性」；（12）否定非所作性之法性的自性，即「自性空性」（請參照注 45）；（13）否定十八界等集合而成的一切法之自性，即「一切法空性」；（14）否定諸法有固有性質之自性，即「自相空性」；（15）否定不緣過去、現在、未來三時之自性，即「不可得空性」；（16）否 [85]定因與緣的集合所生之無自性的事物之自性，即「事物無體性空性」。此十六空性，與《大智度論》所說的「十八空」大致是一致的，只有若干的解釋不一樣。

再者，空空性與自性空性的意思雖然是相同的，但若根據《中觀密意解明》的話，前者是對「因為空性才是究極的真理，所以就是諦成就」這種誤解的對治，後者則是對「因為空性才是事物本來的性質，所以就是諦成就」這種誤解的對治。

十六空性可整合成「四空性」：（1）否定有為法自性的「有法空性」；（2）否定虛空、涅槃等無為法自性的「無法空性」；（3）否定空性本身之自性的「自性空性」；（4）否定與佛陀出世的有無無關一切事物是空之自性的「他事物空性」。

此十六空性或四空性，是依所否定的實體性之基體為何來區分，而不是依真理

的深淺差別。相同地,人法二無我也是依基體來區別,中觀歸謬論證派不認為這兩者之間有淺深的差別。(順道一提,唯識派或中觀自立論證派設定法無我比人無我有更深之意義。也請參照第四章注 84。)

52.請參照注 45、48。

53.但如果沒有釋尊出現在古代印度開示教法的話,這個地球上便沒有佛教的存在,也應該沒有正確知道空性與緣起的人。也就是說,空性這個真理,雖然絕對不是釋尊創造出來的,但即便我等能夠稍稍地知道一點點,都是釋尊之賜。龍樹與宗喀巴也是從這一點來做偈禮讚頌揚釋尊的豐功偉業。請參照第三章注 8。

54.所謂「損減」,是將存在之事物誤解為不存在。例如:否定世俗次元中我的存在。

[86]　　另一方面,將不存在之事物誤解為存在,稱為「增益」。例如:虛構出補特伽羅的自性等。

55.請參照注 45。

56.關於《入中論自注》的意思,在索南扎巴的《中觀學總義》中的解說如下:「一切智(佛陀)以伴隨二顯現的方法來觀蘊等,而這個〔伴隨二顯現的〕方法無法觀蘊等的真實義(空性),而是藉滅二顯現的方法來觀〔真實義〕。」請參照第四章注 99。

57.這種認識論的說明,或採用陳那(Dignāga)與法稱(Dharmakīrti)系統的佛教論理學派(論理學的手法主要依據經量部,佛教思想面則屬於唯識派)之說,或採用中觀歸謬論證派之說,兩者有相當的不同。一般來說,西藏佛教的學問體系,首先理解作為認識論基礎的佛教論理學派之說,然後才學習歸謬論證派獨特的見解。

由於本書是探討理解空性相關之議題,在本文中主要以歸謬論證派的立場為基礎做說明,在注解處則介紹佛教論理學派之說。

佛教論理學派對量的定義是「新而無誤之知」。這與本文所介紹的歸謬論證派

的定義，有兩點很大的差異：第一，唯有重新認識對象，才認定量；第二，依據歸謬論證派的定義，並沒有「針對主要的境（對象）……」這種限定性語言。

從這兩個差異點可以歸納下面的內容。認識所指的對象，稱為「趣入境」。以佛教論理學派的定義為基礎的情形如下：對趣入境不迷亂，成為量的條件。而 [87] 在以歸謬論證派的定義為基礎的情形則如下：若能正確理解趣入境的主要部分，則承認為量。從這個立場來看，歸謬論證派的看法（本文在稍後將言及）視凡夫正確的五感等為量，同時是迷亂的量。

58.佛教論理學派對現量的定義如下：「離分別而不迷亂之知。」

離分別的意思是「遠離將名（名稱）與義（對象物）混在一起的執著性之知」（請參照注 29、第四章注 57）。

因此，分別的意思可以設定為「將名與義混在一起的執著性之知」。

不迷亂的意思是「與自身的顯現境（顯現於心的應知對象）有關連而不起迷亂之事」。

59.佛教論理學派對比量的定義如下：「設定成為自身所依的真正的論據，對於藉此所產生的自隱蔽分（請參照第四章頁 213）的所量（應量之物）是無誤之知。」

60.若依佛教論理學的邏輯性來看正式的主張命題形式的話，則變成「以音為主題，是為無常。何故？是所作性故」。

此時，（1）以音為所作性，是為「宗法」，（2）以若是所作性必為無常，是為「同品遍」，（3）以若非無常必非所作性，是為「異品遍」，此三者合起來稱為「因之三相」。若因之三相都成立的話，那麼，主張命題便被認為是比量。

61.像知覺上直覺感受到「有兩個月亮」的眼識，與主張「聲音是常」這種推論性意識，都是以幻覺或錯誤理論為基礎而成立的認識，而且與趣入境有所關連並產生完全錯誤之故，所以即便在世俗的次元中也是不正確的。一般稱此為「顛

倒知」。但因為歸謬論證派主張「若是世俗，必是顛倒」，所以並未對世俗的本質性做正邪的區別設定。話雖如此，對世間來說，正世俗與邪世俗的區別是有必要的，歸謬論證派也承認這一點。在世俗的次元中，重視世間立場的態度，可以說是歸謬論證派的特色之一。

[88]

62.歸謬論證派將「知」定義為「清楚明白知道者」（請參照頁 25），將它的意思解釋為「清楚自身的顯現，且量知顯現的內容」。從這個解釋可知意思是藉由分析各種的認識，導出有特色的見解。

例如：認識到青色的凡夫眼識，出現的是「青色是諦成就的存在」這個顯現，且以此作為自己可量知的東西。於是，憑經驗力來量知這個顯現境，並且產生了「看到青色」的認識。

這個時候，眼識便是對青色感到迷亂。為什麼呢？原因是實際上不是諦成就的青，卻認為是諦成就使其顯現（為青）。不過，青也是根現量（依附於知覺機能而產生的現量）。為什麼呢？因為，依附於眼根（視覺機能），在世俗次元中，以經驗力無誤地掌握了青這個主要的境。又，青以諦成就的方式顯現（雖然其本身為迷亂……），是意現量（參照注 64）。那是因為依附在意根，並以經驗力無誤地認識這個顯現境的緣故。

另外，將應該是白色的雪山當作是青色認識的眼識，對雪山而言是顛倒知。為什麼呢？原因是對主要境的雪山，產生顛倒的指向。但是，對於雪山呈現青色的顯現，那是意現量。為什麼呢？因為，是依附於意根，並以經驗力無誤地認識這個顯現境的緣故。

63.部分的通俗佛教，感情用事地厭惡「分別」，並且抱持著極端的思考，認為應該「立即捨棄一切分別」。有這種愚痴態度，是起因於沒有理解二諦的設定、量與所量的關係、修道論等。若在修習時，完全排除「分別」的話，將會陷入盲信與體驗至上主義，其弊害是非常大的。至於本文所記述的，像這種感情用事般的「分別壞蛋論」，則完全屬於不同的次元。

[89] 回顧西藏佛教史，在極初期階段的「拉薩論爭」中，便已完全否定聲稱「捨棄

一切分別」而埋首於無念無想禪定的立場。身為駁倒禪定至上主義的當事者，蓮華戒（Kamalaśīla）在《修習次第》中篇強調如下：「不〔採用〕持般若來對事物的體性（實體性）做個別觀察後修習之〔順序〕，只針對著完全捨去作意（對對象注意之事）這一點來修習的〔情況，像這樣子的〕人，不論何時也無法鎮住他的妄分別，並且無法瞭解無體性（欠缺實體性）。那是因為沒有般若的顯現之故。所以若以如此正確的個別觀察，生出如實知道真理的火的話，〔那〕就像是鑽木〔點著〕火那般，燒著分別之木。」也就是說，唯有藉正確的分別（比量）對對象做個別觀察、分析，才可以切斷妄分別，並且開啟前往無分別智之道。也請參照頁 57。

另外，關於佛教論理學派的立場所設定的分別與離分別的意思，請參照注 58。

64. 意現量的定義，在佛教論理學派是「依附於自不共（獨特）增上緣的意根（心的機能），而產生的離分別而不迷亂之知」，在歸謬論證派則是「依附於自不共增上緣的意根，藉經驗了自身主要境的力量，而〔認識〕無誤之知」。

佛教論理學派所定義的「現量」為「離分別」，不承認本文所陳述之記憶知為現量。不過，歸謬論證派則是不考慮現量與分別的矛盾關係，反而將凡夫無誤的記憶知，定位為兩者的共通項。然而，到底凡夫的意現量到什麼樣的程度是可以成立的？關於以上述為首的認識論，有各種論辯。雖然若不細心對上述做驗證的話，本文的記述不能說是完備，但由於太複雜，所以在此省略。

65. 請參照頁 48 以及第三章頁 113。

66. 「以藉車的比喻否定七邊」，是瞭解人無我的推論之一。關於這個部分，月稱 [90] 的《入中論頌》第六章中解釋如下：「車子，除了它本身的零件之外，其他是未被承認的。〔但，零件與〕非他並不一樣，也不具該物（零件）。這並非〔依附於〕零件中，諸零件也不〔依附〕在車子中。不僅是〔零件的〕集合，也沒有形狀。〔補特伽羅與五蘊的關係也〕是如此。」也就是說，將補特伽羅比喻作車子，五蘊比喻作車子的零件，在假定車子由其自性所成立的前提下，來考察車子與零件的關係是什麼樣子的存在？關於其內容，在《中觀密意解

明》第六章和《菩提道次第廣論》觀之章有詳細的解説，以下略整理其概要：

（1）、（2）不承認車子與它的零件有相同的自性，同時也不認為是不同的自
性。首先，假設車子與零件均依自性而成立。在這種情況下，車子的自性與零
件的自性應該是等同或相異兩者中的任何一方。但實際上卻是哪一方都不正
確。如果兩者的自性是等同的話，一輛車的自性與各種零件的自性是相同的，
而且也必須是各式各樣的。或者，不同零件的各種自性和一台車的自性，必須
是同樣的，也必須是單一的。相反地，如果兩者的自性是相異的話，例如瓶子
與衣服被認為是完全不同的東西一樣，車子與零件也一定是各自獨立的東西。
不過實際上，兩者都不是正確的。如此一來，將陷入車子的自性與零件的自性
並非等同也非相異的結果。會變得這樣的原因，是因為最初所假定的「依自性
而成立」的前提是錯誤的。像這樣，將全體與部分的自性加以否定的方法，稱
為「離一異性」。因此，在依自性而成立的前提下，對車子與零件的關係，首
先否定兩者是等同或相異的看法。

（3）、（4）其次，從否定兩者的相異關係來看，車子與零件的相互依存關係
也是被否定的。也就是説，以自性而成立的車子，説車子是零件的大本營（所
[91]　依）是不被承認的，説車子依存於零件（能依）也是不被認可。例如：正因容
器與養樂多在社會上被認定為完全不同的兩個東西，所以「將養樂多倒入容器
中」的關係才能成立。或是，車子與乘客在社會上被認定是完全不同的兩種東
西，所以「乘客乘坐在車中」的關係才能成立。然而，在車子和零件都依自性
而成立的前提下，它們的自性的別異性已經被否定，所以「依附於車子而有零
件」或「車子依附於零件」這些關係都不成立。因此，在車子與零件各依自性
而成立的前提下，在車子與零件的關係上，所依與能依的關係是被否定的。

（5）又，同樣從否定兩者的相異關係來看，車子與零件的具有關係也是被否定
的。也就是説，依自性而成立的車子具有零件是不被承認的。例如：正因為牧
人與牛在社會上被認定是完全不同的兩個事物，所以「牧人牽著牛」的關係才

可成立。然而，在車子和零件是依自性而成立的前提下，如果車子和零件的自性是相異關係被否定的話，那麼「車子具有零件」的關係便不成立。因此，在車子與零件依自性而成立為前提下，就車子與零件的關係而言，「具有」也是被否定的。

不過，這種所依、能依、具有的關係，如果不以「依自性而成立」為前提的話，在車子與零件之間的關係，大致上應該是可以被承認的。也就是說，不論車子也好，零件也好，若是透過藉著分別而賦予名稱，並且被視為是因假設而存在的話，那麼，我等在將車子與零件視為不同的東西來認識的情況下，所依、能依、具有的關係在言說上應該可以成立。另一方面，我等將車子與零件視為一體來看時，因為兩者沒有區別，所依等關係也就不成立。像這樣依附於認識一方的看法，所依等關係因言說而成立之事，在完全否定車子與零件本身所成立的固有存在方式（自性與自相）時，才有可能有合理的說明。從這一點來看，論證無自性一事，正是此處議論宗旨之所在。

（6）零件集合起來就是車子，這也不被認定。因為若是如此的話，那把被分解 ［92］
的零件放在一起，便能夠成為車子了。

（7）在零件集合起來的基礎上，所設定的形狀就是車子，這還是不被認定。原因是如同世間所說「車子的外形」，形狀是車子的屬性。

與這個車子的譬喻一樣，補特伽羅——和五蘊的關係中——也一樣是在任何形態下，都沒辦法作為自性而存在的。

67.「否定生四邊」是理解法無我的推論之一。關於這點，在《根本中論頌》第一章中的解釋：「非從自〔生起〕，也非從他。非從二者，也非無因。一切事物不論在何處，生起皆不可得。」換句話說，要探討的是某事物及其相異之他事物，在各自以自性而成立的假設之下，該事物是如何而生？這樣子的內容，在《中觀密意解明》第六章與《菩提道次第廣論》觀之章中也有詳細解說，以下陳述其概略。

首先，假定某事物以自性而生。在這種情形下，若非不依附於因而生，則是依

附於因而生。前者為「無因生」。後者為依附於因而生，其情形是生起的事物（也就是果）的自性與因的自性，是同樣的還是別異的。前者是「從自生」，後者是「從他生」。在因是複數的情況下，假定其中一個因的自性與果的自性是相同的話，那便是「從自他兩者生」。因此，若否定（1）從自、（2）從他、（3）從兩者、（4）無因這四種情形生，便會導出「不生任何事物」的結論。而這便是《根本中論頌》的「一切事物不論在何處，生起皆不可得」之意。不過這個結論卻與世間的常識相反。若要消除這個矛盾，並說明在世俗次

[93]

元中事物的生，唯有承認最初「以自性而生」的假設是錯誤的，除此之外別無他說。

因此，這裡讓我們來依序探討這四種生。首先，（1）「從自生」是沒有意義的。那是因為如果有一個與果同樣自性的因存在的話，那麼果本身早就已經生了。（也許有人會反駁說：「雖然母牛 A 生下小牛 B，不是『從自生起』，但若無性生殖複製 A' 的話，不就是『從自生起』嗎？」不過這是不相同的。雖然從「A 與 A' 的識是完全不相同的」這一點來反駁比較容易，但暫時把這一點擱置一旁。即使只從 A 與 A' 本身作為討論的對象，兩者的自性是不同的。雖然兩者的構造是完全相同的，但是 A' 終究是 A 的複製品，不是 A 這個東西。所謂自性，一切的存在，每一樣都是個別被虛構的實體性。例如：從擁有 A 的友人處，將 A' 讓給了我。而身為凡夫的我，在 A' 的上頭加上了自性，便執著「這頭牛是我的」。雖然對 A 也加上了自性，不過卻不會有「是我的」的想法。若從這個事例來看的話，依照凡夫的諦執，在 A 與 A' 之上虛構出來的自性是不等同的，從這一點便可以明白了。）

其次，（2）「從他生」是不合理的。那是因為如果能從不同自性的因產生果的話，就好比從火能產生芽一樣。不管是種子還是火，與芽的自性都不一樣，這一點雖然是相同的，不過卻無法辨別芽「從種子生，不從火生」。當然，若站在否認芽、種子、火的自性的條件上，在世俗次元中，種子與芽的因果關係便成立，又火與芽之間沒有因果關係也是可以被認可的。那是因為透過否定自

性，便可以從完全相同或完全不同這種二選一的束縛中脫離出來，也才能說事物是藉著各種因與緣而生的「緣起」。

上述兩個議論的結果是（3）「從兩者生」也不被承認。例如：與瓶子這個果相同自性的因是黏土，而相異自性的因是陶藝工的手。但黏土與瓶子若是相同自性的話，那麼瓶子早已經產生，所以不可能生。又，瓶子與陶藝工的手如果是不同自性的話，那麼，狗的腳也可以製作出瓶子。 [94]

更進一步，（4）「無因而生」也是不被承認的。若無因而生可認定的話，就好比在沒有種子也沒有水的狀態下，在一切的場所與時節裡皆能產生芽。

68.所謂的「以瑜伽現量理解斷滅主體（有境）與對象（境）的二顯現之空性」，是以中觀派的見解為基礎的修道論。雖然這樣的表現，乍看之下與唯識派的主張相類似，不過兩者之間卻有很大差異（請參照注95）。

唯識派是在視外在對象（外境）為被虛構之物（遍計所執性）的前提下，否定了在因與緣所生的心（依他起性）中成立的把握主體（能取）與應把握的客體（所取）這種二元關係，這就是唯識派所主張的空性（圓成實性）之意。像這樣，在「在某東西（A）中不存在著某東西（B）」意思中的空性的情形下，是無法完全否認作為 B 的基體 A 的實體性的。因此，其空性本身也成了諦成就。關於唯識派的這種空性理解，《入楞伽經》中的說明如下：「『在某物之中沒有〔別的〕某物』的空性，是為一切空性〔中之最〕劣者。」

《中觀密意解明》第六章中引用了上述經文並解釋：「〔應斷的執著狀態，〕若依唯識派主張的話，所取與能取兩者，用宛如被內、外所隔絕的顯現方式來表現，執著所取與能取在實質上是相異的。為了對治這個執著，以這個顯現的依他起性為主題，否定所取與能取在實質上是相異之存在。因此，〔唯識派的空〕否定了『否定的基體（依他起性），應該是〔與其自身不同的〕否定之事物（所取與能取）』這一點。在中觀派的情形，〔應該斷絕的〕執著狀態，是對於顯現把它當作非依言說之心所設定之諦成就而執著之。為了對治這個執著，以這個顯現作為主題，否定『否定的基體（顯現）〔其自身〕是應該否定 [95]

之事物（諦成就）』這一點。換句話說，有情眾生的執著，並不是在基體上將應否定之事物視為『其他存在之事物』來理解。而是將其基體視為應該否定事物之體（諦成就的實體）來掌握之故。」

根據中觀派的見解，在「斷滅二顯現」的情形下，要修習的是「有境與境兩者，在勝義的次元中是不成立的。因此，站在空的角度上，兩者是完全平等的」，並視有境與境為空性且是一體的。在這個情況下的空性，有「不論是什麼樣的事物，若追求其自身自性的話，皆不可得」這種絕對否定的意思，在勝義次元中，被以宛如虛空來呈現。在止觀不離的修習中，將境觀為如虛空般的空性，同時也將有境觀為如虛空般的空性，接著去感受「虛空與虛空同一」這種無限的寬廣，然後盡可能地安住在那個狀態中。且不斷地反覆這樣子的修習，然後漸漸地不再借用概念與刻意的努力之助，也能夠成就安住在那種狀態中，這就是斷滅二顯現的過程。

69.雖然輕易地認為「因為一切事物是空，所以不應該對其執著，甚至憤怒」，但這說來容易，實際上做起來並不簡單。不理會確確實實的存在感，只對不順心的事物試想著「因為是空……」，那是無法有效對治煩惱的。不論是憤怒的對象、執著的對象、自身、佛陀，就算是智慧，這一切都是空，在這一點上是平等的。像那樣子，空在世俗的次元中一方面是相互依存，一方面是相互發揮其效果性作用（功用）。而我等所產生的煩惱，就是在這種效果性作用的架構中。例如：面對敵人所帶來的危害，產生憤怒。因此，縱使在腦袋中理解到「敵人是沒有實體的，是空的」，在相互發揮效果性作用的因果關係下，實際上要抑制憤怒的產生是相當困難的。

[96]

理論性地分析，我等所憤怒與執著的真正對象，是附加在對方或其效果性作用上的實體性（自性）。然而那樣的自性，不只在勝義的次元裡是完全不存在的，在世俗次元中也是一樣。也就是說，對方或其效果性作用，本身並沒有固有的性質（自相），既然沒有自相的話，那麼應該對之憤怒或執著的因素，不管在哪裡都是找不到的（這一點請參照頁 33 與注 35）。只是在現實世界裡所

產生的煩惱，要去區別它是世俗有的效果性作用或是世俗無的自性、自相，其實並不容易。

為了能完全抑制煩惱的產生，必須打從心底去實際感受這兩者的區別。因此強烈的對空性的直接感受，必須遠遠地超越日常的效果性作用。在徹底地追求等引三昧中一切存在的自性、自相時，如果能體驗到「啊，真的是什麼都沒有……」，就像虛空般無限廣闊的話，這股強烈的印象，應該會在三昧之後持續地保持著，並且發揮超越日常的效果性作用的力量。因此，打從心底實際感受到「不論是敵人還是自身，一切如同幻化」，於是就不再產生憤怒等煩惱。我們現在即便還不能藉由現量來認識空性，但若藉著比量所理解的空性為所緣而不斷地修習，應該能體驗這種類似空的印象，如果能反覆努力修習的話，雖然不能完全卻可將煩惱一點一點地減弱。

70.請參照注96。

71.一般說到「緣起」，往往只會想到在本文中已經說明過的第一層意思——依附於因與緣而成立。不過，要是那樣子的話，無為法的空性將無法納入緣起的範疇裡。因此，為了明白包含無為法的一切法是依緣起而存在的，所以更深入地去理解第二層、第三層的意思也是相當重要的。

72.請參照第三章注5。

73.然而，雖然A只是依存於被賦予的名稱而暫時被設定的事物，雖然A只是這樣子的一種存在，但不能說A是「完全沒有」的，也不能說A只「不過是心的反映」而已。請參照注95。 [97]

74.中觀歸謬論證派的教證指出唯識派無法完全否定心（特別指阿賴耶識）的實體性的這一點，可見諸《入中論自注》第六章：「就如同〔外道〕主張自在天等為眾生的創造者一樣，主張阿賴耶識的人，因為認為識是所緣事物的一切所依（根據），而主張阿賴耶識〔是〕一切的種子。在『自在天為常，阿賴耶識為無常』這一點上〔外道與唯識派〕是相異的。」又，在《中觀密意解明》的解釋：「否定心與別境（心外之物）。〔世尊〕之所以開示唯識，不否定只有心

藉自性而成，是為了去除愚者對一切皆空說法的恐懼。（唯識）不是了義的真實。」也請參照注 95。

75. 如果只是因為學了錯誤的思想哲學而產生諦執的話，那麼不曾學過那些東西的孩童，或是動物等等，就應該不會有諦執。不過事實卻非如此。

所謂「俱生諦執」，與是否學了錯誤的思想哲學沒有關係，而是無始以來習慣於將認識對象當作諦來考量。這是除了阿羅漢與清淨三地的菩薩之外，一切的有情都有的習性。

請參照注 32。

76. 請參照頁 39。

77. 請參照注 23。

78. 在索南扎巴的《中觀學總義》解釋如下：「〔根據中觀自立論證派的學說，〕主張以『非依分別心而設定，是從自不共（獨特）的存在面而成立』，以這樣的想法來掌握的心是俱生諦執，而此執著境（請參照注30）滅則是勝義諦。

〔不過，按照〕『諸法不只是依分別而定，亦成立於自不共的存在面，這就是空（也就是說，這樣子的東西是完全不存在的）』〔以上所述，是從自立論證派的見解來看，那〕不是勝義諦。原因是，此注釋（《中觀密意解明》第六章）中，『如果是那樣的話，雖然沒有一個存在不是藉顯現在心中的力量而設定，但藉其力而設定的狀態，無一不是只是假借名稱而暫時存在而已，這點與〔自立論證派的〕說法並不矛盾，然關於〔自立論證派與歸謬論證派〕中觀二派的所遮（應否定之事物），在有關心方面的見解有很大的不同』。〔以上所說，若依自立論證派的見解，〕認為存在有不只是假借分別與名稱而暫述其存在之狀態，所以只藉分別而有的存在，應當是不存在的。」

下文試著把上述複雜的表現再略做歸納，即「不是依心而設定，但僅對象面單獨而立之物也不被承認。不過，一方面藉著心，一方面又不只是藉分別與名稱而存在，諸事物在這種狀態下成立。因此——如同歸謬論證派主張那般——只藉著分別與名稱來假設的狀態，是難認定的」，這便是自立論證派的立場。在

[98]

這之中，「一方面藉著心來設定，一方面又不僅是藉分別與名稱來假設的狀態」，表示自立論證派承認世俗次元裡，在對象面的細微的實體性才是「自相」。

關於這一點，在章嘉的《宗義解說》裡頭做了敘述如下：「這派（自立論證派）學說，於諸多事物，在言說上承認其藉著心而設定的自相。因此，對不觀待（依附）於心而設定之事物，被作為是自相成立之狀態，是論據中所遮〔應否定〕諦的範圍。……

簡略來說，依照自立論證派的說法，承認諸事物依心而設定，同時也認可依分別而假說之存在。然而同派並未主張，依心而設定之事，未必是藉分別而設定。那是因為，依心而設定的，是藉著離分別（請參照注 29、58）之知而設定的緣故。即便如此，也不是所有依心設定的事物，一定存在於言說之中，而且量必須是藉無損之心來設定。」也就是說，不管是分別或離分別，藉著作為量的心所認可之事物，其作為自相必須存在世俗次元中。 [99]

相較於自立論證派的這種主張，歸謬論證派則主張一切存在只是藉分別與名稱而被暫時言說，而且於言說中也不承認其具有自相。不過，絕不否定其在世俗次元中的存在。

79. 請參照第四章注 84。

80. 不具備正確判斷力的人，若一知半解地聽聞空性思想的話，容易陷入高危險性的斷邊虛無論。因此，「對機緣不成熟的人解釋空性」，可視為犯菩薩戒的根本罪之一。所以在談論關於空性的話題時，需要非常注意至少勿使對方陷入斷邊的虛無論中。

81. 關於「二邊」的否定，在《菩提道次第廣論》觀之章中強調：「因為未將畢竟無（完全不存在）、無自性、依自體成就（依實體而成立）、單純有〔等四者〕做清楚明白的區分，若否定墮入有無二邊而以『雖然不說我等是無，卻也沒說有。雖不說有，卻也沒說無』，如果只是透過這種盡是矛盾言語的說法，是一點也沒辦法解釋中觀之義。」當使用有、無這兩個詞時，對其存在的感受

度到底有多大呢？這是必須要在各種情況下做探討的。不去理解到底對有、無的感受如何，而只提出「非有非無」的見解，並用半調子曖昧不明的態度稱說「脫離二邊」，這種作法受到宗喀巴的嚴厲指摘。

[100]

接著將此以圖 3 進行說明。就圖來說，首先就其分布而言，越向下方對其存在的感受越薄弱，越向上方則越強。縱向長的箭頭表示認識對象的心識作用。認識對象的心（因應對象種類的不同）對某對象的存在感受較強時，認定為「那是有的」。

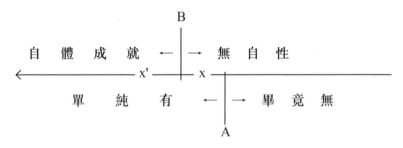

圖3：二邊的否定

是否能夠藉言說量來掌握的界線是 A 線。而夾在 A 線兩側的畢竟無與單純有，不重疊地連接起來。又，是否能夠藉正理知量來掌握證成法的界線是 B 線。而夾在 B 線兩側的無自性與自體成就，也是不重疊地連接起來。

這個時候，B 線必定被牽引到 A 線的上方（存在感強烈之側）。只有在 A 線與 B 線之間，才能設定一切法的存在感（言說有及勝義無）。B 線要是在 A 線下方的話，則會陷入斷邊；A 線要是在 B 線上方的話，則會陷入常邊。不過，凡夫眾生常常將實際上在 x 位置上的事物，想成是在 x' 的位置上。若不能傳達這樣一種確切的存在感給認識對象的話，便無法安心地接受其為「真正存在之事物」。而在 x' 與 x 之間的存在感落差，便是所謂「在補特伽羅或法的基體之上所增益的自性」，也就是被多餘附加的實體性。不過，在這裡的問題點是到底 x 自身的存在感是如何設定的？至於在 x 這個基體上，是否有無別的物體 y，這

是沒有意義的。

唯識派所主張的空，傾向於「否定在基體 x 之上有虛構的別的物體 y」。因此，不論怎麼否定 y，也無法完全否定 x 的實體性，而陷入常邊之中（請參照注 35、68）。

中觀派的空，則是「在基體 x 之上，增益 x 的自性，並將 x 認定為 x’ 時，否定其增益的自性（x’，負 x）」之意。這樣的見解，在理解空性上，可謂最確保中道的立場。

[101]

但若連「單純存在的基體 x 也否定」的話，將會陷入斷邊之中。在《中觀密意解明》第六章中：「〔並非主張『瓶子的自性是空』〕，〔如果主張〕『瓶子的瓶子是空』的話，在瓶子中瓶子一定是空。由於在自身之中不存在著自身的話，那麼在其他地方也將不〔能夠〕存在，所以瓶子是畢竟無。這種情形，因為其他一切的事物也是一樣，所以就連那麼說的人，甚至也一樣不存在。」

如果用正理知量來探討在 B 線上方，有無真正存在之事物的話，其結果將會是什麼也不可得。這就是勝義諦，換句話說就是空性。但那樣子的空性本身的存在感，也就是作為遮詮法、無為法，可以設定為「空性這個究竟的真理是存在」的，它的位置想必還是在 A 線與 B 線之間（但是，即便是在 A 線與 B 線之間，要正確瞭解其內容時，仍舊唯有藉著正理知量，在 B 線上側的部分探尋，才能有所得。因此，勝義諦即空性是藉正理知量才能得到的，藉言說量是無法正確得到的。這是因為，言說量不是在 B 線的上側探尋而得以認識的性質）。

再者，上文分別將有邊與常邊、無邊與斷邊當同義詞來使用。然而，關於一切法，如果承認畢竟無的話便會陷入斷邊之中，如果承認自體成就的話便會陷入常邊之中。因此，此二者都應該否定。又，若否定無自性的話便會陷入常邊之中，否定單純有的話便會陷入斷邊之中。因此，應該承認此二者。像這樣設定此四者時，承認應否定之二極端論為有邊，否定應承認之二極端論為無邊，再配合常邊、斷邊，便是所謂的「四邊」。

[102]

82. 關於將某存在定義為勝義諦或世俗諦，章嘉在《宗義解說》中說明中觀歸謬論證派的見解如下：「『藉伺察（分析）勝義的正理知量可得〔其意〕，且其量相對於其境則為正理知量』，這就是其自身為勝義諦的定義。」又：「世俗諦的定義是『藉測量虛偽所知之欺瞞義的言說量可得〔其意〕，並且其量相對於其境則形成言說的伺察』。」

此外，在索南扎巴的《中觀學總義》中解說如下：「關於一切法之分析如下：『伺察言說之量成伺察言說之量，〔藉由〕其〔量〕可得』以及『伺察究極之量成伺察究極之量，〔藉由〕其〔量〕可得』。前者為世俗諦的定義，後者為勝義諦的定義。」在這種情況下，所謂伺察究極的量，即是伺察勝義的正理知量的意思。

簡單地說，世俗諦的意思「藉言說量可得」，而勝義諦的意思則「藉正理知量可得」。如果是這樣的話，在前述定義裡做出「伺察言說量成伺察言說之量……」此類複雜表現，其理由又到底為何？其實是為了迴避以下所舉例子的批評，例如：「若將『藉伺察言說之量可得』作為世俗諦的定義來設定的話，瓶子的空性不就變成世俗諦了嗎？其實那是以佛陀的一切智智為伺察言說之量，故得瓶子的空性。也就是說，佛陀之智在各剎那中，知道世俗諦之智與勝義諦之智，且兩者一體而生（請參照第四章注 99）。」

假想這是在佛陀的一切智智的高度上的伺察，嘉木樣協巴的《大宗義》第十二章中解說如下：「若是藉等引與後得成為一體之智，來分別設定二諦的話，若加以歸納，應當可以有這樣的結論，即『成為伺察勝義的正理知〔藉正理知〕可得』以及『成為伺察言說的正理知〔藉正理知〕可得』。」

[103]

另外，介紹與二諦定義相關連事項中，整理與四諦的關係，苦諦、集諦、道諦是世俗諦，是為有為法；滅諦則是勝義諦，是為無為法。

83. 若是根據中觀歸謬論證派的見解的話，因為諦執是包含在一切的煩惱障中，所以所謂「完全斷滅諦執的聖者」，即是指滅盡煩惱障的阿羅漢與清淨三地的菩薩。請參照第四章頁 198、同章注 84。

84.關於這一點，在《入中論自注》第六章中做如下解釋：「藉在輪迴的〔十二〕
支〔緣起〕中的染污無明之力，設定了世俗諦。對和聲聞、緣覺、菩薩等一樣
已經捨棄染污無明，並將有為法當作影像般的存在來觀覽的〔上位聖者〕眾而
言，世俗諦雖是不真實的自性，卻也不是諦。原因是他們並不認定其為諦。但
對凡夫們而言，便形成了欺瞞。對凡夫之外的〔上位聖者〕眾而言，藉由宛如
幻象般的緣起所產生之物，只僅僅為世俗。」（「上位聖者」的意思請參照前
注。）

85.由於在本文的表達，容易招致如下誤解之危險，即「若作為世俗諦而存在的
話，其為有漏法，都是與煩惱相結合的」，所以必須當心才是。例如：佛陀的
智法身或色身等，是在什麼樣的次元下達成的呢？答案是除了世俗次元之外，
在其他次元是不可能的。若是在勝義次元中，所謂「藉著正理知量來探討佛陀
的智法身、色身的自性等，是什麼也不可得的」，原因是僅能找到智法身與色
身的空性而已。

　　當然，佛陀是完全瞭解勝義諦的，而且他的智慧與空性成為一體。所以佛陀為
無漏的存在這一點，是完全無庸置疑的。不過，將佛陀視為那樣（智法身、色
身等），始終是在世俗次元中才成立的。若誤以為是在勝義次元中成立的話，　　[104]
就會認為佛陀是諦成就，將無法正確理解二諦的設定。

86.請參照第三章注 61。

87.這句《入中論頌》引文的解釋文脈是「若執著否定外境的唯識派的見解的話，
會弄錯世俗諦的設定」。不過，西藏的高僧們在平常開示中言及此偈時，經常
會像本文中所介紹的一樣以廣義的方向做解釋。

88.「以世俗諦為基本來理解勝義諦」的二諦的設定方法，稱為約教的二諦說。這
個設定是著眼於「為了理解真理的教義」。

89.「藉對勝義諦的理解，以便知道世俗諦的真正狀態」的二諦的設定方法，稱為
約境的二諦說。這個設定是著眼於「對象（境）的完全理解」。

　　勝義諦可以藉著比量來做推論性的理解。不過，世俗諦的情形，能正確理解其

真正狀態的理論是不存在的。因此，若要完全地理解世俗諦的話，就要先以被確立的空性理解為基礎，以個別的觀察為對象。

90.請參照第一章頁 7。

91.關於二身之類的佛身論，請參照第四章頁 205。

92.所謂「有限」，是世俗的表現。也就是說，一方面形成各種的因果關係，一方面一切事物在世俗次元中成立。請參照第四章注 99。

93.所謂「如實有」，是勝義的表現。也就是說，真實的存在情形是空的一切法，在勝義次元中沒有任何一項事物是成立的。同樣請參照第四章注 99。

94.但是，在這裡關於繩子與蛇的比喻，應該是僅適用於在五蘊中沒辦法設定一個實體性的我這一點。若仔細思索世俗次元中的有無，那麼，在繩子裡頭可以說是蛇的元素的東西是完全不存在的，但是卻可以在五蘊的集合裡頭，承認僅是我（請參照頁 65）的存在。換句話說，這個比喻中的蛇不列入一切法中，但是在「僅是我」這個程度的存在感下的補特伽羅，則可列入一切法中。

[105]

95.「認識的對象（境）並非以其自身之力而成立，相對地，只是藉心（有境）而賦予名稱之假說」，這樣的見解是中觀歸謬論證派的立場。乍看之下，會以為與唯識派「外在的對象（外境），只是藉心的薰習而顯現之事物」的主張相似，但這兩者之間卻有相當大的差異。

簡單說的話，唯識派一方面不認定外境的存在，一方面又不能完全否定心（特別是阿賴耶識）的實體性。相對地，中觀歸謬論證派則一方面完全否定外境與心雙方的實體性，一方面承認其單純存在之事。換句話說，在「要具多大程度的存在感才能成立？」這一點上，唯識派給心過大的存在感。相對地，中觀歸謬論證派則不分別外境與心，對兩者僅承認其透過被賦予名稱而有的假說這般程度的存在感而已。這稱為「外境內心有無平等」。關於這一點，在宗喀巴的《了義未了義善說心髓》中觀派之章中，指出龍樹的密意特色之一，即「設定外境而不承認阿賴耶識與自證（自我認識）」，並在該解說中解釋如下：「即便在〔五〕蘊、〔十八〕界、〔十二〕處的法中，也無法辨別『無有色（物質

的東西）、有心〔王〕、心所』。那是因為在〔勝義、世俗〕二諦雙方中，有無同等故。……若明白任何法都是『沒有自相而存在』的話，就能夠知道無法區別境與知的有無，若不〔知〕這個道理，便無法理解。」

96.假設、假立、施設等用語，大致上與假說是相同意思。

再者，對於認識對象是藉心而假說的主張，接下來介紹一個頗有意思的例子。當看到真的蝦子時，日本人心裡大概會浮現「蝦子」這個名字，而且伴隨著「海產的食材」的概念。不過西藏人心裡卻會浮現「卜」這個字，並且產生「住在水中的蟲」這個概念，絕對不會想到食物。順道一提，西藏語中並沒有相當於蝦子的用語，而「卜」則是蟲的總稱。但是，蝦子本身的同類又會怎麼想呢？蝦子雖然沒有像人類那樣的語言與高度的概念性思考，不過應該會有某些類似的記號，來作為蝦子同類間的溝通。也就是說，蝦子本身並非以其自體之力而成立的實體，不過在單純藉因與緣而存在的五蘊的集合上頭被設定的補特伽羅成為日本人、西藏人以及蝦子同類間的認識對象而已。於是在認識的那一側，不但掌握了蝦子主要的色蘊的特徵，並依照自身的經驗與記憶來賦予名稱與記號，並產生了與各個相符的認識與概念。

[106]

97.請參照第四章注 69。

98.關於表業與無表業，請參照第三章頁 128。

99.請參照頁 32、注 35。

雖然凡夫在單純存在的事物上頭，增加（增益）了自性與自相等的實體性，並且未加區分，視為一體來掌握，於是便生起貪欲與憤怒等煩惱。不過，因為那些煩惱真正指向的對象，是被增益的實體性的部分，所以區分執著的對象是言說中單純存在之事物，還是即使言說也不成立的實體性，是非常重要的一點。為了確認某東西是單純存在之事物，在所謂相對的世俗次元中，關於成立（言說有），必須要滿足以下三個條件：（1）可藉世間的常識來認定（世間極成）；（2）可藉言說量而得；（3）可藉正理知量來否定。在這個時候，因為被增益的自性等，被正理知量所否定，所以在世俗次元中的成立也不被認可。

不過，單純存在之事物，因為沒有辦法藉正理知量來測量（請參照注 41），因此不會被否定，所以在世俗次元中其成立是被承認的。

[107]

在章嘉的《宗義解說》中做了如下的解說，即「安立（藉言說來設定之）色、聲等心，是沒有缺損的各種六識，藉它們而成立之事物，是存在於世俗裡頭，而且即便藉正理知也不會被否定」。

100.例如：有個自己喜歡的食物，吃它便會感到好吃，並得到滿足感。僅僅只是享受這樣子的效果作用的話，對於一個修行者來說，是沒有什麼特別不好的。不過我們容易在無意識中，虛構在食物本身有某個固有性質（自相），並且容易對它起貪欲與執著之心。當跨越單純享受的那條線，便會在事物上頭虛構一個實體性的境並產生煩惱。如果不想那樣的話，修行者就必須好好地觀察自心的作用（當感受到強烈的欲望與憤怒時，我們會在自心中虛構出一個非常大的實體性的境。唯有在那個情況下，才是實際感受人我執，並知道人無我的好機會。然後在稍微冷靜後的瞬間，緊跟著要努力去把握那個實體性的感覺，並且徹底地探求那樣的實體性是否真的存在）。

雖然「好吃」這個感覺的效果性作用，是藉著食物、味覺、心這三者相會而產生，甚至也依附於視覺與嗅覺等等。然而，當這些因素都備齊時，若問是否也同樣感到「好吃」，卻也不一定是那麼一回事。還要看當時肚子餓與否、體力、精神狀況，即便是完全相同的料理，既然會有覺得好吃的時候，當然也會有覺得不好吃的時候。如此分析之後，應該可以從經驗知道覺得好吃的效果性作用，並不是因為食物本身有個固有的性質。也請參照注 69。

101.關於「修心」請參照《西藏密教 心的修行》（索南格西、貢卻斯塔、藤田省吾，法藏館）。而關於「自他交換法」則在同書的第二章〈世俗的菩提心〉裡頭有關於實踐的說明。

《般若心經》講述的教誨

[110]　　　　本章以在《般若心經》中最為人所知曉的「色即是空」為首,闡述濃
縮於簡短經文中的種種教理,以至目前為止的議題為前提依序討論。

一　色即是空──甚深四句法門

　　　對於舍利弗尊者所提出的問題,觀自在菩薩首先以總論的方式回答:
「舍利弗啊!希望實踐甚深般若波羅蜜行的善男子、善女人,不論是誰都
應當做如是觀察。也就是若能觀五蘊〔存在之一切事物〕的自性是空的
話,才是正確的觀。」然後,從作為各論中的五蘊中,提出色蘊做說明:
「色是空。空性是色。色之外沒有別的空性。空性之外也沒有別的色。」
這就是所謂的「甚深四句法門」,有關它的含意,接下來將與空性和緣起
的關係一起做討論。

　　　首先,「色是空(色即是空)」的經文中應該是省略了「自性」一
詞。因此,換句話說,經文應該是「色的自性是空」,或者是「色是無自
性」,換成這樣的說法,就比較容易理解。因此,「色是空」的經文整體
的意思,應該可以視為是表示勝義諦的語詞。

[111]　　　　接著,「空性是色(空即是色)」的經文,這裡的空性是指色的空
性。也就是說,針對色蘊的世俗次元的物質性存在,尋求它在勝義的次元
中是如何成立時,將會是如虛空般什麼都得不到,這就是所謂的「色的空
性」。而這個色的空性,在世俗次元中作為色,就如同虛幻一般地存在。

換句話說，色並沒有本性，所以在勝義次元中雖然被理解成如虛空般的空，但在那樣的狀態下，在世俗次元中，以色的身分顯現，被理解成色。因此，這個「空性是色」的經文整體的意思，應該可以視為是表示世俗諦的語詞。

關於「色是空。空性是色」這句話，凡夫的修行者，用哲學性的學習，以推論來理解它。聖者菩薩，用等引智直接感覺「色是空」，用後得智認識「空性是色」。而「色是空。空性是色」，佛陀是隨時都完全看透的。回答舍利弗尊者問題的觀自在菩薩，因為得到釋尊的加持，所以應該是和佛陀擁有同樣的立場。從那樣的見地，對二諦猶如拿在手上般，可瞬間理解，無須藉由任何的分別或努力，就能說出「色是空。空性是色」這句話。

接著觀自在菩薩說：「色之外沒有別的空性（色不異空）。空性之外也沒有別的色（空不異色）。」換句話說，色如果是作為另外的東西，就不會有色的空性，同時色的空性如果是作為其他的事物，那麼色的存在也就不成立¹。如果說色沒有自性，那麼在色之外另有其他色的空性的話，那就變成諦成就的空性了。又，所謂色的空性，在色的空性之外另有其他的色的話，那也就變成諦成就的色了。因此，否定色或空性是諦成就，是此經文的目的。

[112]

勝義、世俗二諦，只不過是從不同的側面來看同一存在的本質罷了。這就是所謂的「同體異面」²。以上所說的經文，則相當於空是勝義諦，而色是世俗諦。因此，此甚深四句法門，正表示二諦是同體異面。同時，說「色是空」以排除常邊，說「空性是色」以排除斷邊³，這正說明離二邊極

端論的中道。

　　再稍具體一點，以「水中月的比喻」來進行討論。首先想水面倒映著月亮的樣子，想像把月亮的倒影比喻成色，把月亮比喻成色的自性，那麼，將會認同下面四點：（1）即使在水面上出現了月亮的倒影，並不表示水面上有月亮。（2）即使水面上沒有月亮，顯現在水面上的月亮倒影並不會消失。（3）月亮倒影的顯現與水中沒有月亮存在的理由，這兩者並不是個別的事物。（4）如果知道月亮本來的狀態，那麼就會自然地認為月亮的倒影是月亮。

　　同樣地，（1）當色作為色存在時，色的自性原本是空。這就是「色是空」的意思。（2）即使真正的本來狀態是空性，作為言說的色的顯現並不會在心中消失。這就是「空性是色」的意思。（3）在以色而顯現上面是沒有色的自性，離這點來求色的空性是不可得的。這就是「色之外沒有別的空性」的意思。又，在沒有色的自性上面顯現色，離這點而求色是[113]　不可得的。這就是「空性之外也沒有別的色」的意思。（4）如果知曉月亮「有五十由旬大小[4]，綻放光輝，具照亮暗夜功能」的話，那麼，不具備這些條件的水面月亮倒影並不是月亮就很清楚了。同樣地，即使顯現為色，色的自性仍是不成立。

　　為了對這意義深遠的四句法門有更進一層的理解，就不得不導入緣起的觀點。從緣起來瞭解空性，正是佛教哲學中最為絕妙的部分。因此，緣起被稱為「正理的王道」。

　　以色為首，包括世俗的一切顯現，都是依緣起而成立的。如果能真正領會這點，自然能明白因果絕不欺騙（例如善因總有一天一定會結成令人期待的善果[5]），對此能堅信不搖，就能朝著以慈悲、菩提心為首的方便之道精進。又，若能真正確信色等的空性的話，就能從視一切為實體存在的束縛中解放出來，進入滅盡無明等煩惱的般若之道。在宗喀巴的《道的三要訣》中，有「不論輪迴和涅槃等一切諸法，一方面見因果絕無欺瞞，一方面滅一切所緣依處，如此正是踏入佛陀歡喜之道」的偈。此處「一切所緣依處」的意思，是心將對象當成諦成就來認知時，起了迷亂的心，特別集中於在意的部分，也就是特別集中在事物之上被虛構的實體性。

　　所謂緣起，是依他而成立。因為一切事物依原因（因）與條件（緣）而存在，所以是依緣起而成立。更深入來探討這個意思，將可驗證藉因與緣而生果的這個因果關係的確實性。以一切事物依因與緣而存在為前提時，例如某事物的果存在的話，必定有產生此果的相應因存在。相反地，如果某因存在的話，也一定會產生果。或者必要的因與緣備齊的話，終將產生相應的果。從這點可推知，所謂「善因樂果、惡因苦果」[6]的因果關係絕對無誤，是可確信的。這就是「因果絕無欺瞞」的意思。 [114]

　　在絕無欺瞞的因果關係的框架中，諸事物依緣起而成立時，稱這樣的事物狀態為「絕對無誤的緣起」。在表達上，藉「緣起」這個語詞來強調事物依附於他而得以成立，來排除在事物之上所虛構的實體性，即常邊。又，藉「絕對無誤」一詞強調事物依因、緣、果而起作用這一點，來排除否定事物的效果性影響作用，即斷邊[7]。

　　因為如果能確信色等的顯現，毫無疑問地是緣起的話，就能排除常邊

與斷邊這兩種極端論，自然地正確的空性理解就能出現。又，如果能確實明白勝義諦中如虛空般的空性，及世俗諦中如幻般的空性的意義的話，由於事物的存在感得到恰當的設定，顯現依緣起而成立的道理自然明白。像這樣，因為以緣起作為空性而顯現、以空性作為緣起而顯現，兩者是完全的表裡一體。繼前述《道的三要訣》的偈語之後，又說「顯現是無誤的緣起一事，與承認空一事，若將這兩件事分別理解而認為它們是個別顯現的話，那麼就是還沒有理解牟尼（釋尊）的密意（真意）。兩件事不是交互看到而是同時看到無誤的緣起，若以信念滅一切執著境的存在（諦執），此時見解的伺察（分析）是究竟」。換句話說，見色等的顯現是無誤的緣起。藉著這個觀點，若能直接達成得到滅諦執之信念的階段的話，那麼對空性與緣起的分析將更為完整。

[115]

《道的三要訣》更進一步做如下的說明，「排除以顯現為有的邊（常邊），排除以空為無的邊（斷邊），而明白空性是以因、果而顯現的道理的話，將不會陷入邊執見」。這裡所謂的顯現，指的是例如色等是在世俗的次元以色出現。雖然凡夫深信色的顯現是諦成就，但它的真實面貌絕對不是諦成就，一定是空。這就是「排除以顯現為有的邊」的意思，與《般若心經》的「色是空性」相同。又，若色是空性，就絕不會是完全的無，一定是依緣起在世俗的次元作為色而顯現。這就是「排除以空為無的邊」的意思，與「空性是色」相同。

然而一般「以空性排除有邊或常邊，以顯現排除無邊或斷邊」的表達方式比較容易讓人明白。而《道的三要訣》特意用相反方式來表達的目的是，順著中觀歸謬論證派的見解，對「顯現必是空。空性必緣起」這點做

更徹底的理解，用相反的表達方式諧和地排除二邊。這個用意，從他對弟子們的教誡中也可領會。

又，正如前述，「空性是以因、果而顯現」的意思，是藉空性得以理解緣起，藉緣起得以理解空性，從而顯示空性與緣起表裡一體的關係。若與《般若心經》的經文結合來探討的話，應該可以說「色是空」的經文是將空性作為果的一面來呈現，而「空性是色」的經文是將空性作為因的一面來呈現。 [116]

若回顧西藏佛教的歷史的話，可看到如此之空性與緣起的甚深見解，完全是託宗喀巴大師豐功偉業的福，他以極明確的形式來說明開示[8]。西藏的佛教徒相信，宗喀巴大師是體現諸佛智慧的文殊菩薩的化身，但顯現在外的是，從出身一介僧侶，努力精進於學問與修行。在顯教與密教的教理中，他對中觀思想特別用心專研，在面對無論如何都無法去除的疑義時，他發願要解決，並向本尊文殊菩薩祈禱與供養。回應他的祈禱，文殊菩薩終於示現在眼前，並直接傳授他顯教與密教的要訣。其中特別傳授了中觀思想的究竟祕訣，即「以顯現排除有邊，以空排除無邊」這個最甚深緣起的見解。從此宗喀巴大師對龍樹、月稱等中觀派祖師們所説的空性與緣起的見解有了絕對的深信，以此為基軸建構了顯教與密教完全無缺的教理及實踐體系。而《道的三要訣》，就是宗喀巴大師為了向直傳弟子們傳授自己的體證，所説較短教誡的整理本。其偉大事業的恩惠，澤及遙遠後世的我們。在宗喀巴大師卓越教説的光明引導之下，今日的我們才得以用些許的努力，就能接觸佛教思想中最深遠的部分，且對《般若心經》的甚深四句法門中所含釋尊密意，能藉著平易的言詞，毫無遺漏地學習。 [117]

　　以上我們舉五蘊中的色蘊，順著甚深四句法門做了探討，至於其他的四蘊，可以說也是完全一樣。《般若心經》的經文說：「同樣地受、想、行、識也是空（受想行識亦復如是）。」這是極為簡略的表達方式，應該可以說在經文的後面省略了「受、想、行、識的空性是受、想、行、識。在受、想、行、識之外沒有別的空性。受、想、行、識的空性之外也沒有別的受、想、行、識」。又，色是物質性的存在，而受、想、行、識則屬精神性的存在。其中最後的識，與心王同義，居精神領域的中樞。關於這樣的心，其存在到底應該如何來設定呢？《般若心經》中完全以等同於物質性的東西來處理而無差別。

　　關於色的解釋，經文中有詳細的解說，且非常淺顯易懂。例如「色即是空」這樣的言詞也是大家所熟知的。因此，針對外在存在的物質，說空性與緣起，並設定分屬二諦，這是我等比較容易瞭解的。另一方面，心往往被認為是最堅固的存在感，說它是空也是最不能被認同的。但實際上心與物質是完全相同的。心是空，是依緣起而存在[9]，在勝義、世俗二諦上存在感的設定也與物質完全平等。上述《般若心經》的經文中，「同樣地」一詞中有著這麼深的意義在[10]。

[118]

　　正確認識心的空性，是在學習佛教哲學或修道論時極為重要的。因為，空性是適用於一切法的究竟真理，若對某一存在能完全理解其空性的話，則對其他存在也一樣。因此舉了比較容易處理的色蘊為例，首先徹底檢驗它的空性，其後將範圍擴大到心時，要理解心就容易多了。可說《般若心經》的經文，大致上就是順著這樣的流程而展開說明的。

以上從「〔依〕五蘊〔而存在時的事物〕其自性是空」的經文開始到這裡為止的內容，若從五道與十地的修道論[11]範疇來掌握的話，可以定位在「屬大乘資糧道與加行道，應該是可以透過聞、思、修三慧[12]的學習而得到的教誡」。

二　不生不滅──甚深八句法門

説完「甚深四句法門」之後的觀自在菩薩，進一步繼續説道：「舍利弗啊！像這樣子一切法是空性。即沒有相，沒有生、也沒有滅，沒有污穢、也沒有離污穢，沒有減、也沒有滿」。這就是所謂的「甚深八句法門」[13]。

（一）首先，「像這樣子一切法是空性」的經文，也與五蘊是空一樣，説著一切法的自性是空。五蘊與有為法的範圍是一樣廣的，而五蘊加上無為法就成為一切法。此經文的意思，是將空性的適用範圍從有為法擴大到一切法，因此一定得瞭解無為法也是空。 [119]

無為法的實例，有虛空、涅槃、空性等。這些是超越因果關係、恆長存在的[14]。又，這個無為法不是因有獨立實體而成立，只是依緣起而存在。在緣起的三層意思中，只要無為法是超越因果關係的，就不可能適用依附於因與緣而生這一點。但關於依附於部分這點，以及依附於因分別而賦予的名稱上而假説的這點上，無為法是適用緣起的。因此，無為法是緣

起。若依緣起而存在的話，因為必定空，所以無為法也是空[15]。

關於這一點，龍樹的《根本中論頌》第七章中説：「如果有為法不〔以實體而〕成立的話，為什麼無為法得〔以實體而〕成立呢？」若能理解無為法的空性，就能明白空性也是空，即「空空性」。這樣的結果，設定了空所否定的對象中被遺漏的諦成就的空性，如此一來可以完全離開常邊的邪見[16]。

（二）接下來「沒有相（空相）」的經文，意思是因為一切法是空，所以本來就沒有以實體而成立的固有面貌或性質。所有的東西，原本就是完全沒有實體性的，若説某物品是依某固有的性質而成立，那是不可能的。

[120]　　　關於這點，更徹底探究的話，在世俗次元中的諸法自相也是被完全否定的[17]。例如，雖然火的自相被認為是熱，但「熱」的感覺，是依附在有那樣感覺的心而成立的。但是，這是不包括「忍耐一下就不熱」這種單純的意思的。碰觸到火，我們感受到熱，這種效果性作用是確實的。但這個效果性作用，是藉著外在認識對象的火、覺知溫度的身體機能，還有認識該對象的心，三者會合一起才會發生。若不依附在這些條件上，則無以成立。例如，火的自相，也就是在火本身成立固有性質，這一點是不被承認的。火，畢竟是只依緣起而存在，在火身上沒有任何獨立的實體性，因此也沒有任何固有的性質。世俗的所有效果性作用，任何地方都不存在成為其成立根據的本質，在相互緣起的複雜組合中，只是在一種完全相對的情形下而起的效果作用罷了[18]。

（三）接下來的經文「沒有生（不生）」，一切法不以實體而成立

故，意思是本來不生有實體性。當然，一切法存在著，有為法藉因與緣而生。但這些都不是以實體而存在、而生的。這就是「不生」的意思[19]。龍樹的《六十頌如理論》也說：「依（緣）而生的東西就是不生。」而月稱的《六十頌如理論注》則解釋：「若見緣起，則不以自性緣（認識）諸事物。原因是，依緣而生的東西，如影像，非從自性生故。」[20]

只依因與緣而生，與以實體性而生之事，這兩者的區別，應先好好認識。《般若心經》的經文，否定作為實體的生起，這是從排除常邊的立場而說的。如果連依因與緣而生起也否定的話，有為法就完全不生，這樣就陷入斷邊。 [121]

（四）接下來的經文「也沒有滅（不滅）」也是一樣。一切法不因實體性而生，所以也不因實體性而滅。確實有為法藉因與緣而滅，但不是作為實體而滅。這是「不滅」的意思。

如果，有實體的滅的話，那麼有為法滅後將什麼也不存[21]。此經文是站在排除此斷邊的立場而說。但是，若連藉因與緣而滅也否定的話，那麼有為法完全不滅，則陷入常邊。

從（三）與（四）的意思，「任何事物不生、不滅」，與「該事物藉因緣而存在」，應該可以理解成完全相同的意思[22]。

（五）接下來的經文「沒有污穢（不垢）」，說的是一切法中污穢的東西，在勝義的次元中是不能成立的。因為一切法其自性是空。即使屬輪迴世界的存在，在勝義的次元中，沒有污穢。但是在世俗次元中，輪迴當然無異是被業或煩惱所染污的世界。屬輪迴世界的諸存在，以實體的方式來顯現，凡夫將它們當作有真的實體。像凡夫這樣，認為諸存在是因其實

體性而成立，並毫不懷疑地認可，認為業或煩惱等不好因素真實存在，而否定「因為是空，故不存在」。這樣的看法是完全偏離了經文的本意。

[122]　　例如，現在稱為我的這個補特伽羅，在世俗次元中，以全身沾滿業或煩惱的輪迴眾生的形式而存在。但是，在勝義的次元中，我自身及我的惡業與煩惱都是不成立的。只是，它們的空性是被認可的。到此為止，的確是如此。雖說如此，「在世俗次元中，沒有業與煩惱的清淨我，已經成立」等說法，又如何而能成立呢[23]？關於這一點，仔細想想，就可以理解滅除業與煩惱的修行，為什麼要在世俗的次元中，而且為什麼是必要的。另一方面，假使一切法並不是空，在勝義的次元中，「沾滿業與煩惱的我」如果可以成立的話，修行將變得完全沒有意義了。為什麼？因為在絕對的次元中，那樣的狀態如果成立的話，那麼想改變是不可能的。也就是說，雖然一切法是空，但絕不會成為不用修行的理由，而是成為保證修行有效性的確實依據。

　　（六）接下來的經文「也沒有離污穢（不淨）」，說的是一切法在勝義次元中，以清淨事物而存在是不可得的。為什麼？因為除非以輪迴作為染污世界是不成立的，否則離染污也是不成立。涅槃的境地，雖然是定位在從輪迴解脫的狀態，但在勝義次元的話，原本無所謂離染污之事。

　　但這與以涅槃為勝義諦的立場並沒有矛盾。涅槃是完全體會了空性並與之一體化的境地，被認為是勝義諦[24]。但不管空性也好，涅槃也好，是勝義諦的理由，並不是在勝義的次元中以諦而成立。其名為勝義諦的原

[123]　　因，乃是以勝義次元中的真實不一樣的形態顯現而不欺瞞世間[25]。這一點在月稱的《六十頌如理論注》做了如下的解說：「只藉世間的言說，說

『勝義諦』。」也就是說，我們透過修行而應該得到的涅槃境地，是以像「我自身存在」這類世間言說的水準，確實是作為勝義諦而存在。但是，若依正理知量分析時，在勝義的次元中，則無法被認同以諦而存在。

空性、涅槃在勝義的次元中不成立的意思，無外乎它們也是空。如果有不是空或涅槃存在的話，它們就是諦成就。《般若心經》的經文是否定這種諦成就的涅槃，而確認一切法是空。

在（五）和（六）中說明的「沒有污穢、也沒有離污穢」這兩句經文，主要闡述生死輪迴與涅槃寂靜是平等無差別的，與所謂「生死即涅槃」的說法是一樣的。輪迴與涅槃是平等的理由，是因為在勝義的次元中，只承認都是空性的形式而已。在世俗的次元裡，若誤以為兩者無須做區分的話，則易陷入無須修行的誤解，那麼解脫、開悟將變成不可能。同樣地，善與惡的區分，在勝義的次元中也是不存在的。但在世俗的次元中，若不區分善惡的話，將墮入三惡趣。使用「生死即涅槃」或「煩惱即菩提」等詞時，若不能好好理解這點的話，將造成大弊害。

（七）在勝義的次元中，輪迴與涅槃的區別並不存在。根據這一點，經文更進一步說「沒有減（不減）」。換句話說，煩惱等過失減少或衰退之事，也無法成為勝義。

（八）又，經文說「也沒有滿（不增）」，意思是功德增大、圓滿之事，也無法成為勝義。但在世俗的次元裡，當然抑制、斷滅煩惱之事，與累積、圓滿功德之事，是極為重要的。藉著修行達到高的境界，若當作勝義來追求也是不可得的，這些都應該在世俗的次元中來掌握。

[124]

　　話說西藏佛教的中興之祖阿底峽，將此「甚深八句法門」與空、無相、無願的「三解脫門」相結合來做解釋。「空解脫門」是修習一切法空性的三昧，相當於甚深八句的（一）。「無相解脫門」是修習一切法的空性無差別、自相不成立的三昧，相當於（二）至（六）。「無願解脫門」是因一切法無相故，離追求自相的三昧，相當於（七）與（八）。

　　因此，此「甚深八句法門」若從五道、十地的範疇來理解的話，則可定位在「於大乘見道，說入三解脫門狀態的教誡」。

三　五蘊、十二處、十八界的勝義無

　　接著，觀自在菩薩在藉現量來理解空性的聖者等引三昧中，說明應該如何觀諸法。即「此故空性中是無色、無受、無想、無諸行、無識（是故空中無色受想行識）」。最初的「空性中」一詞，明白規定接下來的論議是在勝義的次元中闡述的。也就是說，「沒有色、受、想、行、識五蘊」，意思是在以勝義的次元為準則的前提下，五蘊作為五蘊是不成立的。在勝義的次元中，只有五蘊的空性，物質或心是不成立的。如果成立的話，那就變成諦成就的物質和心、諦成就的五蘊了。

[125]

　　當然，在世俗的次元中，五蘊存在一事是無庸置疑的。但這部分的經文，對「在世俗次元五蘊是如何存在」等議題，認為原本就不是論議的對象。相對地認為聖者菩薩進入等引三昧的狀態時——換言之，用瑜伽現量

追求勝義次元的存在時——那樣的狀態是實際生起的。例如，眼前有個瓶子，只以該瓶子的空性為所緣，而瓶子的色彩、形狀等都是沒有顯現的。

也就是說，「無五蘊」的經文，是在那樣高的境地表達在三昧中的一種觀法，這必須與世俗次元中有無的議題做區分。若把它們混在一起，誤以為即使在世俗次元中也「無五蘊」的話，那將會陷入非常危險的虛無論。後面的「無所得，亦無所不得」的經文也應該完全根據這點來解釋。這大概是讀《般若心經》時最容易誤解的部分。

五蘊之後要談的是「十二處」。所謂「十二處」，是將補特伽羅的知覺、認識機能分類為六內處和將認識對象分類為六外處的總稱。十二處的全體與一切法的範圍是一致的。一切法空故，在勝義的次元中，十二處不以十二處而成立。關於這一點經文是這樣說的：「沒有眼、耳、鼻、舌、身、意〔所謂的六內處〕，也沒有色、聲、香、味、觸、法〔所謂的六外處〕（無眼耳鼻舌身意、無色聲香味觸法）。」 [126]

此處先來討論「六內處」（六根）。我們能覺知到各種物質存在的機能有視覺（眼根）[26]、聽覺（耳根）、嗅覺（鼻根）、味覺（舌根）、觸覺（身根）等五感（五根）。這五根仰賴眼球等感覺器官而產生機能，所以不只是感覺器官[27]。這樣的知覺機能，被歸類為身體的、物質的功用，在五蘊的範疇中，被分類在色蘊中。因此，總稱五根為「有色根」[28]。與此有色根成對比的是「意根」。意根雖然是仰賴腦這類的物質而生，但不是腦本身。有色根被歸類在物質性領域中，相對的意根則完全屬精神性的領域，被分類在識蘊中。五個有色根，再加上意根，就是六內處，我們藉

著它們來掌握認識對象。

接下來討論「六外處」（六境）。透過眼根所知覺的事物，是其形狀等可視物，這在佛教用語稱為色境[29]。請注意，這時候的「色」在範圍上窄於五蘊的「色」。色蘊是指所有物質性存在的集合，色境則只是指五蘊中的視覺對象的部分。此色境可再分類為色彩（顯色）與形狀（行色）[30]。

與此相同地，透過耳根所知覺的是聲音（聲境）[31]，透過鼻根所知覺的是氣味（香境）[32]，透過舌根所知覺的是味道（味境）[33]，透過身根所知覺的是可觸物（觸境）。觸境又分類為大種觸與大種所造觸[34]。

[127]

而一切法中不符合於六根與色、聲、香、味、觸等五境的事物，是法境。法境並不是透過有色根而知覺，只藉意根來掌握。

以下整理五蘊與十二處的關係。識蘊與意根的範圍是一致的。受蘊、想蘊、行蘊全包含在法境。色蘊分類為五個有色根與六外處。無為法雖不包含在五蘊中，但包含在法境。因此，十二處的全體比五蘊的全體範圍要廣，與一切法一致。

[128]

身體與語言所做的諸行為（身業與口業），均屬於色蘊的範疇。它們又分為有實際行為的「表業」與其潛在餘力的「無表業」。身表業屬色境中的形色。口表業屬聲境。而身無表業與口無表業屬法境[35]。無表業是帶來因果報應的力量，雖屬色蘊，但無法透過有色根而被認識。一方面，在心裡產生意思（意業），屬心所之思[36]，故屬行蘊與法境。

以上所詳細分析的十二處，在勝義的次元中只能找到所謂的空性面貌。這是指《般若心經》經文中所說的「無六內處，也無六外處」。但在世俗的次元中，若也認為「十二處不存在」或「分析十二處是無意義」的

圖4：五蘊、十二處、十八界的關係

	眼識界	耳識界	鼻識界	舌識界	身識界	意識界	眼界	耳界	鼻界	舌界	身界	色界	聲界	香界	味界	觸界	法界			
十八界→	意界																法 界			
十二處→	意　根						眼根	耳根	鼻根	舌根	身根	色境	聲境	香境	味境	觸境	法 境			
五　蘊→	識　蘊						色　蘊										受蘊	想蘊	行蘊	無為法
	有為法																			
	一切法																			

　　觀看此圖的方式：例如，一切法分為有為法與無為法，有為法又分為色、受、想、行、識五蘊。識蘊與十二處的意根、十八界的意界的範圍是一致的。在十八界的框架中，進一步從眼識到意識分為六識。

注意：為確保相互分類的整合性，五蘊等各個順序與經文有異。又，無為法不包含在五蘊中。

話，容易脫離經文本意而陷入邪見。

　　十二處之後要談的是十八界 。這是以十二處的框架為基礎，做更深入的心理分析。十二處全體、十八界全體與一切法，它們的範圍領域都是一樣的。一切法是空故，在勝義的次元中，十八界不作為十八界而成立。這點在經文中說：「從眼界到意界、更到意識界〔十八界〕悉無（無眼界乃至無意識界）。」

　　此處先來探討「十八界」。十八界最初的六項是眼界、耳界、鼻界、舌界、身界、意界，它們分別與眼根、耳根、鼻根、舌根、身根、意根等

[129]

六根同義。接下來的六項是色界、聲界、香界、味界、觸界、法界，它們分別與色境、聲境、香境、味境、觸境、法境等六境同義。最後的六項是眼識界、耳識界、鼻識界、舌識界、身識界、意識界，它們是細分前面意界後的產物（六識）。因此，從眼識界到意識界的整體、意根、識蘊、心王，其範圍是一致的，被定位在精神領域的「知」的重要部分。

「眼識」是掌管視覺之心，具備認識所見對象的功能，眼識若欲成立，則對象的色境、知覺機能的眼根以及前剎那的識此三者必須齊備。它們依序是所緣緣、增上緣、等無間緣。例如，當感覺到「看到瓶子」的眼識的所緣緣是瓶子，增上緣是視覺機能，等無間緣是眼識產生之前剎那的心。眼識屬知的範疇，產生的主因也一定屬知的範疇。也就是說，產生物質的主要原因，同樣地也需從物質去求，心生的主要原因也需從心去求。因為色境或眼根屬物質的領域，不可能成為心生的主要原因。所謂「清楚知」的心的狀態[37]，使其實際產生的是等無間緣的使命，而不是所緣緣或增上緣。但是，加上賦予所謂視覺這個獨特的性質的是增上緣，而規定所謂「能看到什麼」的內容的是所緣緣。而從耳識到身識的四者，跟眼識可以說幾乎是完全一樣。像這樣，以五個有色根為增上緣而生的五感的識，稱為「根識」或「前五識」。

與此相對地，最後的「意識」也可說是「第六識」[38]，以意根為增上[130]緣。例如，回顧有關抽象的概念，是意識的功用。像這樣的概念屬法境，而能掌握它的只有意根。在十八界的框架上，重複說與「從眼識到意識的六識」同義的意界的理由，是為了表示六識是產生次剎那（下一個剎那）意識的增上緣的另一面。

　　藉分析十八界，雖然能明白各種心識產生的結構，但是這些在勝義次元中，都只能找到所謂空性的狀態。而這樣的事，在《般若心經》中是以「十八界悉無」來表述。而在世俗的次元中，若認為「十八界不存在」或「分析十八界是無意義的」，那就完全偏離了經文的本意。

　　以上針對十二處與十八界探討的結果，是認識主體、認識對象以及所有的要素都是空。關於這一點，舉身邊的事作為例子來說明比較簡單易懂。在眼前的餐桌上，擺放著最喜歡吃的菜，正想著要開始吃。但是，這樣的料理、想嘗試的味覺、認識味覺的心都是空。若是聖者菩薩進入等引三昧時，只能見到一切都像虛空般的空性。這無異是《般若心經》中所闡述的世界：「也無舌根、也無味境、也無舌識……。」但當聖者從三昧中甦醒後，再度看到料理。因為後得智的效用，所看到的料理，被視為是如幻般的空性，因此雖然也有「好吃」的感覺，但沒有執著。

　　另外，因為我是凡夫，無法有聖者菩薩那樣的感受，反將料理、味覺、心視為是真理的顯現，也以諦來認識它們，然後生起執著。就算可以控制「推開他人也想吃」之類的粗糙執著，應該也還會留有微細的執著。但是，即使像我這樣的凡夫，也有短暫實際感覺舌根、味覺、舌識的空性的方法。 [131]

　　例如，高興地享受好吃的料理時：美味的實體到底在哪裡呢？在睜大眼睛看著盛在盤中的美味料理時嗎？送到口中時嗎？咀嚼時嗎？吞嚥下去時嗎？自己藉著感覺到美味時的「幸福」的瞬間到底是什麼時候呢？我們可以仔細切割時間且嚴加分析看看。這樣做之後，將發現所謂美味的實

體，到處都找不到。當然，實際上好好享受美食的話，確實是很令人滿足的。但雖然滿足，有時候在吃完的時候，卻會有那麼一剎那的空虛感。美味沒有實體，因為美味而得到幸福感也沒有實體，我們即使不拿出中觀哲學，應該也可以稍稍感覺到這一點。從這樣的日常體驗，應該也可以大致推論臆測「在勝義次元中，舌根、味覺、舌識等一切均不成立」。

四　十二緣起、四諦、智慧的勝義無

以上說明了在勝義的次元中，一切的認識對象與認識主體均不成立，所以觀自在菩薩更進一步闡明在修行的過程中，甚至應該觀的內容也是勝義無。首先說：「也沒有無明、〔因此〕也沒有無明盡。〔十二緣起一切〕因為也與此相同，沒有老死、也沒有老死盡（無無明亦無無明盡，乃至無老死亦無老死盡）。」這裡開示了流轉（有漏）與還滅（無漏）的十二緣起在勝義的次元中是不成立的。

因此，接下來讓我們來探討無明、行、識、名色、六處、觸、受、愛、取、有、生、老死等「十二緣起」[39]。關於十二緣起，雖然有各種的解釋方法，但其中以眾生的前世、現世、來世的轉世過程作為因果關係來掌握的方法，比較容易令人理解。這樣的十二緣起的解釋方法，稱為「三世兩重因果」[40]。

（一）眾生若追究反覆輪迴轉世的原因的話，最終將會發現對補特伽

羅與一切法的諦執（即「人我執」與「法我執」）是主要原因[41]。其中，誤認並執著自己本身及自己的東西是自相成就的「有身見」[42]，才是實際使自己往赴下一個輪迴世界去轉世的根本原因。那就是「無明」[43]。

（二）眾生因無明而生種種意念，進而重複身體或言語的行為。不間斷地造作身、語、意的行為，稱為「行」。

（三）因為行而造作無數的業，行為結束後，仍舊留下某些潛在影響力，而這些潛在影響力在未來將會產生某些果。潛在影響力蓄積在眾生的識的階段，稱為「因位識」[44]。終於，眾生面臨死亡，保持該潛在影響力的識，使眾生得生來世。這個階段稱為「果位識」。在十二緣起，將因位與果位統合起來以「識」來表現。

（四）來世的生（例如人類的胎生），必須是父親的精子、母親的卵子、前世的識三者相會才能成立。以受精卵為主因時，生胎兒的身體。以前世的識為主因時，生胎兒的心。於是，在果位識之後，是五蘊集合狀態下的成立階段，此階段稱「名色」[45]。 [133]

（五）隨著胎兒的成長，也生知覺或認識的機能。六內處成立之後，到實際作用為止的階段，稱為「六處」。

（六）接著是知覺對象（境）、知覺機能（根）、心（識）三者相會，也就是所緣緣、增上緣、等無間緣三者齊備後，實際的認識才成立。此時帶給知覺機能（根）變化效用的是「觸」，可說是心所合一[46]。最初產生觸的是胎兒階段，從出母胎後，開始真正作用。

（七）藉由觸而帶給知覺機能變化的結果，在下個瞬間，產生感受到對象帶來的樂、苦、平等的心的作用。這是「受」，也屬於心所之一[47]。

最初產生受的階段，雖然也是在胎兒階段，從出母胎後，開始真正產生效用，引起眾生種種欲求。

（八）受是因，產生希樂避苦的欲求。這樣的欲求用佛教用語來說就是「愛」。

（九）愛高昂的話，變成強烈的執著。這個階段稱為「取」。愛與取，雖然經過漫長的一輩子而產生種種不同的方式，但到臨終前變成特殊的意義。為什麼？因為愛與取使蓄積在識裡面的業的潛在影響力增大，並帶給來世很大的影響。

（十）由於臨終前的愛與取的作用，使蓄積在識裡面的業的潛在影響力增大，甚至左右了來世狀態的成熟。從這樣的狀態，實際從迎接死亡到中有[48]結束為止的階段，稱為「有」[49]。

[134]　　（十一）以有為果，得生來世的瞬間是為「生」。

（十二）從生的次個瞬間到邁向死亡的老化開始[50]。這個老化過程一定會體驗種種的苦[51]。包含這些稱為「老死」。

像這樣子的十二緣起，前面階段成為因，產生後面的階段，是以時間的因果關係做的說明[52]。而以修行來觀十二緣起的情形，則有下述四種方法。

首先，「因無明而有行，因行而有識……因生而有老死」的觀法稱為「流轉順觀」。這是從無明煩惱到老死苦的過程，即觀察生起有漏法[53]的因的修行，與後述四諦的集諦有關連。

其次，「老死因生而有，生因有而有……行因無明而有」的觀法稱為「流轉逆觀」。這是從有漏法所生的果做觀察的修行，與苦諦有關連。

又，「因無明滅而行滅，因行滅而識滅……因生滅而老死滅」的觀法稱為「還滅順觀」。這是從無明煩惱的斷滅帶來老死苦的斷滅過程，即觀察得無漏法因的修行，與道諦有關連。

又，「老死的滅因生的滅而有，生的滅因有的滅而有……行的滅因無明的滅而有」的觀法稱為「還滅逆觀」。這是從無漏法所得的果來做觀察的修行，與滅諦相關連。

[135]

這裡讓我們來回顧一下《般若心經》的經文。「也沒有無明」的意思，就是在勝義的次元裡，無明煩惱是不成立的。因此，從無明作為出發點的「流轉順觀」在勝義的次元中也不得成立。

同樣地，「也沒有無明盡」的意思，就是如果無明不能成立的話，無明的滅也不可能成立。因此，以無明的滅作為出發點的「還滅順觀」在勝義的次元中也不得成立。

又，「也沒有老死」的意思，就是在勝義的次元裡，老死苦是不成立的。因此，以老死為出發點的「流轉逆觀」在勝義的次元中也不得成立。

又，「也沒有老死盡」的意思，就是如果老死不能成立的話，老死的滅也不能成立。因此，以老死的滅作為出發點的「還滅逆觀」在勝義的次元中也不得成立。

不只是無明或老死，從行到生的各項中，以及它們的滅，在勝義次元中都不成立。十二緣起在勝義次元中，只能找到空性的狀態。但是在世俗次元中，若認為「十二緣起不存在」或「順逆觀流轉或還滅的十二緣起是無意義」的話，那就完全脫離經文本意而陷入邪見。

接下來觀自在菩薩說：「同樣地，也沒有苦、集、滅、道（無苦集滅
[136]　道）。」這開示了四諦在勝義的次元中是不成立的。四諦是釋尊在初轉法
輪時說的佛教根本教理。大致上認為，只要是真正的佛教，不管是什麼樣
的教理體系或思想哲學，無不站在四諦這個框架的結構上來做解釋。所
以，接下來稍微探討一下苦、集、滅、道等「四諦」[54]。

　　（一）首先，生[55]、老、病、死是苦，甚至凡所遭遇討厭的事都是苦
（怨憎會苦），對於不得不離開喜愛的事物也是苦（愛別離苦），想要得
到卻得不到的東西也是苦（求不得苦）。總之，在五蘊集合體上的眾生，
只要在輪迴轉世世界裡，不管是什麼樣的狀況——從地獄到天一切——除
了本質是苦之外，沒有其他了（五取蘊苦）。這樣的真理稱為「苦諦」。

　　（二）產生上述情形的苦因是什麼？是強烈的欲求（渴愛）[56]。而從
愛來回溯十二緣起，如前所理解的一般，欲求的因是苦樂的感受；更進一
步而言，其因是依五蘊而生；再進一步而言，其因是造作種種業，而追究
其最根本、最基本的原因是無明。總之，被輪迴這個苦的世界所綑綁的因
或緣，除起因於無明的種種業或煩惱之外無他。這樣的真理，名之為「集
諦」。

　　（三）因此，如果可以切斷以渴愛為首的業或煩惱，就能止滅苦的
果。見道或修道的行者，如果能順次切斷煩惱的話，就能滅除與煩惱相應
的部分苦。而無學道的話，則能完全滅苦，從輪迴中解脫出來，能將名為
涅槃的這個真正幸福拿在手上。像這樣，滅苦在見道或修道上能部分實
[137]　現，在無學道上則能完全滅除。這樣的真理名為「滅諦」。

　　（四）達成滅苦的具體方法是正見、正思維、正語、正業、正命、正

精進、正念、正定，即所謂的「八正道」[57]。更一般化來說，以八正道為首的見道、修道的實踐內容被定位為可以到達滅苦的道。這樣的真理稱為「道諦」。資糧道、加行道的實踐內容，雖然不包含在道諦內，卻是得到道諦所不可或缺的要素。

四諦中，屬苦諦與集諦的存在，因受到煩惱染污的因果關係所束縛，所以屬有為法且是有漏法。若是「有漏法」，以有漏法為所緣，或伴隨有漏法，會使煩惱增大。其次，屬滅諦的存在，因為其因果關係完全被切斷的緣故，是無為法或無漏法[58]。若是「無漏法」，以無漏法為所緣，或伴隨無漏法，將不會使煩惱增大。而屬道諦的存在，因為構成切斷煩惱的因果關係，是有為法且是無漏法[59]。

釋尊開示四諦時，其具體的表現有「三轉十二相」，即以示轉、勸轉、證轉三種方法分別觀四諦。首先，示轉以「（1）此是苦、（2）此是集、（3）此是滅、（4）此是道」來見四諦。其次勸轉則以「（5）應完全地知悉苦、（6）應完全地斷除集、（7）應完全地現證滅、（8）應完全地修習道」來修四諦。接下來的證轉是以「（9）沒有應知的苦、（10）沒有應斷的集、（11）沒有應現證的滅、（12）沒有應修習的道」來體會四諦的勝義無[60]。也就是在勝義的次元上，應知的苦、應斷的集、應現證的滅、應修習的道中的任何一項均不成立，只能找到它們的空性。[138]此正是《般若心經》中所說的「沒有苦、集、滅、道」的意思。但是，在世俗次元中，若認為「四諦不存在」或「觀四諦是無意義」的話，那就完全脫離經文的本意[61]。

跟這個問題相關連的，在《根本中論頌》第二十四章中，設定了沒辦

法理解中觀派所說二諦的有自性論者的論難，其敘述如下：「如果這些全是空的話，沒有生也沒有滅。四聖諦等不存在於汝（中觀派）中。」針對這個問難，中觀派的論述立場是以從自生、從他生、從此兩者生、從無因生這四種情形的任何一項都是不可能[62]為前提，對自性的生做了如下的回應：「〔如汝（有自性論者）主張一般，〕如果這一切是空的話，沒有生、也沒有滅。〔相反地，〕不存在於汝。〔汝認為『苦不是空』。不是空的話，則非緣起生。但是，〕非緣起生的話，為什麼會有苦的存在呢？『無常是苦』是〔世尊〕所說，〔無常的話〕不會因自性而存在〔故〕。〔如汝所主張，若苦是〕藉自性而存在的話，為什麼依集而生呢？因此，侵害空性〔如汝主張〕者，集是不存在的。苦依自性而存在的話，〔苦的〕滅不存在[63]。執著依自性〔而存在〕故，〔汝是〕侵害滅者。道若有自性的話，修習將成為不合理。如果道是可修習的，那麼〔所修的那個道〕汝〔所主張的〕自性是不存在的。」

換句話說，若一切法是空的話，苦的生與滅雖然在勝義的次元上不成立，但在世俗的次元中是被承認的[64]。相反地，如果一切法不是空，常住堅固的自性在勝義的次元中成立的話，那麼，世俗次元中的生與滅就是不可得的。注意到中觀派勝義無立場的有自性論者，被指摘為「侵害四諦」。比照一下《般若心經》的「沒有苦、集、滅、道」經文，剛好與「即使是佛教的根本教理，也是否定虛無論」等一致。但是，四諦應該設定在世俗的次元，所以此論難沒有對中標的。而且正因為有自性論者的立場，與否定世俗次元的生與滅相關，因此他們所提出的論難反倒原原本本地回到他們自身。

[139]

十二緣起與四諦的勝義無，在修行道上應觀的所緣，在勝義次元上也是不成立的。因此，聖者在進入等引三昧時，只能看到它們的空性狀態。在確認這一點之後，《般若心經》的經文說：「沒有智（無智）。」這種情形下的「智」被定位為道諦的主體。例如：在修道階段的菩薩心，是等引智與後得智。他們在等引智中以現量觀所緣的空性，在後得智中觀所緣的世俗狀態如幻，在這樣的過程中，依序斷滅煩惱等。但是，觀所緣主體的等引智或後得智在勝義的次元中也是不成立的，看到的只是空性而已。因此，已經完全斷滅煩惱障與所知障階段的智，換句話說，佛陀的一切智智，在勝義的次元中，也一樣是完全不成立的。這就是「無智」的意思。但是，如果認為在世俗的次元中「智不存在」或「為獲得智而修行是無意義的」等的話，那就脫離了經文的本意。

繼續經文說：「得是沒有的（無得），也沒有沒得（亦無無得）。」　[140]這裡所謂「得」的意思，可以解釋為如來十力[65]或如來四無畏[66]等佛陀的德行能夠作為菩薩行的果而獲得。在勝義的次元裡，即使是獲得這些佛德，形式上也是無法成立。因為，得的主體補特伽羅、得的對象佛德，加上得的這個行為，這一切都是空。像這樣妄想分別的「得」如果被否定的話，「不得」的分別也不得不被否定。這並不是因為勝義次元中的「得」不成立，所以「不得」也沒有成立的理由，而是在勝義次元中，「得」與「不得」一樣都是不成立的。但是，在世俗次元中，如果認為「如來十力等佛德不存在」、「為獲得佛果而修行是沒有意義的」、「即使不修行，也不會得不到佛果」等的話，這就完全脫離經文的本意了。

　　以上從「空性中是無色、無受……」到這裡為止的經文，如果從五道與十地的範疇上理解的話，可以視為是「已經達到修道境地的菩薩，斷除了色等二顯現的一切戲論，而與勝義的寂靜法性成一味，能入等引三昧」之教誡。如此一來，在世俗的次元中，應該能摘除否定四諦等危險的斷見之芽。

[141]　五　無住處涅槃的達成

　　一面開示聖者們等引智的觀法，一面說一切法的勝義無的觀自在菩薩，更進一步說：「舍利弗啊！菩薩們因為〔對作為勝義的佛果〕無所得故，以般若波羅蜜為依據而住（以無所得故，菩提薩埵依般若波羅蜜多故）。」以世俗的次元來考量的話，所謂菩薩行，是為了得到佛陀境地的果而應該努力實踐的行。但仔細思維，在勝義的次元中，菩薩、佛果、得三者沒有一項是成立的。

　　又，請試著想像一下，幾乎圓滿了一切的修行，在快達到佛陀境界之前的菩薩。像這樣，在今生就可以獲得佛果的聖者，稱為「最後有的菩薩」。最後有的菩薩進入所謂「金剛喻定」的等引三昧中，實現佛陀的覺[67]。如果這樣的話，當時的心，完全以勝義的次元為對象，對「得佛德境地」的認識，應該沒有發揮任何效用。《般若心經》所說的「〔對作為勝義的

佛果〕無所得」，應該就是闡述了這樣的狀況。那麼，從最後有的菩薩到佛陀的境地，到底是怎樣的一種情形呢？答案應該就是經文所說的「依般若波羅蜜為依據而住」。這是相當簡潔、但難懂的表達方式。

為探討這個意義，稍窺《八千頌般若》第二章的經文。經中以得到釋尊加持的須菩提尊者回答帝釋天的問答形式為內容，談到實踐般若波羅蜜行的菩薩心的心態，說：「菩薩摩訶薩，由於住於空性，應住於般若波羅 [142] 蜜。」而後說明一切法的空性，勸誡勿將道果視為實體，在言及佛陀的無住處涅槃之後，又說：「『如來應供正等覺者，不住於某處，也不是不住於某處。又，不是住在其他地方，也不是不住在其他地方。〔我也〕應如是住』⋯⋯『像如來那樣的住，依無住相而常住』。像這樣的事，應該那樣的學習。現在菩薩摩訶薩，應該那樣的住，那樣的學習，那樣學習的菩薩摩訶薩，才是住於般若波羅蜜的住。不離這樣的作意（讓意識直接面對且停留在般若波羅蜜）。」像這樣，實習佛陀無住處涅槃的樣貌，應該採取實現同樣狀態的修行態度，這是菩薩們應該被要求的。這就是所謂的「以般若波羅蜜為依據而住」的意思。累積這樣的修行，依序體驗五道與十地，終於成為最後有的菩薩時，應該可達到幾近於無限的佛陀的狀態。因此，最後有的菩薩在入金剛喻定之後，其修行將到達完全。

當然，不管是住於無住處涅槃，或住於般若波羅蜜，或住於所住，如果在勝義的次元中，追求這些的話，任何一項也不可得。再仔細觀察一下前揭之《八千頌般若》的經文。語言的表現雖然有限，以「可得到什麼」這個世俗的二顯現為前提的想法，應該盡可能地刻意排除。為確認這一點，同樣從《八千頌般若》第二章再引一段經文：「為充分掌握法而不

學、為〔使其〕生而不學、為定心而不學的菩薩摩訶薩，為充分掌握一切智性而不學，為〔使其〕生而不學，為定心而不學。為充分掌握諸佛德而不學，為〔使其〕生而不學，為定心而不學。因此，長老舍利弗啊！像這

[143] 樣子，〔不學狀態的〕正在學的菩薩摩訶薩正是學習一切智性、趣向一切智性。」從這樣的聖教為基礎，應該可以推測出《般若心經》的「因為無所得故，以般若波羅蜜為依據而住」的經文深意。

接下來，觀自在菩薩説：「心沒有〔二〕障，沒有恐懼，然後完全離開顛倒，〔終於〕達成〔無住處〕涅槃的境地（心無罣礙、無罣礙故，無有恐怖，遠離顛倒夢想，究竟涅槃）。」最後有的菩薩在金剛喻定中，斷滅了分辨等引與後得所帶來最微細的煩惱薰習，即留在最後的所知障。這正是「心無〔二〕障」的意思。心的障礙連微塵般都沒有，當然沒有任何的恐懼。換句話説，對輪迴苦不生恐懼是當然的，甚至對縱使解脫仍舊對自利、利他感到不足的恐懼也煙消雲散，獲得在各方面都完全不動搖的完全確信[68]。這就是「沒有恐懼」的意思。此時，一切的錯誤或迷亂完全止滅，隨時都能達到以現量理解空性的境地，離開那樣的狀態，生起認識對象的顯現也消失。這就是所謂「完全離開顛倒」的意思[69]。其結果是，不管多麼高位的菩薩以前不可能同時直接地理解勝義與世俗的，此時能在瞬

[144] 間實現。這無外乎就是所謂的無上正等覺的最高覺、一切智的佛陀的境地、大乘無學道的達成。因此，完成佛陀的補特伽羅的狀態，是不停留在輪迴也不停留在解脫的無住處涅槃[70]。因此，經文説「〔終於〕達成〔無住處〕涅槃的境地」。

以這樣的甚深空性理解為基礎，闡述了從大乘的資糧道到無學道的教法後，觀自在菩薩說：「三世中在世的諸佛陀，也以般若波羅蜜為依據，現證無上正等覺（三世諸佛依般若波羅蜜多故，得阿耨多羅三藐三菩提）。」在過去、現在、未來三世的十方世界中出現的無數佛陀，即使他們各以巧妙的方便，說種種的法，但對應理解的究竟真理，即勝義諦的空性，並無任何的不一樣[71]。一切的佛陀，藉完成體驗空性的般若，實現了無上正等正覺的最高覺悟。

以上是觀自在菩薩所回答的第一部，也就是對普通的所化，分析解說空性與緣起，順道說出隱義的五道的內容。

六　般若波羅蜜的真言

接下來是觀自在菩薩對利根的所化，傳授只在般若波羅蜜真言中的空性與緣起的精髓，連隱義的五道也一口氣說出。首先，將包含了般若波羅蜜一切義的真言的偉大性，做如下的說明：「此故，般若波羅蜜的密咒是　[145]大明智的密咒、無上的密咒、無比的密咒、能鎮一切苦的密咒。因為〔這〕是無虛妄的，應知〔這正〕是真理（故知般若波羅蜜多，是大神咒、是大明咒、是無上咒、是無等等咒。能除一切苦，真實不虛）。」接下來講述「若說般若波羅蜜的密咒的話（說般若波羅蜜咒，即說咒

曰）」，終於開示了真言。

而真言即「得訝他，噶得噶得，巴阿惹噶得，巴阿惹桑噶得，菩提，
娑哈（揭諦，揭諦，波羅揭諦，波羅僧揭諦，菩提薩婆訶）」[72]這個祕密
的語言。在西藏的傳統，對真言也是保留梵文的原貌，不加以翻譯，而是
直接讀誦，但在注釋書方面則或淺略或深密地加以解釋。

關於般若波羅蜜的真言，這裡也加以簡單說明。首先，「得訝他」是
「即」的意思，有將前面之句導入的用法。接下重複出現的「噶得」是
「去」的意思。前面的「噶得」是對應資糧道，指快前去資糧道，第二個
「噶得」是對應加行道，指前去加行道的意思。又，「巴阿惹噶得」是對
應見道，指「去最勝〔道〕」，即前去殊勝聖者的境界見道的意思。「巴
阿惹桑噶得」是對應修道，指「去正確的最勝〔道〕」，即前去導引無上
正等覺的修道的意思。而「菩提，娑哈」是對應無學道，「〔大〕菩提，
吉祥」之意，到達無學道而停留。

這個真言是設定為優秀利根的所化，將前面的經文中所說明的內容全
部，用他們可以一句話理解的密意說明。因此，雖然採取的是真言的形
[146] 式，但並不屬於四部續中的密教真言[73]。

七　釋尊印可

說完般若波羅蜜的真言後，觀自在菩薩又說「舍利弗啊！菩薩摩訶薩

應該修學那樣甚深的般若波羅蜜」，以這段話來做結尾。針對舍利弗的質詢，也到此完全闡述完畢並告一段落。

因此，「法圓滿」[74]的第三，即釋尊的印可，相當於經文的「此時釋尊從三昧中站了起來，大大地讚揚了觀自在菩薩。『善哉、善哉。善男子，是的、是的，就像這樣、就像這樣。應該修行如你所說的甚深般若波羅蜜，諸如來也將隨喜吧』」部分。這裡的「善哉」以下的部分，是此《般若心經》中，釋尊唯一所說的地方。像這樣子，修行甚深般若波羅蜜是伴隨著釋尊偉大祝福的修行。而且不只是釋尊而已，是一切諸佛所共通的普遍真理，所以用「諸如來也將隨喜吧」來表示。

八　會座所化歡喜受持

最後，作為《般若心經》全體的結語，「法圓滿」的第四，也就是會座所化歡喜與受持，相當於經文「佛陀這樣說之後，長老舍利弗尊者與觀自在菩薩摩訶薩，及圍繞在座的一切弟子眾，甚至天神、人、阿修羅、乾闥婆[75]等世間眾生們，皆大歡喜讚佛所說」的部分。　　　　　　[147]

以上是「法圓滿」全部說畢，因此「五個圓滿」也全介紹了，也因此《般若心經》的內容，以完全圓滿的形式闡釋終了。

注釋

1. 即使說「色之外沒有別的空性。空性之外也沒有別的色」，也不是說色與空性是完全一樣的東西。稍後本文中會論及的「同體異面」，就是指這一點。關於異面的教證，可舉陳那在《般若波羅蜜多母攝句品》中的闡釋：「空性離開色，色與相結合。〔因此〕是相互矛盾的關係。」

   為了更容易瞭解，再舉前面用過的飛機譬喻來說，所謂同體，相當於設定地上與上空是同樣的場所一般（例如成田機場）。所謂異面，相當於地上與上空是垂直相隔一般（但實際上色與空性的關係，並不像這個比喻一樣可以用空間來隔離）。

2. 關於同體異面，請參照第二章注6。

   關於勝義與世俗的同體說，在龍樹的《菩提心釋》有這樣的偈：「別異於世俗，非緣真實義，世俗說空性，唯空性世俗。」

3. 宗喀巴的《道的三要訣》說：「以顯現排除有邊，以空排除無邊。」其深意請參照頁115。

[148]

4. 世親的《阿毘達磨俱舍論》等所說。由旬（yojana）是古代印度的度量衡。

5. 關於因果無誤，例如為推論「善因生善果」的必然關係，以相互緣起（請參照第二章頁49）的想法為前提則較淺顯易懂。

   事物藉因果關係而成立，若我等行善時，將產生某種受期待的果，那個令人期待的果，雖然未必自己能享受，但經過複雜因果關係的連鎖，最後終將回歸到自己身上。

   這樣推論時的「複雜因果關係的連鎖」，絕對不是單方面的。藉因成果，這是一般常識可以理解的。但在這種情形下被設定為「因」的，並不是原本就以因為自性而存在。就像因為發芽而被認為是種子一樣，能使其產生果，所以可以當作因。也就是果是依附於因而成立，當然，因也是依附於果而成立。像這樣子，所謂「相互緣起」，一切事物——在與他者的關連性——在因成立的同時果也成

立。

我們本身也在相互緣起的世界中，在與他者的雙向因果關係上，使自己的存在成　　[149]
立。在那樣的框架上，我們的行為不管是什麼，被定位於對他者的影響。對他者
的直接影響是當然的，即使認為行為的影響只限於自己，也是一樣的。因為，不
管什麼樣的行為，完全不受他者影響而能成立，這是不可能的。只要是相互緣
起，一方面受到來自他者的影響，同時也影響他者。因此，我等的一切行為，只
有在與他者相關連之下，才得以成立，所以以對他者的影響的方式來掌握。

這個世界的一切存在，分自他兩者。因為，自己以外的存在，一切都是他者。在
這樣極端單純化的圖表中，想想自己曾經做了什麼樣的行為？我們的行為，對他
者都有影響。如此一來，他者也應該會回應我等的影響而做出某種反應。這是前
面理論的反面，被定位在對我們的影響。像這樣子，大致可推論，自己行為所造
成的影響也會回歸到自己身上來。

6.請參照前注。

然「惡因」是由煩惱等不善心引起了惡行。但「苦果」未必一定順著所謂的道德
脈絡，反倒比較常是「非所期待」的情形。例如，殺人的果報，一定得經歷地獄
之苦，然苦的體驗本身並不是惡行而是無記（善惡本身屬中立狀態）。「善因樂
果」也是一樣。

但從惡行生惡行、從善行生善行的情形也是有的。例如，好殺生者，來世擁有一
個暴戾的個性。這樣的因果關係稱為同類因—等流果。

7.像這樣，藉排除常邊與斷邊，能夠避免陷入兩個極端，即（1）誤以為因果關係
是絕對不變的命定論，以及（2）誤以為以空否定世俗因果關係的虛無論。

在世俗次元裡，因果關係的效果性作用是確實的，但那是依附於新的因與緣而時　　[150]
時刻刻在變化的。因此，過去即使累造很多的惡業，但若透過懺悔、皈依三寶、
精進修行的話，它是會改變的，是必定會得到其成果的。

從這點可以明白在業的因果關係上，完全排除命定論與虛無論這兩個極端，在佛
道的修行實踐面上具有極重要的意義。請參照《實踐‧西藏佛教入門》（春秋

社）第一章頁 26。

8.當然，空性緣起的見解，以《般若經》為首，釋尊在阿含經中也已經闡釋過。宗喀巴的《緣起讚》中，禮讚釋尊說緣起的偉大事業，即「世間一切墮落的根本在無明，因見而（無明）消滅，釋尊說了這樣的緣起。在當時〔其他〕的智者，沒有〔人〕如實瞭解。」讚中強調，能正確理解並說明緣起的人，在這個時代、這個世界中釋尊是第一人。

龍樹也在禮讚釋尊的《出世間讚》偈中，讚曰：「乾慧（沒有信心的學者）主張，苦是自作、是他作、是兩者作、〔或者〕是無因。〔然〕釋尊說依根據而生，主張緣起生的事物，其本身是空。事物不是自在的，〔正是如此〕無與倫比的獅子吼。」此偈的前半，對苦的顯現，外道的論理家們主張「依四邊生（請參照第二章注 67）而成立」，相對地，唯有釋尊主張「依緣起而成立」，因而讚賞釋尊。

9.欲理解心是空、依緣起而存在這點，思維三層緣起的第二層意義是比較容易明白的。也就是以時間的部分細分心的話，找不到任何的實體性。例如，因某種原因生起憤怒心時，若以時間來細細切割，到底在哪個時間點上有憤怒的本質呢？縱使徹底探究，應該是什麼也找不到的。

[151]

10.請參照第二章注 95。

11.請參照第四章頁 164。

12.請參照第四章頁 172。

13.龍樹《根本中論頌》的歸敬偈言及「尊者說緣起生，〔即〕不滅與不生、不斷與不常、不來與不去、不異與不一，寂滅戲論之滅。彼正等覺佛陀、最勝說示者，我頂禮」。此處所說「八不」，在勝義次元中也是否定生、滅等。其中的不生、不滅與「甚深八句法門」相同。不斷、不常是二邊的否定。不異、不一，請參照第二章注 66（離一異性）。關於不來、不去，在《根本中論頌》第二章則說，「去」的行為、主體、對象都是不以實體而成立的「三輪清淨」。

14.請參照第二章頁 24。

15.因空與無我同義，無為法雖不是無常，卻是無我。請參照第二章注5。

16.請參照第二章頁40、同章注45。

17.請參照第二章注23。

18.請參照第二章頁50。

19.請參照第二章注67。

20.作為其他教證，有第二章頁48的《無熱龍王所問經》等。　　　　　[152]

月稱《入中論頌》第六章：「事物從開始〔作為〕真實義是不生，〔作為〕世間是生。」此處所謂的真實義是勝義，也就是月稱附加了「於勝義」之意的限定語。也就是說，中觀歸謬論證派不承認針對無自性的這個限定語（請參照第二章注25），但承認不生。仔細斟酌這個相異，應該可以理解歸謬論證派見解的特色。

21.中觀歸謬論證派，將有為法滅的狀態，定位為所作性或事物。總之，有為法的滅，由因或緣而造成，且有效果性的作用。

例如做某行為後，由於某些因或緣的終了，其狀態稱為「行為的滅」。這個行為的滅，成為事物而存在，成為因與緣而影響到效果性的作用，帶給未來某些結果的產生。以這樣子來說明業的因果報應，歸謬論證派主張沒有必要設定阿賴耶識等（附帶說明，經量部、唯識派不認同將行為的滅視為所作性或事物）。

關於這一點，宗喀巴的《中觀密意解明》第六章解說如下：「於承認事物依自性而成立依者（唯識派等）對已滅之物不得視為事物。但主張不依自性而成立的中觀派則視已滅之物為事物。換句話說，某些存在藉因或緣而生，又即使也藉因或緣而滅，其是空、是無自性的點是不變的。因此，其存在的生與滅雖然不是作為自性而成立，但其作為言說的所作性、事物是被認可的。這雖是歸謬論證派的見解中特別難理解的部分，但若能透過聞、思、修而更深入理解無自性時，就能體會。

22.無為法是常、非所作性。因此，沒有作為實體的生與滅，也沒有由於因與緣的

生與滅。在這樣的意義下，無為法也是不生、不滅。但無為法是作為緣起而存在（請參照第二章頁 48）。這點若配合本文對有為法的探討，可歸納出「一切法悉不生、不滅，以緣起而存在」的結論。

[153]

23. 如來藏思想等雖說「本來清淨」，但那是針對有情的心是空這點說的，若誤以為是諦成就的清淨的話，那就陷入與中觀思想完全矛盾的邪見。請參照第四章頁 203。

24. 涅槃相當於四諦中的滅諦，滅諦是勝義諦（請參照注 64）。

涅槃分自性清淨涅槃、有餘涅槃、無餘涅槃、無住處涅槃四種。其中自性清淨涅槃與空性同義。後三者作為滅諦的涅槃，有餘涅槃與無餘涅槃是阿羅漢的境地，無住處涅槃是佛陀的境地。

例如，佛陀心的空性屬自性清淨涅槃，而佛陀的心已經完全斷盡煩惱障與所知障，此相當於無住處涅槃。因此，這是從兩方面來看佛陀心的狀態，其本質是一體的。又，「甚深八句法門」所說的「離污染」，可以視為是直接言及作為滅諦的涅槃。

25. 請參照第二章頁 55。

26. 從十二處的一支來看，可說是「眼處」。耳以下亦同。

27. 眼球、網膜等的感覺器官是「扶塵根」。西藏話的意思是「依附於知覺機能的器官（根所依腔）」。

28. 五個有色根，各分為有依根與相應根。

所謂「有依根」，是以此根為增上緣使根識成立狀態的根。例如看見色境時的眼根。而所謂「相應根」，是以此根為增上緣使根識不成立狀態的根。例如睡眠中的眼根等。請參照頁 129。

29. 從十二處的一支來看，可說是「色處」。聲以下亦同。

[154]

30. 「顯色」有青、黃、白、赤四個根本要素，另外有明、暗、雲、煙、塵、影、霧、日光等八個支分要素。「形色」有長、短、高、低、角、圓、美、醜等八要素。這是西藏的僧院教育在最初所要學的「攝類學」的內容。

31. 「聲境」大分為由補特伽羅所發的聲（人的聲音等），及無生物所產生的聲（風聲等）。

32. 「香境」大分為自然的香與調和的香。

33. 「味境」有甘、酸、鹹、辛辣、苦、澀等六要素。

34. 「觸境」可分為大種觸與大種所造觸。所謂「大種觸」有地、水、火、風四大種（請參照第二章頁 25）。它們是一切物質的根本要素，其本身被分類在觸境中。而「大種所造觸」有光滑、粗、重、清、冷、飢、渴等七要素。

35. 涵蓋在「法境（法處）」中的色，稱為「法處所攝色」，無表業（也稱為無表色）是其代表例。其他極微、空間、不淨觀或水遍處定等的顯現也相當於此。

36. 因此，在心中生的意思，名為「思業」。相對地，依身與口所做的行為，被定位在由思業所引起，稱為「思己業」。思業與思己業合稱「二業」。

   業的分類方法，除了本文言及的身、口、意三業以及表業與無表業之外，還可以分為善、惡、無記（無善無惡的行為或意思）三業以及引業與滿業等。意業或表業有善、惡、無記三種，無表業則只有善、惡兩種。原因是無記業不會影響到未來。「引業」，例如招引來世生為人的善業。「滿業」，例如——即使生為人——招致一輩子多苦難的惡業。

   又，本文的該段落和本注，主要依據《阿毘達磨俱舍論》來做說明。有關業的[155]因果報應的議論，四學派各有大不同。中觀歸謬論證派如注 21 所言及一般，將意思或行為的止滅定位為所作性、事物，說明其作為效果性作用的業的果報。因此，業的擔綱者，在名稱上暫說為「我」（順道一提，關於業的擔綱者，唯識派認為是阿賴耶識、經量部等認為是識的相續、說一切有部的大半則認為是某些心不相應行）。

   貢卻亟美旺波的《宗義寶鬘》指出歸謬論證派與說一切有部的共通點，是認為身業與口業是有色。

37. 請參照第二章頁 25。

38. 唯識派還列出潛在性的自我意識末那識，以及業依據的根源阿賴耶識。但中觀

派並不承認這些，而與說一切有部等同樣採用六識說。請參照注 21。

39. 關於十二緣起在《達賴喇嘛的佛教入門》（石濱裕美子譯，光文社）第一章中有詳細的解說。

40. 宗喀巴的《菩提道次第廣論》中，置個別業在經過與歸結這樣微小視點上，更深入地解釋十二緣起。以無明、行、因位的識為「能引」，以果位的識、名色、六處、觸、受為「所引」，以愛、取、有為「能生」，以生、老死為「所生」。因此在一組的十二緣起中，設定了能引與所引以及能生與所生兩組的因果關係。

依能引的行而生業，蓄積在因位識裡面的潛在影響力，藉著在臨終前經歷能生而十分成熟。因此，實際上作為果招來來世，能引與所引兩方必須同時具足。能引的直接果，是未來該如何受生，也就是所引。例如，能引的行如果是殺人等重大惡業的話，因能引的行所引起的所引可想像得到的是成為地獄眾生的名

[156] 色、在地獄的灼熱受等。另外，能生的直接果，馬上招致順次的來世，即所生。

但作為能引的果，所引所招致的未必是能引的順次來世。業如果非常強的話，蓄積在因位識裡面的潛在影響力，藉著相同生的死接近時的能生而完全成熟，在緊接的順次所生，作為所引而結實。但業如果不太強的話，之間經過幾生之後，藉著某一生的死接近時的能生而成熟，而於下次的所生，作為所引而結實。

不管怎麼說，從個別業這個微視點來看，實際的十二緣起成為下述的次第。即首先有能引——同一生或經過幾生之後，由於業的強弱千差萬別——接著是令能引成熟的能生，在其緊接著的來世，果位的識與生同時成立，接著是順次體驗名色、六處、觸、受、老死。

然現實是一生之中造了無數的業，而十二緣起的循環也無數，它們複雜地相互糾纏，而成為多重的連鎖。

41. 將法我執定位為煩惱障，涵蓋在輪迴轉生的根本原因無明中，這是中觀歸謬論

證派獨特的見解。請參照注 43，及第四章注 84。

42. 請參照第二章注 32，及第四章注 48。

43. 從無明開始的十二緣起，在龍樹的《空七十論》說「以因與緣而生之諸事物為實者，釋尊說這是無明。從無明生十二支〔緣起〕」。

宗喀巴引用之，在《中觀密意解明》第六章中解釋如下：「認為法的事物為緣而真實成立，龍樹說這是無明。又說從法我執生人我執的無明，從無明生十二緣起。此無明消滅時，藉無明而如此把握者是空，如此把握的我不存在，應作如是觀。」 [157]

在《空七十論》則說：「正確的見的話，事物是空，能知則無明不生，此正是無明的滅。故十二支的滅。」

44. 業的潛在影響力所蓄積的根據（業的擔綱者）一般認為是從過去到未來相續的識流。但從中觀歸謬論證派的立場更深思考的話，除暫時的「我」之外，沒有其他。請參照注 21。

45. 名色的「名」，指的是受、想、行、識四蘊。

46. 請參照第二章頁 27。

47. 十二緣起的受與五蘊同義。五蘊雖然在名色階段成立，但受心所的實際作用在十二緣起的受階段。請參照第二章頁 27。

48. 所謂「中有」，是從死到來世生之間的補特伽羅的存在。最長四十九天。又，死的瞬間為「死有」，生的瞬間（果位識）為「生有」，從生到死之間的補特伽羅的存在稱為「本有」。有關死、中有、再生的過程，在《格魯派版西藏死者之書》（平岡宏一譯，學研）有詳細解說。

49. 所謂「有」，指存在有來世的用語。意思是「帶來那樣的結果」，是對引業（請參照注 36）已經達熟透階段而賦予的名稱。

50. 壯年期以後的衰老是理所當然，從幼年期到青年期的成長也一樣，都是刻刻邁向死亡的過程，被定位為廣義的老化。

51. 生、老、病、死「四苦」，加上怨憎會苦、愛別離苦、求不得苦、五取蘊苦

（從五蘊所生之普遍苦）四者為「八苦」。請參照頁 136。

[158] 52.十二緣起相當於三重緣起中第一重的因果關係的緣起。請參照第二章頁 48。

53.有關有漏法與無漏法請參照頁 137。

54.關於在加行道觀四諦十六行相，請參照第四章頁 178，在見道觀四諦十六心剎
那，請參照同章頁 190。小乘與大乘在這些框架上雖然共通，但在內容深淺上
有差距。

55.「生」是苦的意思，有誕生時的苦、出生境遇不能自己選擇的苦、受生在除了
輪迴的本質苦之外無他的世界的苦等等。

56.「從渴愛生苦」是集諦的表達方式，相當於十二緣起中能生（愛、取、有）與
所生（生、老死）的因果關係。請參照注 40。

57.一般將八正道（八聖道）定位為日常生活中的平易實踐法門。但真正意義的八
正道，至少是見道以上，主要是修道的實踐。

以下簡單介紹八正道的意義：（1）「正見」是聖者菩薩的等引智與後得智；
（2）「正思維」是探討經典等意義的觀察智；（3）「正語」是對質疑、論難
能無誤回答的清淨口業；（4）「正業」是完全捨棄殺生等不善的清淨身業；
（5）「正命」是離開偽裝有德之邪命的清淨身業與口業；（6）「正精進」是
對治煩惱障與所知障不怠惰而持續精進；（7）「正念」是在止的修習上，不忘
失對象的掌握與平等安住的憶念；（8）「正定」是對治煩惱障、所知障的修
習。

58.依道諦的因，應該能得滅諦。有關涅槃被認為無為法、非所作性之理由，請參
照注 91。

59.請參照第二章注 5。

[159] 60.作為四諦的教誡，師子賢的《現觀莊嚴論小注》第一章對滅諦解釋如下：「空
性離生、滅、污染（煩惱）、涅槃、減、增等。從色不存在其中〔開始〕，無
明的生也不存在。無明的滅也不存在。佛陀也不存在。菩提（覺悟）也不存
在。」根據這一點，西藏的高僧們如本文所述一般，有時以勝義次元來說明轉

證的內容。

但一般廣義所說的轉證，例如布敦的《佛教史大寶藏論》第二章的敘述如下：「〔完全〕知〔苦〕。〔完全〕斷〔集〕。〔完全〕現證〔滅〕。〔完全〕修習〔道〕。」這是藉勸轉所說「應知」的內容，顯示在世俗次元是圓滿，而未言及勝義的次元。

61. 四諦、十二緣起，是佛教整體共通最基礎的教理。若只是依附於這些言說的立場——換言之，只知道在世俗次元中它們是存在的，於此階段的修行者——他們好比在建築物的一樓。而相對地，《般若心經》所說的立場如同在同建築物的二樓。在一樓只能看到附近的景色，在二樓則能眺望到遠處的地平線。同樣地，從《般若心經》所說的菩薩立場，可以看到在勝義次元中，四諦、十二緣起不成立。但雖說如此，如果在世俗次元中，否定四諦、十二緣起的存在的話，就好像是住在二樓的人，想摧毀建築物的一樓一般。如果摧毀一樓，那麼建築物整體也將倒塌，那麼也將失去自己所在的二樓。解釋《般若心經》的經文時，若單純地全面否定四諦、十二緣起的話，就跟這一樣地愚蠢。

有關這點，月稱的《淨明句論》第二十四章中，設想來自辯論對方的疑義，敘述如下：「開示〔五〕蘊與〔十八〕界與〔十二〕處與〔四〕聖諦與〔十二〕緣起等，〔即〕藉非勝義的其他事物，到底以什麼為指標呢？非真實義的東西應該完全斷絕。這樣子的話，出示應該完全斷絕的事情，依此應該如何呢？」對此質詢，中觀派的解說如下：「〔五蘊等非勝義諦，〕這雖然的確是真實，但不得不承認有能詮（敘述）與所詮（敘述對象）、能知（認識）與所知（認識對象）等相的世間的世俗，顯示勝義是不可能。為說示這點，〔在《根本中論頌》中〕說『不依據言說，無以顯示勝義。不能理解勝義，無以得涅槃』。換言之，〔世俗〕因得此緣故，得涅槃方便，〔宛如〕想喝水的人〔預備好〕杯子一樣，一開始毫無疑問地應該原原本本承認世俗。」請參照第二章頁 57。 [160]

62. 請參照第二章注 67。

63. 其理由，《淨明句論》說明如下：「如果因自性而存在的話，這時候，因為無

法使自性消失，那麼〔苦的〕滅如何能有呢？」

64.若說「四諦應該設定在世俗的次元」，或許會產生「雖然承認苦諦是世俗，但滅諦不是勝義諦嗎？」的疑問。確實苦諦的內容是世俗諦，滅諦的內容是勝義諦。但滅諦的存在只能設定在世俗的次元。如果在勝義的次元中，滅諦成立的話，那就變成非空的諦成就。這點即使將「滅諦」換成「涅槃」也是一樣。

《菩提道次第略論》觀之章如此解釋：「〔月稱的〕《六十頌如理論注》中，說『如果說所有的涅槃也是世俗諦的話，那正是如此』，又說『因此，涅槃被視為世俗諦時，能被完全辨識』。世俗諦〔即〕只設定於存在於言說面〔的意思〕。但是，並不是這個流派（中觀歸謬論證派）承認涅槃是世俗諦。因為前面注釋中言及『〔苦、集、道〕三諦是世俗諦，涅槃是勝義諦』，因為《入中論自注》也說『其他三諦是世俗諦，而滅諦是勝義諦』。又，如果有人質疑設定涅槃以世俗而存在的話，而說〔它〕是勝義諦是矛盾的。而其回答是〔月稱在前舉《六十頌如理論注》中〕說，〔龍樹〕僅藉世間的言說，來說它是勝義諦。」請參照第二章注 67。

[161]

65.關於如來十力，請參照第四章注 105。

66.所謂「如來四無畏」，是指只有佛陀的心所具備的四個不動搖的完全信任：（1）對一切的東西完全理解的確信（正等覺無畏）；（2）完全斷滅所有的煩惱障、所知障的確信（漏永盡無畏）；（3）說煩惱障、所知障的確信（說障法無畏）；（4）說斷滅煩惱障等道之確信（說出離道無畏）。

67.請參照第四章頁 210。

68.大乘的修行者，以對輪迴苦的恐懼及即使只是解脫對自利、利他兩方面不足的恐懼為原動力，而皈依三寶（請參照第四章頁171）。前者的恐懼，在成為清淨三地的菩薩階段能克服，後者的恐懼在成佛之後才能消除。因此，沒有任何恐懼的補特伽羅只有佛。

69.講到「顛倒」，淨、樂、常、我「四顛倒」（請參照第四章注 16）。這是所謂最粗大次元的誤解，從四顛倒到最微細的所知障滅盡時，即大抵稱得上「有過

失」的一切要素完全斷滅時，即達成佛陀的境地。

彌勒菩薩的《現觀莊嚴論》第八章中說：「〔三十七〕菩提分與……一切相智性名法身。」三十七菩提分（請參照第四章注 55）的最初四項即是四念住（請參照第四章頁 173），而四念住是四顛倒的對治，這點應該特別留意。　　[162]

70.關於無住處涅槃，請參照第一章頁 5。

71.請參照第二章頁 39。

72.梵文的羅馬拼音表記：tadyathā gate gate pāragate pārasaṃgate bodhisvāhā。西藏的慣用發音讀為「得訝他，噶得噶得，巴阿惹噶得，巴阿惹桑噶得，菩提，娑哈」。

又，也有在 tadyathā 與最初的 gate 之間，插進oṃ（唵）來唱誦的。

73.請參照第五章注 28。

74.請參照第一章頁 12。

75.天龍八部的一種。被認為是天界的樂師，吃香氣。

《般若心經》的隱義
——五道與十地

[164]　　　　在本章中，將試著更詳細探討《般若經》的隱義，也就是要從字裡行間讀取其隱藏的意義。雖然《般若經》經文的字面闡述著空性、緣起等中觀哲學，但字裡行間中含藏著五道、十地等修道論。這種思維模式，來自彌勒菩薩的《現觀莊嚴論》等的提示，而繼承這個法脈的藏傳佛教，則確立了「中觀學」與「般若學」是表裡一致的法義。

　　　　因《般若心經》是內容龐大的《般若經》的濃縮本，所以在那極短的經文中，可以讀到五道與十地等修道論的精髓。從「舍利弗啊，希望實踐甚深般若波羅蜜行的善男子、善女人，不論是誰都應當做如是觀察。也就是若能觀五蘊〔存在之一切事物〕的自性是空的話，才是正確的觀」到「完全離開顛倒，〔終於〕達成〔無住處〕涅槃的境地」之間的經文，若從修道論的角度來解釋的話，應該可以看出字裡行間所隱藏之五道十地的教義[1]。

　　　　所謂的「五道」，是指從開始認真修行佛道至達到理想境界為止的五個階段，小乘與大乘有各自的五道[2]。具體來說有（1）資糧道、（2）加行道、（3）見道、（4）修道、（5）無學道等五個階段，其中的資糧道與加行道是凡夫（世間）[3]的階段，見道以上是聖者（出世間）的階段。無學道則是所有修行的最後階段，小乘的話是阿羅漢果，大乘則是佛陀的境

[165]　界。

　　　　所謂的「阿羅漢」[4]，雖說是滅盡一切煩惱而達解脫的境界，但畢竟不及一切相智[5]的「佛陀」。當然在自救這方面，阿羅漢是具足的。但慈悲不足的阿羅漢在智慧方面是不圓滿的，因為只考量自利，在真正意涵上很難說他已達圓滿。更何況將「利他」也列入考量的話，只在意自己是否從輪

迴中解脫這點，是非常不圓滿的。也就是說，面對在痛苦中苟延殘喘的一切眾生，不伸出救援之手的阿羅漢，絕對是不如佛陀的。因此，《法華經》與《勝鬘經》等均強調精通小乘五道已達阿羅漢的人，應該重新覺悟，對一切眾生發起大慈悲心，生起菩提心朝大乘五道邁進……。這也是藏傳佛教的「究竟一乘」的立場。但是，在成為阿羅漢後，再轉向修行大乘五道，這會浪費相當多的時間。因此，應該盡可能避免繞遠路，趁早進入大乘階段。特別是大乘種性⁶的修行者，從一開始就應該毫不猶豫地朝大乘五道前進。只是要完成大乘修行，也必須實踐與大乘共通部分的小乘修行才可以⁷。關於這一點在《現觀莊嚴論》等經典中均有強調，藏傳佛教的「道次第」思想也繼承了這個部分。

接著，所謂「十地」，是指大乘菩薩達到聖者之位──依五道來說，是指見道──後，獲得佛陀境界之前的階段。具體來說，有（1）歡喜地 [166]（初地）、（2）離垢地（第二地，以下以此類推）、（3）發光地、（4）焰慧地、（5）難勝地、（6）現前地、（7）遠行地、（8）不動地、（9）善慧地、（10）法雲地等十個階段，而超越第十地後的境界就是一切相智的佛陀。

學習這樣的修道論⁸，是為了獲得佛道修行過程中清清楚楚的學習地圖，所以對修行者來說是不可或缺的。因此，在西藏的僧院中非常重視般若學，僧侶們花費數年不停地反覆辯論，對他們而言有必須徹底學習之義務。本章將以《般若心經》作為題材，期能清楚解釋般若學之一端。

圖5：大乘五道與十地

色身	法身	佛陀	無學道	佛地	
				第八～第十地	
	勝義菩提心	聖者菩薩	修道	第二～第七地	菩薩十地
世俗菩提心				初地	
			見道		
		凡夫菩薩	加行道	信解行地	
			資糧道		

C ……↑……↑……………………………………………………………… C

↑ ……………………………………………………………………………↑

B ………………………………………………………………………… B

↑ ……………………………………………………………………………↑

A ………………………………………………………………………… A

　　觀看此圖的方式：A 為發菩提心，B 為依現量理解空性，C 為現等覺。菩薩道是從 A 開始，經由 B，最後以 C 為目標。舉例來說，在 A 之後的修行者是具備世俗菩提心的凡夫菩薩，已入大乘資糧道，是以信仰及概念的理解為基礎進行修行，屬信解行地階段。在 B 之後的修行者是同時具有世俗菩提心與勝義菩提心的聖者菩薩，已入大乘的見道，是菩薩十地中的初地階段。

一　資糧道

　　《般若心經》經文中，從「五蘊〔存在之一切事物〕的自性是空」到「同樣地受、想、行、識也是空」的部分，其隱義部分是指大乘的資糧道與加行道的意思。因為這個部分所揭示的內容，是在資糧道與加行道的階

段中，透過聞、思、修三慧[9]所確立的見解。

在佛道修行上，為了獲得阿羅漢或是佛陀這種理想的境界，必須不斷地累積必要的基礎（資糧）。因此將這漫長的修道過程——五道——的最初階段，稱為「資糧道」。又，因為資糧道是具足抵達解脫之要因的階段，所以也稱為「順解脫分」。

包括我們在內的一切眾生，自沒有起始的過去（無始）開始，就已經在輪迴世界中反覆地重複無數的生死。所謂「輪迴」，是指眾生反覆轉生於迷惘的世界。其時間是無限長的，宇宙從生起到毀壞歸無的期間稱為「大劫」[10]，聚集無數大劫稱為「阿僧祇劫」。而眾生的輪迴比阿僧祇劫還要長。空間也是無限地寬廣，聚集十億個相當於太陽系的「小世界」，成為一個「三千大千世界」[11]，在十方世界中有無數個「三千大千世界」存在著。像這樣，眾生在反覆於輪迴轉生的世界中，在時間上或空間上都是無限大的循環。

在輪迴轉生之際，眾生隨順自己的業與煩惱而得六類的身體，並出生在相對應的世界中。與這六類身體相對應的世界有（1）地獄、（2）餓鬼、（3）

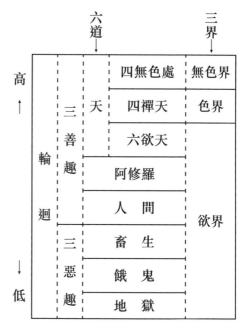

	六道			三界
高 ↑	三善趣	天	四無色處	無色界
			四禪天	色界
輪迴			六欲天	欲界
			阿修羅	
			人　間	
↓ 低	三惡趣		畜　生	
			餓　鬼	
			地　獄	

[168]

圖6：六道與三界

畜生、（4）人類、（5）阿修羅、（6）天等「六道」。在這裡面，地獄、餓鬼、畜生三道，因為是造惡業眾生前往的苦痛較多世界，又稱「三惡趣」。另一方面，人類、阿修羅、天三道，是做善業眾生前往的苦痛較少世界，又稱「三善趣」。但不論是惡趣或善趣，六道輪迴的本質是苦，只要是在六道中不停轉生的話，是絕對無法獲得真正的幸福。

像這樣子眾生在不停的輪迴轉生中，總有機會會在某時間點上接觸到佛陀的教義。其結果，是從總是在意現世俗事的狀態中慢慢地覺醒，開始注意到「要是仍持續在這滿佈惡業與煩惱的生活中打滾的話，是無法脫離三惡趣的痛苦狀態」的現實。因此，首先必須對三惡趣的苦痛抱持恐懼的心，第二生起「具有能將眾生從三惡趣中救出之能力的，只有佛、法、僧三寶」的信心，以這兩點為基礎，「皈依」三寶，開始過著身為佛教徒的生活。

但出生在六道輪迴世界的眾生們，要能得到遇見佛陀教義並開始學習的機會，在現實上來說是非常稀少的。更何況正確地理解教義、擁有持續實踐修行之能力與條件的，更是極為難上加難。

總之，能擁有如此難能可貴的境遇（有暇具足）[12]，並且有意義地運用，加上實際好好地學習佛教，如此一來習慣於初步實踐的結果，眾生終於可以真正地往佛道修行的道上前進。這就是所謂的「入資糧道」。

[169] 　　在這個階段作為實踐的動機，若只是因為對三惡趣的苦感到恐懼，那是不夠的。理由就像前面所提到的，不僅三惡趣是苦，六道輪迴全體的本質都是苦。對這一點能有足夠自覺力的話，打從心底厭惡輪迴轉生，並生起一心求解脫的心，這就是「出離」。於是，第一對輪迴全體的苦感到恐

懼，第二深信「具足能將眾生從輪迴苦的深淵中救出之能力的只有三寶」，以這兩種信心為基礎，在比這更高的次元中皈依三寶，進入真正的佛道修行之路。這樣才能從六道輪迴的痛苦世界中完全解脫，也是獲得真正幸福的唯一之路。

如本章開端所述一般，小乘與大乘分別有各自的資糧道。因此，五道的第一階段資糧道，也必須分小乘的資糧道與大乘的資糧道。

所謂「入小乘資糧道」，是指雖然生起出離心並認真實踐修行，卻不知道有大乘的教義，或者是即使知道也未付諸實踐。如果維持這種情形，直至達到小乘五道的最後境界，那麼所獲得的果位就是阿羅漢果。

能入小乘資糧道者，在六道中只有人類才做得到。眾生在六道中反覆 [170] 輪迴轉世，只有出生為人才能在遇見佛陀的教法後努力學習，且有可能進入真正的修行。這個說法，即便用普通常識來想也是一樣。一般來說，有暇具足的首要條件是「出生為人」[13]。所以應該知道，現在的我們可以獲得人的身體，出生在這個地球上（南瞻部洲），是進入資糧道並認真修習佛道的絕佳機會。

另外，所謂「入大乘資糧道」，是指遇見大乘教法後認真實行菩薩道，簡單地來說與「發菩提心」[14]是一樣的意思。此處對這一點再稍加解釋。

生起出離心，以解脫輪迴為目標並認真開始修習佛道，即使如此也是無法入大乘資糧道——換言之，在小乘五道中持續努力精進——其最終的結果是獲得阿羅漢的境界。然而，正如前述，從自利與利他這兩面來看，

阿羅漢並非處在一個真正完美無瑕的狀態。

「面對輪迴世界苦的人，絕非只有自己」，不時地思維這件事是邁向大乘之道的第一步。在六道中不停地輪迴於生死的眾生是數之不盡的。生起出離心的修行者，當他想到「難道只為了自己能得救，不顧其他無數眾生，這樣就可以嗎？」時，應該也會生起「如果他們（眾生）也能得到真正的幸福，那該有多好！」的這種慈悲之心（慈）。但現實中的眾生們，

[171]　沉溺在輪迴的苦海中，甚至沒有可抓的稻草。如果對眾生的苦能多一份體諒的心（悲）的話，那麼，將能夠堅定「現在能與佛陀的教法結緣，而託此之福才能生起出離之心的自己，正是為了將他們從輪迴的苦海中救出，因此應該挺身而出」這麼殊勝的決心（增上意樂）。這正是小乘與大乘的分歧點。

然而，捫心自問：「現在的自己是否擁有實現（那樣願心）的力量？」不得不回答沒有。因為只要自身仍沉浮在輪迴的苦海中，就無法拯救他人。再進一步問：「既然如此，那麼，以解脫為目標持續修行，只要成為阿羅漢就能做到了嗎？」這也是否定的。因為阿羅漢是獨自一人前往解脫彼岸的，在彼岸即使伸再長的手，也是無法接觸到沉浮於苦海的眾生。這麼說的話，「那麼，能真正做到救眾生的又有誰呢」？除了佛陀以外別無他人。因為佛陀就像是有著高超泳技的救生員，可以自由自在地往來苦海與彼岸，所以能解救沉浮於苦海的眾生[15]。

既然如此，若下定決心要背負救渡眾生這個重擔的話，那麼就應該以成佛為目標。像這樣，為一切眾生而求覺醒的心是「世俗菩提心」。更加深入探討世俗菩提心的話，從立志並發願的那一面來看是「發願心」，從

付諸實行的那一面來看則稱作「發趣心」。在師子賢（Haribhadra）的
《現觀莊嚴論小注》第一章開頭敘述如下：「發菩提心的相，是為利他而
求正等覺，其自性是發願與發趣兩種。」

發世俗菩提心時，第一對輪迴苦的恐懼，以及即使解脫也對在自利、
利他兩方面的不足部分感到恐懼；第二擁有下述之信心，即「能引導眾生
達到沒有這種恐懼的佛陀境界者，只有佛陀、大乘法以及聖者菩薩」；第 [172]
三在自身心中萌生對一切眾生的大慈悲心。以這三項為基礎，而在最高次
元中皈依三寶，則是向真正的大乘修行踏出第一步，這就是入大乘資糧
道。

如果入大乘五道的第一階段資糧道，是與發菩提心相同意思的話，那
修行大乘五道的修行者，就是「菩薩」了。在菩薩之中有凡夫菩薩與聖者
菩薩的區別，大乘的資糧道與加行道階段為凡夫菩薩，見道與修道階段為
聖者菩薩。而五道最後階段的無學道，正是相等於一切相智的佛陀境界。

與小乘的情形不同，不論生於六道中的哪一道，都是有可能入大乘資
糧道的。也就是說，生而為人當然可以，從地獄到天界的所有眾生，都可
在他所受生的各道中發菩提心。譬如經典上所描述的，「釋尊在過去生
中，在地獄發起他最初的菩提心」。但也不能因為如此，而輕忽了獲得人
身的珍貴意義。我們一定要珍惜現在這個修行佛道的絕佳機會與環境並好
好運用，這一點是不論小乘或大乘都一樣的。

另外，在佛道修行的過程中，必須透過聞、思、修「三慧」來達成。
也就是說，先聽聞學習教法後，接著思考其內容並正確地理解，最後實際

修習並獲得完全的體會。在西藏僧院中，從上師那裡接受教法為聞、論辯

一事為思、瞑想一事為修，三者均必須履行。現在的主題是資糧道的修

[173]　行，那麼，它能藉由三慧中的哪一項來達成呢？集小乘阿毘達磨之大成的

世親的《阿毘達磨俱舍論》中說道，資糧道的修行藉由聞與思來達成。另

外，無著的《大乘阿毘達磨集論》則認為需要聞、思、修三慧。

　　此處先讓我們來試著概觀小乘的資糧道。世親的《阿毘達磨俱舍論》

中，將資糧道定位於「由聞、思而生〔身、語、意〕三業」。也就是說，

仔細地學習、觀察戒律等教義，並遵之來規範身、口及心念（三業）。接

下來，為進入下一階段的加行道而準備，進行稱為「三賢」的「五停心

觀」、「別相念住」、「總相念住」等具體修行項目。

　　所謂「五停心觀」，即抑制因煩惱而生惡心的修行：（1）觀對象不

淨，以對治貪念（不淨觀）；（2）對眾生起慈悲，以對治瞋怒（慈悲

觀）；（3）觀凡事皆有其成立的原因及條件，以對治愚痴（因緣觀）；

（4）觀人是由五蘊、十八界所構成，所以並沒有稱為「我」的實體概念

（界分別觀）；（5）由吐納數呼吸，來鎮定紛亂的心思（數息觀）。

　　所謂「別相念住」，即（1）身體為不淨（身念住）、（2）感覺為苦

（受念住）、（3）心乃無常（心念住）、（4）一切存在皆無我（法念

住），由粗大的事物開始到細微的事物依序觀察來穩定心念，也稱作「四

念住」[16]。

　　所謂「總相念住」，與上述的四念住同時觀想，並於心中觀其為空。

　　一般將資糧道分為下品、中品、上品三階段。下品資糧道修習前述四

念住，進入加行道的時期並不確定。中品資糧道修習「四正斷」[17]，來世

必定進入加行道。上品資糧道修習「四神足」[18]，今生必定進入加行道。　　[174]

　　接下來，讓我們來試著概觀大乘的資糧道。《大乘阿毘達磨集論》中對資糧道的修行內容說明如下：凡夫應各自遵守在家或出家的戒律[19]、嚴格規範感覺、節制飲食、清晨或深夜努力不懈於禪坐的修行、觀察心念的變化（正知）來感受修行的喜悅、累積能在未來帶來善果的諸多善行（善根）。這些內容雖然在三慧中主要藉聞與思來達成，但修的部分也多少有一些。

　　接下來，試著簡單考察大乘資糧道與理解空性間的關係。生起世俗菩提心而入大乘資糧道一事，與根據比量來推論空性進而瞭解空論一事，究竟是哪一邊先產生呢？答案是依修行者的性格與能力為首，再加上周遭種種不同條件而定，這是不能一概而論的。只是無論如何，都必須是進入資糧道之後，經常聽聞並學習關於空性的教法，透過聽聞而產生智慧（聞所成慧）。更進一步地，深入思維並充分理解聽聞的教法，透過思維而產生智慧（思所成慧）。像這樣子，確立理解概念性的空性是資糧道階段所必要的。

　　大抵上理解了一切存在是沒有實體的，並以此為根據，逐步地實踐布施等六波羅蜜，巧妙累積福德與智慧兩種資糧，這正是大乘資糧道的修行。這些都是菩薩以佛陀的境界為目標而修行的漫長路上，其最初階段所不可或缺的行持。　　　　　　　　　　　　　　　　　　　　　　　　[175]

　　在《現觀莊嚴論》第四章中，舉出下列五相[20]，即（1）對佛陀的信心、（2）關於布施等修行的精進、（3）憶念圓滿意樂、（4）無分別三

昧、（5）知曉諸法一切相的般若，而巧妙地將這五相植入自己內心的過程，被歸為資糧道。菩薩修習這樣的行達到完全極致的話，最後將到達佛陀的境界。在資糧道的階段，雖然離達到極致的境界還非常地遙遠，但盡早開始這樣的修行，並正確地將其刻畫至內心是相當重要的。要做一位菩薩並在經歷無數次的轉世仍能持續著大乘五道的修行的話，必須將其轉生時的心（心相續）導向正確的方向。因此，在最初的階段必須巧妙地使心的相續成為修行的習慣，讓這樣的習慣成為念念相續的狀態，這一點非常重要。

從以上的議論，可以用一句話來歸納大乘資糧道，即「在自身的心相續中，決定了未來成佛的目標，因此（可以説）是直接體驗菩薩巧妙修行法的階段」[21]。以上是關於大乘資糧道的説明。

完成資糧道的跡象為何？一般來説，是沒有特別意識、而是自然而然的一種尋求解脱的心。根據《阿毘達磨俱舍論》的注釋，單就成就資糧道的跡象來説，當聽聞到輪迴的過失、無我的教義、涅槃的功德時，會毛骨悚然般地感動落淚。這就是擁有解脱善根因的證據。

[176] 在《二萬五千頌般若》的注釋中，以能克服對菩薩行沒有信心的懦弱心態，不生恐懼戰慄之心、不發後悔之念、不膽怯畏縮等，作為成就大乘資糧道的跡象。

二　加行道

　　假使成就了資糧道，自身的狀態應該會從凡夫轉變為聖者，因此必須努力進行必要的修行[22]。因此，五道的第二階段稱為「加行道」。又，因為直接連結通往見道（決擇）的累積實踐階段，所以也稱為「順決擇分」。

　　《現觀莊嚴論》第四章指出：「從順決擇分以降，一切菩薩住於見與修的諸道中，在這裡是不退轉之集會。」也就是說，入大乘加行道的菩薩，已得不退轉相。關於「不退轉」的意思，在賈曹杰的《注釋藏莊嚴》（《現觀莊嚴論》的注釋）中則解釋：「在意志方面，完全不讓任何為求自身解脫的想法浮現眼前。而實際面來看，則是具備堅固瞭解方便與般若的特長。」一般來說，雖然以見道以上為不退轉境界的情形很多，但《現觀莊嚴論》則認為在大乘加行道的階段中也有這種可能性[23]。也就是說，能力優異的菩薩進入加行道後，不會有因失去菩提心而遠離大乘五道的事情發生，將來肯定會證悟佛陀的境界。

　　一般來說，加行道的修行分為煖、頂、忍、世第一法等「四善根」的階段。其修行過程中，運用觀四諦的十六種相來修習，即「四諦十六行相」。四善根的四個階段，又各自分為下品、中品、上品。　　[177]

　　所謂「煖」，如同將物體加熱至燃燒一樣，將善根加熱是邁向聖者境界的階段。進入這個狀態的修行者，即使中途產生動搖或歷經迂迴曲折，最終仍會達到解脫或開悟的境界。其主要修行內容，是以修習四諦十六行

相，得到認識對象（境）是沒有自性的顯現，以這樣的三昧為中心。

所謂「頂」，就像親臨山路的最高峰一般，雖因各種障礙而曾動搖，但最終還是到達了頂點的階段。這是能否跨越種種難題，朝安定之道前進的分歧階段。其主要內容，是讓煖的修習更向前邁進，以從顯現到確認對象的無自性的三昧為中心[24]。

所謂「忍」，就像越過山路的最高點一般，是勇往直前地向聖者境界前進的決定性階段。此階段後，將不再有墮入三惡趣的問題。因為是能直視空性且能毫不畏懼承受的境界，所以命名為忍。在這個階段，能完整地獲得理解對象無自性的明確顯相，同時也能或多或少地理解到認識主體的心（有境）的無自性之顯相。

[178] 所謂「世第一法」，是凡夫位的最後階段，更是邁向聖者境界的順勢待發狀態。因為凡夫是世間最高的存在，所以名為世第一法。理解主體的無自性顯相是達到中等程度，當其達到完成時點時，就是往見道移動之時。

所謂「四諦十六行相」[25]，即觀苦、集、滅、道四諦時，每一諦均分別從四個不同角度來觀，總計十六種性質。以論理形式來說，提示心應認識之事物（所緣）的方向，並說明心應該要如何去瞭解其對象（行相）。關於其簡單的意思，可引用《注釋藏莊嚴》的第二章來進行思考。

首先，觀「苦諦」，是在五蘊的集合體上，以所設定的眾生為對象（所緣），依下述四種行相來觀想：（1）因為從因與緣所生，所以不停地產生變化（無常）；（2）無法從被業與煩惱所執的痛苦中脫離（苦）；（3）在五蘊之外，並不存在有常住、單一、自在之我（空）；

（4）五蘊本身也不存在有常住、單一、自在之我（無我）[26]。

其次，觀「集諦」，是以渴愛為首的煩惱為所緣，依下述四種行相來觀想：（1）渴愛是產生苦果的主要原因（因）；（2）複數的苦因集合在一起而再三地帶來痛苦（集）；（3）產生極度劇烈的痛苦（生）；（4）成為來生輪迴轉世的輔助條件（緣）。

接著，觀「滅諦」，是以苦的止滅狀態為所緣[27]，依下述四種行相來觀想：（1）斷滅煩惱（滅）；（2）使苦鎮止下來（靜）；（3）無過失的真正幸福（妙）；（4）從苦的本質、原因、結果中完全脫離，且不再有輪迴生死的跡象（離）。

最後，觀「道諦」，是以直覺來理解無我的般若為所緣，依下述四種行相來觀想：（1）實際到達涅槃的方法（道）；（2）杜絕煩惱的正確方法（如）；（3）直覺地理解心的真正狀態（行）；（4）永遠滅盡苦的方法（出）。以上是對四善根與四諦十六行相的一般解釋。 [179]

在小乘的《阿毘達磨俱舍論》中，關於在四善根的過程中，觀四諦十

圖7：四諦十六行相

無常 ↓	苦 ↓	空 ↓	無我 ↓	因 ↓	集 ↓	生 ↓	緣 ↓	滅 ↓	靜 ↓	妙 ↓	離 ↓	道 ↓	如 ↓	行 ↓	出 ↓
苦 諦				集 諦				滅 諦				道 諦			
有 漏 法								無 漏 法							
有 為 法								無 為 法				有 為 法			

觀看此圖的方式：舉例來說，無常、苦、空、無我這四個的看法，是在看苦諦的。而這苦諦是屬於有漏法、有為法。

六行相的方法說明如下。在煖的過程中，順次分下品、中品、上品三個階段，並於各品中觀四諦十六行相。此時，首先想起法念住，接著慢慢地往四念住擴展。接下來頂的修習過程也和煖的情形一樣。忍的過程，則只想起法念住。在下品中，煖或頂的情形都一樣是觀四諦十六行相。在中品中，則減少觀察對象的範圍。在上品中，則僅以一剎那間觀以欲界眾生為所緣之苦的行相。世第一法也與忍的上品的情形相同。又，《阿毘達磨俱舍論》中，將四善根定位為應藉三慧的修習而達成。以上是對小乘加行道所做的說明。

接下來將闡述大乘加行道。透過資糧道的修行來加深對利他行的關心，歡喜地開始認真實踐修行時，便是菩薩進入加行道。關於資糧道進入加行道，從空性的理解方面來說明，比較容易理解[28]。在資糧道階段的菩薩，主要藉聞或思來粗略理解空性。又，關於世俗的各種事情，也可以透過修行而體會到智慧（修所成慧）。如此這般在菩薩的心相續上，以空性為所緣萌生修所成慧時，則進入了加行道。在章嘉的《宗義解說》中也提到：「〔先不管過去曾修小乘五道而入加行道的情形，初次進入大乘菩薩的〕加行道，應設定在重新獲得理解空性的觀之後。」在加行道中，以至此之前所學習之空性，再加上所觀察之諸多事物為其對象，現在則是在三昧中，認真且再三重複地修習，藉此能讓心相續直覺地習慣於對空性的理解。但大乘加行道的內容，若說是只靠修來達成的話，也不盡然，應該也要加入聞與思的元素。在《大乘阿毘達磨集論》中提到：「資糧〔道〕者，也是加行〔道〕。」

[180]

因此，接著來考察該如何區分以空性為所緣的聞、思、修三慧？凡夫菩薩想理解空性時，無論如何總是伴隨著認識主體（有境）與對象（境）的「二顯現」。也就是說，有境的自心與境的空性兩者以不同的存在來表現。而此二顯現也有粗與細的差別存在。所謂的粗顯現，是指有境與境的概念是分開的狀態。而在以空性為所緣的聞、思階段上，產生的是粗顯現。但隨著藉由實踐聞、思而理解了概念性的空性，並從此進入修時，粗二顯現會減少到只剩下細二顯現。而所謂的細二顯現，則是在能慢慢地理解到心與空性之間的一體性後，卻仍未能直接地體驗到空性的狀態。在這 [181] 之中也有深、淺的差別，例如：在煖與頂階段中產生的二顯現，在達成忍的階段時，就不再像以前一樣地出現。也就是說，在加行道中以空性為所緣的修行，可以說是將心集中於所緣的「止」，以及分析所緣的「觀」，透過重複努力地修習這緊緊相扣的止與觀，逐漸地使細二顯現慢慢滅去的過程[29]。

接著具體地來檢討大乘加行道的內容。《現觀莊嚴論》第一章中，主張大乘加行道的四善根比小乘的殊勝，其理由在《現觀莊嚴論小注》中加了對其宗旨的解說[30]，即「以四諦的內容為所緣，來對治法我執而入無執著的行相」。舉例來說，煖的下品的所緣是「依附於苦等四諦的無常等十六行相」，而觀「滅除執著此苦等四諦之緣」的行相。此即為了直覺地理解《般若心經》中所說「無苦、集、滅、道〔四諦〕」的意思而做的修習。

又，在《現觀莊嚴論》第四章中，說到「煖等的所緣，於此處〔佛〕稱讚是一切有情」。也就是說，以一切眾生為所緣對象的菩薩行，作為大

乘加行道的內容。這就是前述以空性之理解作為思想面上的後盾，觀一切眾生平等，培養對眾生的慈悲心念，這無外乎是實踐六波羅蜜等的利他行。

　　由上述的議論來看，大乘加行道可以定位為「在自己的心相續成就了大乘資糧道之後，以直接體驗真理作為目標的凡夫菩薩的階段」[31]。也就是說，是一種反覆地修習、加深直覺理解空性而產生智慧的過程。像這樣在加行道成就之初，終於得以進入見道，以直覺來實際理解空性，得以成為聖者菩薩。

[182]

三　見道

　　在《般若心經》的經文中：「舍利弗啊，像這樣子一切法是空性。即沒有〔其本身所成立的〕相，〔其自性〕沒有生、也沒有滅，〔本來〕沒有污穢、〔因此〕也沒有離污穢，〔以勝義而言〕沒有減、也沒有滿」的部分，其顯義雖然是在說明「甚深八句法門」，但其隱義則開示了大乘的見道。理由是藉著從各種角度來否定否定的對象，以提示入見道的三解脫門之道[32]。因此，接下來要針對五道中特別重要的項目「見道」來進行仔細的考察。

　　一般而言，「見道」就是以直覺認識（現量）來瞭解究竟真理「空性」的階段，也稱為「決擇分」。所謂「現量」[33]，就是不藉由語言文字

或概念的交錯運用來推論認識對象，而是宛如用眼睛看事物一般地，憑直覺即能正確地知道事物的真相。例如：凡夫的修行者，眼睛看到桌上的瓶子，依現量能理解它的色彩與形狀。雖然，關於它的真實相貌，即「瓶子的空性」，只能藉由夾雜著語言文字或概念來做哲理性思考，照著正確的推論（比量）來理解。但如果這位凡夫的修行者已經成就了資糧道與加行道並進入見道的話，那麼對瓶子的空性，也能像對它的色彩或形狀一樣以 [183] 現量來瞭解。

到了這個階段的修行者[34]，已經不再是凡夫，而是「聖者」的夥伴了。也就是說，「能以現量理解空性的人」與聖者是相同的。所以，如果是聖者的話，被認為是真正的「僧伽」[35]，而成為佛教徒皈依的對象。另外，從此以後將不再產生新的輪迴轉生之因的煩惱。因此，根絕無始以來累積之煩惱的修行，終於要正式展開了。以上說明了小乘與大乘的共通點。

入大乘見道的修行者，即聖者菩薩生起「勝義菩提心」。這正是依現量理解空性的智慧，是藉發起世俗菩提心，經修習大乘資糧道與加行道能得到的結果。因此，即使小乘見道修行者也是以現量來瞭解空性，但並不能說小乘見道修行者「擁有勝義菩提心」。

聖者菩薩是同時持有世俗菩提心與勝義菩提心，累積見道與修道的修行，其結果將到達佛陀的境界。這一點在月稱的《入中論頌》第六章是這樣描述的：「世俗與勝義的〔菩提心〕，宛如張著白色的巨大〔雙翼〕般，雁王領著群雁乘著強大卻良善的風，最後到達佛陀功德大海的最殊勝

彼岸。」

接著讓我們試著以六道、三界的範圍,來探討得以實際進入見道的條

[184]　件。將六道以不同的層面來看的話,有欲界、色界、無色界「三界」。六
道的全體與三界的全體,其範圍是相同的。「欲界」是對食欲或性欲等粗
欲望渴愛的眾生世界,天以外的五道全屬於欲界。又,天道中較低階段的
「六欲天」[36]亦屬欲界。「色界」是遠離食欲或性欲等欲望,擁有清淨身
體的天界,依禪定的深淺,分初禪到第四禪等四個階段[37]。「無色界」是
遠離對清淨物質的欲望,為不具較粗身體的天的世界,也依禪定的深淺分
四個階段[38]。

三界中的色界與無色界的天,即便仍屬凡夫狀態,因直接要面對的苦
極為稀少,所以失去強烈厭惡輪迴的心。像這樣出離心衰弱的情形,是無
法進入見道的。另外,六道中的三惡趣或是阿修羅,沒有能持續修行的環
境。因此,只有生而為人[39]或生在六欲天中,具備有從「加行道」到「見
道」的條件,妨礙因素也比較少。

其次,菩薩從「加行道」到「見道」時,心的狀態必須是進入第四禪
的正行,處於身心安定(等至)的狀態。所謂「第四禪」,雖然是色界中
第四階段的禪定的最高境界,但實際上即使不生於色界天也能達成。也就
是説,菩薩在進入見道時,不管是人或欲界天的身體,他的心都是可以進
入第四禪的安定狀態。但比這個階段更高境界的無色界的定,是就連入見
道位也無法達成的。

此外,聖者菩薩的境界分為十個階段,也稱「十地」,而若進入大乘
見道的話,即獲得菩薩初地。「初地」的意思是連二顯現的細微顯現都已

滅盡，從除去一切因二顯現而生的障礙，到像「將水注入水中」一般，在
心相續中開始產生憑直覺理解空性的智慧。也就是說，菩薩開始以現量理　　[185]
解空性、菩薩從凡夫變聖者、入見道、得到初地等，這些都是同義的，都
是在同一剎那間成就的。

　　一般而言，見道以上的聖者屬於「出世間」的。像這種較高階段的修
行，是透過反覆修行三昧，逐漸提高境界為主要的方法。其三昧稱為「無
漏等引」，以空性為所緣止與觀，是讓心安住在空性與平等的狀態。在進
入那個狀態時，聖者的心是集中在空性的點上，所以能藉由現量來瞭解空
性。而此時的心稱為「等引智」。透過修習這樣的空性三昧，在大乘的修
道中，不僅是以無明為根本因的煩惱障，還有所知障，都得以階段性地慢
慢根絕[40]。從斷絕諸煩惱方面來探討時，無漏等引又可分為無間道與解脫
道兩種過程。

　　「無間道」是實際地除去煩惱等方法（正退治）的三昧，無間斷地生
出果位的解脫道智慧。「解脫道」，接在因位的無間道之後持續產生智
慧，除去並防止煩惱的再次產生。如果將煩惱比喻為小偷的話，無間道是
把小偷趕出家門，解脫道則相當於為了防止小偷再次侵入而將門鎖上。

　　無間道與解脫道的力量，可以在三昧醒來之後作為其結果「後得智」
之智慧而獲得。當處於三昧境界時，因為修行者的心專注於空性的點上，
所以不能藉由等引智來認識世俗的顯現。相對地，在結束三昧之後的後得
智中，在無法藉現量掌握空性的同時，對世俗的顯現卻得以再次認識。舉　　[186]
例來說，聖者修行者的眼前有一個瓶子，在他進入三昧狀態時，只認識瓶

子的空性，看不到瓶子的色彩或是形狀。當他從三昧中醒來後，雖然看見瓶子的色彩與形狀，瓶子的空性卻從直接認識的對象中消失。但由於後得智是以三昧中直覺地體驗空性的經驗為基礎——即使體驗已失——因此與凡夫修行者根據概念的推論所理解的空性，在深度方面是迥然不同的。比喻來說的話，沒有看過大象的人根據百科全書的解說來推想大象的模樣，與實際看過大象之後再度回憶的模樣，在印象的鮮明度上有著極大的差距，這就如同凡夫修行者與聖者修行者對空性的理解的差距。

根據等引智依現量所認識的空性是「如虛空空性」，而根據後得智再次認識的空性則是「如幻空性」。在宗喀巴的《菩提道次第集義》中提到：「等引之如虛空空性與後得之如幻空，修習此二者，連結方便與般若，藉此往赴菩薩行之彼岸〔修如是行〕的人是應當被讚賞的。」

聖者的修行者，在從三昧中醒來之後的日常生活中，對認識對象的一切世俗顯現，都能藉由後得智來掌握。世俗的任何現象，其真實樣貌的空性是平等且沒有實體的，一切都是依緣起而成立的，只是「如幻一般」。對這一點有以直覺體會經驗的聖者修行者，在逢遇各種世俗現象時——即便只是單純的享受或是迴避——都不會引起執著或是忿怒等煩惱。

[187] 當然，煩惱的斷滅是階段性的。在見道與修道的實踐中，因反覆處於等引智與後得智的交互狀態下，從粗煩惱到細微煩惱，依序地一一斬斷。依據等引智（即無間道與解脫道），除去煩惱並防止煩惱再次產生；依據後得智，在日常世界中得到實證。在等引智的狀態中進入以空性為所緣的三昧這一點，不論是在見道或修道的階段，基本上是相同的。但在某階段的三昧中所斷滅的煩惱——原則上是斷除在那個時點上最粗的煩惱——和

其他階段的三昧所斷除的煩惱並不相同。因此，後得智的水準也有所不同。

關於這一點，章嘉的《宗義解說》中敘述如下：「〔大乘的〕聖者之道，依十地〔各自〕的等引智來理解空性，其方法雖然沒有差異，但在後得〔智〕的〔各〕階段中所獲功德之差異很多，〔也因為這一點〕設定了十地。」那麼，在哪些點上有什麼樣的差異？答案是十地中各地的菩薩所具備的功德[41]、所獲優異之能力、十波羅蜜中的重點配置[42]、所獲異熟果世界的深度不一[43]，在以上這四項是不同的。舉第二項的優異能力為例，像淨化煩惱障或去除所知障能力的增進，正顯示在修行上能力的向前進等等。這些能力隨著往十地階段增上的同時，也必定大大增強。

接下來讓我們來探討見道、修道與初地、二地的關係。如前述，進入大乘見道的同時，也是進入初地。但從見道到修道的過程，在時間上被認為是比從初地到二地更早產生。也就是說，初地的前半段是見道，初地的後半段開始到第十地為止都是修道[44]。

從大乘的加行道到見道時──換言之，凡夫菩薩進入初地的瞬間── ［188］世第一法的究竟智慧與見道的等引智，在一座的三昧中產生[45]。又，從見道到修道，是以後得智進入等引智的形式來呈顯[46]。

另一方面，從初地到二地為首，在十地中要往更上一階段前進時，必定在進入三昧狀態中從下面階段的等引移往上面階段的等引。

菩薩就在這樣的修行下，達到最究竟的階段而獲得佛陀的境界，這時候等引智與後得智的區分將會消失，空性與世俗的顯現也可以同時以現量來理解。前面舉出的簡例中，瓶子的空性和瓶子的色彩、形狀，不再是交

錯可見，而是同時可見。這就是《般若心經》所說「色是空。〔像那樣顏色的〕空性是〔那個東西的〕色」的意思；經文的意思都能瞬間直覺地瞭解。

這一點宗喀巴在《中觀密意解明》第六章中說道：「不是佛陀的聖者們，因為尚未除去所知障的無明，所以隨著後得智的顯現，〔產生了〕分別〔的狀態，〕在等引智則無顯現，〔這兩者〕會交相替換。但諸佛已圓滿證得一切法的勝義和世俗相，並全然地瞭悟，所以心與心所的妄分別常滅。因此，並沒有像等引智或後得智〔那樣的〕顯現的差別，也沒有兩者交相替換之事。」

接下來，再次地從小乘與大乘的共通立場來探討煩惱。如同十二緣起所顯示一樣，所有煩惱的根源是無知（無明）。以無明為根源，產生貪（貪欲）、忿怒（瞋恚）。貪欲與瞋恚是兩個相反方向的惡心作用，同時有密切的關連性。這兩項再加上愚昧（愚痴），則稱作「貪、瞋、痴三毒煩惱」。愚痴與無明在本質上是相同的。三毒正是引起種種煩惱和惡業的元凶。緊接三毒的根本煩惱是慢心（慢）、疑心（疑）[47]、惡見解（見）三項，再加上三毒合稱「六大煩惱」。六大煩惱中的見，可詳分為有身見、邊執見、邪見、見取、戒禁取見五項[48]，合為「十大煩惱」。

關於前述三界眾生的心：欲界眾生的心具六大煩惱，也可說有十大煩惱；色界與無色界眾生的心則是除去瞋恚後的所有煩惱。如此一般，雖然貪欲等煩惱存在於三界各處，但煩惱也依欲界、色界、無色界的次第從粗漸轉為細。

[189]

接下來，從另一個角度來探討煩惱，可將煩惱分為見惑與修惑兩類。所謂「見惑」，指後天生成的妄想煩惱（遍計煩惱），可在見道中完全滅盡（見所斷）。簡單來說，以錯誤見解為基礎，被許多不同的事物所污染的心，可藉正確觀念的確立，而在短時間內斷除煩惱。所謂「修惑」，指以先天本能為主的煩惱（俱生煩惱），主要可在修道中斷滅（修所斷）。這就是所謂的「雖然明白卻做不到」等心的頑固染污。那麼，為什麼明白卻做不到呢？因為那樣心念的背後隱藏著微細而難被發現的煩惱，或說隱藏著煩惱的種子。這種細微煩惱或煩惱種子，正是修惑的元凶。而這些煩惱只能藉由不斷反覆地修習，在漫長的修習時間中慢慢地去除。十大煩惱中，貪欲、瞋恚、愚痴、慢、有身見、邊執見這六項，存在於見惑與修惑之內。疑、邪見、見取、戒禁取見四項屬見惑，不屬修惑[49]。 [190]

因為見道中應斷除的煩惱是見惑，接下來就針對這一點做詳細分析。根據《大乘阿毘達磨集論》所述，見惑分為一百一十二種。首先，欲界心的情形，有所謂見苦所斷，也就是說藉瞭解苦諦而滅除十大煩惱。同樣地，尚有見集所斷、見滅所斷、見道所斷，意思是藉瞭解集諦、滅諦、道諦而滅除各諦的十大煩惱，所以總計有四十種見惑。其次，色界心的情形，因為十大煩惱中的瞋恚並不存在於色界，所以從見苦所斷到見道所斷為止各有九大煩惱，總計有三十六種見惑。最後，因無色界心與色界心相同，所以也是有三十六種見惑，所以三界總共有一百一十二種見惑[50]。

又，見道的聖者如何斷除見惑呢？簡言之有「四諦十六心剎那」（八忍八智）。首先，對治欲界的見苦所斷煩惱的無間道，稱為「苦法忍」。無間道之後所產生的解脫道稱為「苦法智」。其次，對治色界與無色界的

見苦所斷煩惱的無間道，稱為「苦類忍」，解脫道是「苦類智」。這是斷欲界的粗煩惱後，到斷色界或是無色界天的微細煩惱的過程，實際上並不需轉生至天界。

接著，對治欲界的見集所斷煩惱的無間道是「集法忍」，而解脫道是「集法智」；對治色界與無色界的見集所斷煩惱的無間道是「集類忍」，而解脫道是「集類智」。

[192]

又，對治欲界的見滅所斷煩惱的無間道是「滅法忍」，而解脫道是「滅法智」；對治色界與無色界的見滅所斷煩惱的無間道是「滅類忍」，而解脫道是「滅類智」。

最後，對治欲界的見道所斷煩惱的無間道是「道法忍」，而解脫道是「道法智」；對治色界與無色界的見道所斷煩惱的無間道是「道類忍」，而解脫道是「道類智」。

完成以上八忍與八智，毫無遺留地滅盡一切見惑時，修行者便從見道邁向修道。

像這樣的四諦十六心剎那，在《阿毘達磨俱舍論》等書中有詳細論述，多數定位為小乘見道的實踐內容[51]。但《現觀莊嚴論》第四章則明白主張，「應知見道中〔八〕忍〔八〕智的〔四諦〕十六心剎那[52]，正是不退轉菩薩的相」，這裡明白表示四諦十六心剎那是大乘見道的主要實踐內容。又，《現觀莊嚴論小注》中，對例如「苦法忍」的行相有如下的解釋：「因自相空性，故無色等法的分別。」也就是說，這裡將重點放在修習以空性為所緣的三昧，將四諦放在比《阿毘達磨俱舍論》等更高次元的角度來理解，其結果是順次斷除見惑，這一點可以說是大乘見道的特色。

圖8：十大煩惱與四諦十六心剎那

		貪欲	瞋恚	愚痴	慢	疑	有身見	邊執見	邪見	見取	戒禁取	無間道	解脫道
欲界的煩惱	見苦所斷	○	○	○	○	○	○	○	○	○	○	苦法忍	苦法智
	見集所斷	○	○	○	○	○	○	○	○	○	○	集法忍	集法智
	見滅所斷	○	○	○	○	○	○	○	○	○	○	減法忍	減法智
	見道所斷	○	○	○	○	○	○	○	○	○	○	道法忍	道法智
	修所斷	●	●	●	●		●	●				修道的無間道	修道的解脫道
色界、無色界的煩惱	見苦所斷	○		○	○	○	○	○	○	○	○	苦類忍	苦類智
	見集所斷	○		○	○	○	○	○	○	○	○	集類忍	集類智
	見滅所斷	○		○	○	○	○	○	○	○	○	減類忍	減類智
	見道所斷	○		○	○	○	○	○	○	○	○	道類忍	道類智
	修所斷	●		●	●		●	●				修道的無間道	修道的解脫道

　　觀看此圖的方式：在欲界中心，共有從貪欲到戒禁的十大煩惱。十大煩惱中各式各樣的煩惱，會隨著在見道中，對苦諦有所理解而斷盡。這就稱為見苦所斷，因此，無間道為苦法忍、解脫道為苦法智。這也適用在集諦到道諦上。

　　疑、邪見、見取、戒禁取則是在見道中理解四諦後而斷盡。但是，其餘六項在見道中無法斷盡的事物，則作為修所斷殘留下來。

　　至於以上二界（色界與無色界）為中心的情形，差異只在於沒有瞋恚，另外，無間道與解脫道則稱為類忍、類智。

　　在章嘉的《宗義解說》中，以引用《注釋藏莊嚴》第二章的形式說道[53]：「衡量四諦法性的角度，是四法忍；以四諦法性為有境的角度，分四個部分來理解者為四類忍，〔總合這〕八忍為無間道。又，以同樣的方法設定

[193] 四法智與四類智為解脱道。」所謂「四諦法性」，即是四諦的空性。又，四類忍的説明主旨，在説明無間道的認識主體，心——一般來説被設定在欲界、色界、無色界——也是空，這就像往水中注水一樣，（心）與四諦法性成為一體，無外乎是理解這樣的心的狀態。關於這一點，在《注釋藏莊嚴》中，加了下述的解釋：「觀待（依存）於對四諦法性之瞭解，並作為對有境的瞭解而設〔四類忍〕。」

見道的菩薩，藉由四諦十六心刹那來獲得見道的後得智，以這個力量進入正面消滅巨大的修惑無間道的瞬間，便開始往修道移動[54]。那麼，這個修惑的本質，究竟為何呢？這是即使擁有藉現量確立理解空性見道的等引智，也無法馬上切除的與生俱來的諦執。所謂的「俱生諦執」，就是本能地認為諸法是以真實或自相而成立的，而且對這樣的思維深信不疑。而要完全地去除這樣的想法之前，只能徹底地反覆以空性為所緣修習三昧，這正是修道的菩薩最主要的修行。

四　修道

在《般若心經》的經文，從「舍利弗啊，此故空性中是無色、無受、無想……」到「沒有〔道之主體〕智，得〔道之果〕是沒有的，也沒有沒得」為止的部分，在顯義上是闡述諸法的勝義無，其隱義則是大乘的修道。那是因為其內容明白揭示了修道的菩薩進入等引三昧時，該如何地觀

諸法。 [194]

　　所謂的「修道」，是藉現量來理解空性的聖者，終於要完成修行的階段[55]。因為是反覆地修習在見道中所體驗到的內容，所以能慢慢地根絕修惑根源的過程，也叫作「隨現觀」。這是更進一步在大乘修道上毫無殘留地斷除所知障，直到抵達理想目標的佛陀境界為止。

　　在此，先對從大乘見道到修道時的身心條件來進行思考。依照索南扎巴的《般若學總義》來看，關於身體的部分，聖者菩薩不可能生在無色界，必定生在欲界或是色界。另外，以心理的狀態來看，不管是欲界的心，或是色界的四禪定、無色界的四定，都是有可能往修道之路邁進的[56]。

　　接著，大乘的修道分為有漏與無漏兩大項。《現觀莊嚴論小注》第二章中也提到：「修道，依有漏與無漏區別二種。」也就是說，對與名稱或概念結合的對象產生執著性[57]的隨現觀是有漏，而離隨現觀則稱無漏。依照《般若學總義》的話，所謂「無漏修道」，是整合在等引智範圍內的修行，是直接成就佛陀法身的線索，也就是圓滿智慧資糧的累積。另外，所謂「有漏修道」，是整合在後得智範圍內的修行，是直接成就色身的線索，也就是圓滿福德資糧的累積。

　　有漏修道分信解、迴向、隨喜三項。所謂「信解修道」，指為了自利、自他利、利他而透過信解般若波羅蜜，而鼓勵實踐般若波羅蜜的菩薩，這樣的菩薩受到諸佛的讚嘆。所謂「迴向修道」，是為了永永遠遠地實踐利他行等，將自他等各種善根迴向無上正等覺。又，「隨喜修道」是讚賞且歡喜自己及他人的種種善行。在《現觀莊嚴論小注》中，以採集金 [195]

礦譬喻信解，以做成黃金飾品譬喻迴向。也就是說，因為信解的獲得帶來佛陀色身的福德，因為迴向完成其細節，因為隨喜實現自他福德的平等性。

與這個相似的內容，在凡夫階段的修行中也有許多。但菩薩修道的實踐特色是伴隨著後得智，且可作為迴向或隨喜的善根是極為龐大的，因此是極高次元的修行。正因為如此，被定位為是成就佛陀色身的直接線索。

另外，無漏修道分為成就與清淨兩項。「成就修道」是指完全理解空性，而「清淨修道」則指毫無殘留地斷除煩惱障與所知障。

接下來讓我們從不同方向來思考大乘修道的實踐。《現觀莊嚴論》第四章指出，獲得佛陀的法身、報身、應身的因，分別有生死涅槃平等性、無上淨土、善巧方便的三加行。這些修行雖然從大乘加行道的煖位開始，但主要的修道應該在第八位以上的階段實踐其內容。

所謂「生死涅槃平等性的加行」，是理解生死（輪迴）與涅槃兩者皆無自性（亦即在空的這一點上是平等的）並反覆修習的智慧。根據這點，[196] 即使在後得智，也明顯地斷除產生諦執的原因。在《現觀莊嚴論》中有這樣的記載，即「因諸法等同於夢，所以有（輪迴）與寂（涅槃）是無分別的。業是沒有的等等的過失，答案盡在其中」，強調即使在勝義中觀輪迴與涅槃是平等，也與在世俗中業的因果與善惡的區別是存在的這一點沒有矛盾。

所謂「無上淨土的加行」，是思考當自己獲得佛陀境界時，為將實現的淨土器世間與有情的特色所做的結合與祈願，為強化其善根而反覆累積清淨瑜伽的智慧。在《現觀莊嚴論》中記載：「與有情世間一樣，器世間

是不淨的。為使器世間清淨而修習，所以佛國土正是清淨之本身。」

　　所謂「善巧方便的加行」，是指作為方便善巧的對象舉十種行相，熟知實現此十種行相的時機，是無須刻意努力而能自然成就的習熟智慧。在《現觀莊嚴論》中提到的十行相，是（1）降魔[58]、（2）無住處[59]、（3）利他行[60]、（4）不共相[61]、（5）不執著[62]、（6）無所緣[63]、（7）無相、（8）無願、（9）不退轉[64]、（10）無量[65]。

　　綜合上述，生死涅槃平等性的加行，是直接獲得佛陀法身的主因，同樣地，無上淨土的加行是報身的主因，善巧方便的加行是應身的主因[66]。

　　大乘的修行道，相當於從初地的後半到第十地。如同前面提到的那樣，菩薩在十地的各個階段中，分別以十波羅蜜的各項目為其重點。接下來針對這一點進行探討。首先，從大乘資糧道到修道為止的修行均包括了布施[67]、持戒[68]、忍辱[69]、精進[70]、禪定[71]、般若（慧）[72]等「六波羅蜜」[73]。 [197] 在宗喀巴的《菩提道次第廣論》中提到：「若要詳細分類實在是沒完沒了，但集結各種類的話，菩薩諸學處將可統括於六波羅蜜中。因此，六波羅蜜正是集結所有菩薩道要點的大攝頌。」雖然「十波羅蜜」是六波羅蜜再加上方便[74]、誓願[75]、力[76]、智[77]等四波羅蜜的內容，但這四項無外乎出自六波羅蜜，因此十波羅蜜的整體範圍與六波羅蜜是一致的。

　　次第完成十波羅蜜的過程，正是菩薩的十地修行。初地菩薩的修行，將重點放在布施波羅蜜。二地為持戒波羅蜜，三地為忍辱波羅蜜，四地為精進波羅蜜，五地為禪定波羅蜜，六地為般若波羅蜜，七地為方便波羅蜜，八地為力波羅蜜[78]，九地為誓願波羅蜜，十地為智波羅蜜。也就是在

十地的各個階段，分別以十波羅蜜為其修行成果為內容。

例如，在初地徹底修行十波羅蜜中最容易的布施，以充分累積的功德為其結果，在二地以持戒為重點並作為修行的條件。同樣地，到禪定為止的五波羅蜜是五地之前徹底修行的結果，這樣才能在六地時進行以般若為重點的修行。然後，在七地之後，特別再從六波羅蜜中提出方便、力、誓願依序進行重點修行，直到十地時方能完成般若的精髓「智」。

當然，雖說是將重點放在某個波羅蜜上，但並不是說全然不修行其他的波羅蜜。例如，如果完全欠缺般若的話，以空性為所緣的修習將無法成立，十地的任何修行也將無所得。又，完全圓滿般若，也就是果上獲得般若波羅蜜[79]，意指達到佛陀境界之前，必須持續地進行般若的修行。即使從這一點來考慮，般若的修行雖然是第六地的修行中心，但也同時是從初地到十地的所有階段中所必要的。

[198]

在修道上應連根斬除的煩惱「修惑」，一般來說可從粗到細微分為九個階段，依序稱為大之大、大之中……小之小。接下來我們要試著思考這九個階段與十地之間的關係。正如前述，初地的前半是見道，後半是修道。在章嘉的《宗義解說》中，修惑的「大之大」又分為粗大與細微兩種，對治「大之大的粗大」的是無間道與斷除此粗大的解脫道，被設定為初地後半的修道。同樣地，斷除「大之大的細微」是第二地，斷除「大之中」是第三地，斷除「大之小」是第四地，斷除「中之大」是第五地，斷除「中之中」是第六地，斷除「中之小」是第七地。在這之後的「小之大」、「小之中」、「小之小」三者能同時斷除，至於其斷除的時期，有

説是第七地的最後，也有説是第八地的開始[80]。

不管怎麼説，第八地以上的菩薩，是已經斷除九個階段的所有修惑，所以稱為「清淨三地」，用來和第七地以前做區分。清淨三地的菩薩，因

圖9：二障之斷滅

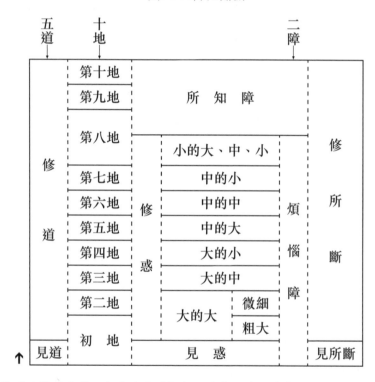

觀看此圖的方式：大乘的見道相當於菩薩初地的前半，在這個階段斷盡見惑（見所斷的煩惱）。初地後半進入修道，在這個階段斷盡修惑（修所斷的煩惱）中的「大之大的粗大」。同樣地，第二地的「大之大的微細」、第三地的「大之中」⋯⋯第七地的「中之小」各自斷盡。斷盡「小之大、中、小」有兩種説法，一個是第七地的最後，另一個是第八地的最初（本圖遵從索南扎巴的説法，將它歸在第八地的最初。請參照注80）。清淨三地，也就是第八地以上，斷盡所知障。

為已經完全斷除煩惱障，也獲得與小乘的阿羅漢相同的能力，也將不再被輪迴所束縛。但與阿羅漢不同的是，八地以上的菩薩絕不會只滿足於個人的解脫，並以佛陀的境界為目標持續修行。為此有必要的話，他們會依自己的意志——而非因業與煩惱——在輪迴的世界中受生。

[200]

對已經完全斷除煩惱障的清淨三地菩薩而言，為獲得佛陀的境界需要什麼呢？當然就是斷除所知障的修行。所以，我們要探討「所知障」到底是什麼。在安慧（Sthiramati）的《唯識三十頌注》中說：「所知障，為對一切所知智所產生的障礙，屬不染污（不伴隨煩惱）的無知。」也就是說，佛陀為了救渡一切眾生，必須要完全且正確地知悉一切存在，若只是斷除煩惱障的話，仍然無法達到這個目的，而所知障便是這個阻礙。

那麼，具體地來說，所知障到底是什麼？那就是煩惱障的習氣（薰習）。舉例來說，去除髒東西之後仍殘留的惡臭，並不容易讓它完全消去。同樣地，即使完全斷除了煩惱障，煩惱的微細影響仍殘留著，這便是所知障。只要無法完全斷除所知障，便無法實現一切相智的佛陀境界。針對所知障，在月稱的《入中論自注》第六章中說：「正因為是無明的薰習，它是完全切斷所知的障礙。」《中觀密意解明》接受這樣的看法，並加上下列解釋：「雖然已斷除一切煩惱，不再產生諦執，但因受到薰習的染污，而對顯現境[81]產生迷亂之心。」

若無明這個煩惱仍存在的話，就會很本能地視所知為實體，而誤以為所知是由真實所成立，這便是諦執。因此，在將煩惱的種子從根除去之時，也就是九個階段的所有修惑完全斷除時，便不會再產生這樣的諦執。

[201]

但因為還殘留著煩惱的薰習，受其影響即使不視所知為實體，在覺知顯現

時也將伴隨著迷惘。

舉例來講，有人看到桌上的瓶子時，瓶子的顯現（形狀、色彩等）將浮上心頭。假使那個人是清淨三地的菩薩的話，那麼完全不會有將其誤認為諦成就的餘地。但是，在瓶子顯現時，是否也能同時以直覺來理解空性呢？答案是否。因為，藉後得智來理解瓶子時，雖然其色彩、形狀等會顯現浮上心頭，瓶子的空性會從直接認識的對象消失。像這樣，不同時伴隨藉現量所理解的空性，經過時間差來掌握瓶子的世俗顯現，且伴隨著分別而生的認識[82]等，這就是「對顯現境而生起迷惘之心」之意。

即使如此，所謂「完全切斷所知」者，意指經常達成以現量理解空性的境界，停止遠離這樣的境界去掌握所知的顯現狀態。也就是說，能同時認識瓶子的空性與瓶子的色彩等等意思[83]。而把障礙的要因歸於所知障，其真正的面目即是煩惱的薰習……。這樣子的解釋是依據中觀歸謬論證派最富深意的解釋[84]。

就如同先前的引文，《中觀密意解明》說道：「不是佛陀的聖者們，因為尚未除去所知障的無明，所以隨著後得智的顯現，分別在等引智則無顯現，〔這兩者〕會交相替換。」因此，十地菩薩將所知障完全斷除並到達佛陀境界時，等引智與後得智的區別便會消失，將能夠同時在現量中認識空性與世俗的顯現。

[202]

五　無學道

　　所謂「無學道」，指已經不需要再進行什麼學習或是修行的狀態[85]，也就是累積了從資糧道到修道的修行成果所獲得的理想境界。小乘的無學道是阿羅漢果，大乘的無學道則是佛陀。

　　所謂「阿羅漢」，是指透過小乘的修行而完全地斷除煩惱障，達成解脫輪迴的境界，得以享受毫無苦痛的永遠幸福狀態。但因為沒有斷除所知障，所以無法獲得一切相智性，因此從自利方面來說，並不能說是完美。另外，最後也因無法克服不染污的自我愛執[86]，所以透過修行的過程亦無法發起菩提心的關係，因而欠缺大部分救渡一切眾生必須的條件。所以，在利他方面也不能有過多的期待，對輪迴世界的眾生來說，也只是遙遠世界的存在。

　　依照一般解釋的話[87]，小乘修行者的修道進入無學道，即獲得阿羅漢果時，就達到「有餘涅槃」的境界。這是在精神上雖然實現解脫，但肉體仍留在輪迴世界的狀態。因此當停留在輪迴的肉體迎接死亡時，也就是指異熟[88]的肉身到達滅盡時，將獲得稱為「無餘涅槃」的完全寧靜境界，永遠獲得心靈的平安。

　　無餘涅槃的理想狀態，確實是能夠永遠持續，但從非常長遠的角度來看的話，這些阿羅漢們，總有一天會因某種因緣而對一切眾生發起大悲心。那個時候，阿羅漢們將會知道自己在自利、利他兩方面的不圓滿，並開始思考為了救渡一切眾生需要些什麼，其結果便是發起菩提心而朝大乘

[203]

五道前進一步。

假設在某一定的期限中，因修行者的資質（種性）不同，的確存在有成為阿羅漢或成為佛陀的不一樣，也分別有各自適合他們的教法，即小乘與大乘的法被宣說，且在修行的階段上也各自設有五道[89]；但是，如果阿羅漢終將發起菩提心而入大乘五道的話，那麼，所有的眾生在究竟上都有成為菩薩的可能性。而這個可能成佛的可能性，正是所謂的「如來藏」（佛性），而它的真正面貌則是眾生心的空性。

關於這一點，彌勒菩薩的《究竟一乘寶性論》第二章中是這麼陳述的：「因為佛陀的體遍滿故、因與真如與無差別故、因具〔佛陀〕種性故，一切有情（眾生）隨時皆具有佛陀的精髓。佛智趣入有情故，〔佛智與有情的心〕兩者的自性清淨不二，在佛性是果，所以一切眾生具備了佛陀的精髓。」在解釋上雖然有些迂迴難懂，但在解釋時應注意的事情，是如來藏、佛性、佛陀的種性、佛陀的精髓等這些詞彙所指的，並非肯定有某種非空的實體。這些詞彙所要表示的是：「正因眾生心性是空，開啟了未來成佛的可能性。」又，不管是真如或清淨，它們所要表達的，毫無疑問地是指空性本身。

不管是什麼樣的眾生，在眾生心是空這一點上，它們與佛陀的心是平等無差別的。但是，眾生心在是空的同時，卻也沾滿著業與煩惱的污垢。若放任不管這種狀態，那麼眾生將於輪迴的世界體驗痛苦的因是無法斷除的。煩惱絕非心的本質。但斷除煩惱的對治能力，凡夫絕對是不夠的。因此，心被煩惱持續左右著，長時間下來就成為頑固的習慣。要克服這種不好的狀態，唯有理解讓心無限向上提升的佛陀教義，同時實踐以此為基礎

[204]

的各階段修行。像這樣的教義與各階段的修行，如果能使一切眾生有成為佛陀的可能性的話，在究竟上（這些教義與修行階段）應該是目標一致的。這就是所謂的「究竟一乘」的含意，所有的修行者最後將會實踐大乘的五道，而在最終獲得佛陀的境界。

接下來將討論有關大乘無學道的佛陀境界。所謂「佛陀」，是指完全斷除煩惱障與所知障，圓滿累積了所有的福德資糧與智慧資糧，依此現證了無上正等覺，獲得一切相智性，究竟圓滿了自利與利他。還有如來、善逝、勝者、世尊等等許多種不同稱號，稱號雖多皆與佛陀同義。像這樣的佛陀，在過去、現在、未來的三世中，或是十方世界中，存在著無數的佛。而在現在的這個世界中進行救渡一切眾生的佛陀，就是釋迦牟尼佛（釋尊）。

但釋尊也並非從一開始就身為佛陀而存在著。他原本也是一位在六道輪迴中過著痛苦生活的凡夫，在久遠的過去世中，因為發起菩提心而進入五道，受到諸佛的引導，並反覆累積菩薩行，其最終的結果就是親證佛陀的境界。而現在正在學習的我們，如果也能遵循著釋尊的教法而進入大乘五道，累積菩薩行直到確立了不退轉的境界的話，那麼，在未來成為佛陀將是無庸置疑的[90]。

[205] 那麼，菩薩成佛時是依循什麼樣的過程呢？這個問題，換個方式來回答，就是從大乘的修道通往無學道，最後現證無上正等覺，也就是指證得「現等覺」的過程。關於這一點，以下與佛身論一同來進行詳細的討論。

菩薩累積了數不盡以布施為首的六波羅蜜等諸功德，並非常熟悉這類

菩薩行的各種面相，同時擅長無量的祈願與方便，再加上反覆實踐所得到的結果，又以各種不同形式來體驗與最深奧的智慧化為一體的歡喜。當這樣的體驗成為完全不被動搖般地堅固時，就是圓滿了自利與他利的佛陀「二身」，也就是成就了法身與色身。

　　所謂「法身」，意即究竟真理的空性，或是完全理解究竟

圖10：佛身

二身	三身	二障	
法身	法身	自性法身	自性清淨
			客塵清淨
		智　法　身	
色身	報身	報　身	
	應身	應身	最勝應身
			技藝應身
			受生應身

注意：本圖只適用於凡例的「共通於主要圖表解說」，雖然在語彙上有某種程度上的相符，但不適用於真正的內含意義的解說。

真理的佛智。從法身真理面來看是「自性法身」[91]，從智慧面來看是「智法身」。但從佛陀境界來看，因為認識主體的智慧與對象的真理已經完全一體化了，所以智法身與自性法身並非個別存在著。

　　因為法身並沒有具體的形式樣貌，所以只有同樣達到佛境界的人，才能以現量感知法身。因此，將教法傳授給尚未成佛的人，或是對他們直接進行救贖等，這類的事是無法由法身來實現的。從這一點能夠清楚地瞭解，法身是自利的究竟圓滿狀態，所以又稱為「自利身」。而直接獲得法身的因，是其累積智慧資糧的修行。 [206]

　　另外，所謂「色身」，是指為了救助尚未達到佛境界的人，而以具體身態樣貌展現出來的佛身。因為色身是利他的究竟圓滿狀態，所以也稱為「利他身」。而直接獲得色身的因，是其累積福德資糧的修行。

　　關於這一點，龍樹的《寶行王正論》說道：「諸佛色身，從福德資糧生。法身即王，從智慧資糧生。」但是，這並非指法身與色身是個別產生的。如果說「有某位菩薩專心致力於智慧的修行而成就佛陀的法身，另一位菩薩專心致力於福德的修行而成就了佛陀的色身」，這樣的說法是完全不可能的。為什麼呢？原因是所謂佛陀的境界，是自利與他利兩方都達到究竟圓滿的狀態，是根據福德與智慧二資糧所累積的成果。所以，我們應該可以瞭解，法身與色身是菩薩在成佛時，必須同時成就的。

　　色身可分為報身與應身兩項。法身、報身、應身稱為「三身」，這是佛身論中最為普通的分類方式。又，在《現觀莊嚴論》等經典中，則有自性法身、智法身、報身、應身的「四身」說法。

[207]　　「報身」，即色身的根源性狀態，也稱為「受用身」。這是對一切眾生以大悲為根本，以一切的方便來救渡眾生的根據。因此，諸佛的報身是以所謂的「五決定」這個普遍理趣[92]而存在著的。也就是指（1）只住在色究竟天的上層的密嚴淨土（處決定）、（2）直到結束輪迴為止持續出世於世間（時決定）、（3）圓滿三十二相八十種好的相好（身決定）、（4）僅以大乘聖者為眷屬（眷屬決定）、（5）只說大乘法門（法決定），這五點是所有報身共通的決定方式。這裡面的第四點「眷屬決定」，是指只有聖者菩薩能在現量中覺知佛的報身，並能從報身直接接受報佛所傳授的教義。

　　如果是這樣子的話，為了更廣泛地救渡眾生，必須從報身的形態發展成更具體化的形態。也就是說，誕生在與所要渡的對象相同的世界中，擁有相同的身體，並以相應的教義說法。為了實現渡眾，從一個報身化現出

的無數「應身」，也稱為「變化身」或「化身」。例如，釋尊出生為古印度釋迦族的太子，在其八十多年的生涯中，示現十二相來化導有緣的弟子。在其所化現的八十年歲月中，傳授大小乘的經典，其恩惠迄今遍及地球上的人類，這可以說是應身的功用。

所謂「十二相」，是指釋尊善巧方便救渡眾生的十二項豐功偉業。在《究竟一乘寶性論》第三章中，舉出：（1）從兜率天往赴人間（降兜率）、（2）入佛母摩耶夫人胎內（入胎）、（3）從胎內出而誕生（出胎）、（4）學習身為釋迦族太子應有的教養（童子遊戲）、（5）完成太子的任務讓嬪妃來奉侍（明妃眷屬）、（6）生出離心而出家（出家）、（7）精進於苦行（苦行）、（8）在金剛寶座入三昧（金剛座）、（9）覺煩惱斷除一切障礙（降魔）、（10）現證無上正等覺（成道）、（11）對弟子們講授三乘法門（轉法輪）、（12）滅人身以示無常（涅槃）等十二項道理[93]。 [208]

假使將十二相一一分別切離的話，內容或許看不出與救渡眾生有什麼直接關係。但仔細思考這一連串的過程，應該會注意到這十二個過程不僅是必要，而且是以巧妙的方式來提示重點。像這樣的事稱之為「善巧方便」。例如，第五項的「明妃眷屬」，是為了要說明「即使體驗了人間的極樂，也並非是真正的幸福，原因是輪迴世界的本質是痛苦的」。這個教義是不可或缺的前提。還有關於第七項的「苦行」，雖然有許多不同的解釋，但在「徹底反覆修習」這一個意義上，說明了正確的苦行，在佛教修道過程中也是不可欠缺的[94]。釋尊在尼連禪河中持續六年的艱辛苦行，但如果只是苦行，並無法出現正等正覺。從這一點應該可以學到「精進於苦

行雖是佛道修行所不可缺的，但如果只是苦行的話，終將無法獲得開悟或解脫」的教訓。

也就是說，以十二相為始的釋尊一生是佛陀的應身，為救渡眾生所扮演的善巧方便角色。第十項的「成道」，也並不是說釋尊在這個時間點上第一次從菩薩成為佛陀，而是為了示現正等正覺的道理給眾生的一項方便法門。事實上，釋尊從菩薩到成佛——換言之，從大乘的修道進入無學道——這件事，應該比釋尊以應身的身分誕生在古印度還要早，它應該是指成就法身、同時也是在色究竟天的密嚴淨土上成就報身的那個時間點[95]。

又，應身分為最勝應身、技藝應身、受生應身三種類。「最勝應身」，指圓滿與報身相同的三十二相八十種好，表明自己就是佛，並以佛陀的立場來說法的應身。這樣的最勝應身，在一個時代、一個世界中，只會出現一位。因此，在現今世界中被承認的最勝應身，只有示現十二相並誕生在古印度的釋尊[96]。

[209]

至於技藝應身與受生應身，經典中雖然有許多不同的說法[97]，但主要還是指不明示自己是佛陀的應身。這是不論在何時何處，都可以因應說法的需要，而自由自在地出現。讓眾生能夠理解釋尊的教義，並藉此引導眾生進入正確的實踐。例如示現高僧或瑜伽行者，或是僧侶或凡夫，或是身分低賤的人或動物等等。應身，是不表明佛陀身分，應眾生需要而現一切相[98]。

接下來，我們要思考佛陀四身與諸法分類之間的關係。首先，因自性法身即空性，所以是無為法。其次，因智法身是完全理解空性的智慧，所以是有為法之智。再者，因為報身與應身是擁有心與身的人格的存在，所

以屬於有為法的心不相應行的補特伽羅。因其心是有為法的智，所以也指智法身本身，其身體雖然是有為法的色，但屬於不會產生業與煩惱的肉體。因為是以智力集結細微的風所成色，所以也稱為意生身。

自性法身，因為是無為法，所以是無我也是常。智法身與報身、應身，因為都是有為法，所以是無我也是無常。但這並沒有將來會從佛的境界退轉之意，因為佛陀已經斷除所有的煩惱障與所知障，所以不會有退轉的因或緣，縱然身為有為法的佛身是無常的，也絕對不會產生沒有因與緣 [210]
的退轉的果。無常的性質，是以因應不同狀況而能自由自在變化的形態來展現的。

接下來，將針對現等覺的過程中，如何獲得四身的部分，做進一步的具體探討。第十地的菩薩一定在今生之中得現等覺，所以又稱「最後有」。這樣的菩薩在迎接即將完成的修行的時刻上，修習無間道除去最為細微的所知障。這個修習稱為「金剛喻定」三昧，由於與一切法的真如化為一體，所以甚至是帶來等引智與後得智區別的細微二顯現的薰習，也像毫不間斷地灌水柱一般地而徹底消滅。在《般若心經》的經文中，「舍利弗啊！菩薩們因為〔對作為勝義的佛果〕無所得故，以般若波羅蜜為依據而住」的這個部分，可以說是相當於金剛喻定。

在這無間道之後的下一刹那，解脫道產生時，在勝義面上，可藉由等引智直接地覺知認識對象的真實模樣——空性——本身。幾乎在同一個時間點，在世俗面上，即使認識對象的樣貌不論有多麼地複雜，都能像拿在手上看得一清二楚那樣[99]。也就是說，完全除去二顯現的迷亂，不伴隨任

何的執著，對一切認識對象，都能同時以現量來感知。正因為如此，完成了所知障的斷除，達成了無上正等覺，獲得了法身。關於這一點，相當於《般若心經》的經文中「心沒有〔二〕障，沒有恐懼，然後完全離開顛倒，〔終於〕達成〔無住處〕涅槃的境地」的部分。

[211] 　　接下來進行更仔細的分析。在無間道最後有的菩薩的心與真如（空性）本身一體化時，產生解脫道的瞬間，即成為自性法身，此時的等引智就成為智法身。這個智法身與後得智的本質是一體的。因為在到達佛陀的境界後，等引智與後得智的區分將會消除。而且實際上從等引三昧中醒來時，佛陀的身、語、意等一切的功德將隨即圓滿。

　　在這樣的過程之中，最後有的菩薩，將實現等同於圓滿三十二相八十種好的狀態。然後，在獲得法身的瞬間，從當下的狀態成為報身。報身順著相當於前面提到的五決定理趣的原理，在色究竟天的密嚴淨土中出現，對聖者菩薩們講述佛法。就在這個同時，與報身本質無差別的應身，為救渡一切眾生，以各式各樣的相示現在十方世界中。能夠面對眾生的各種信仰、思維方式或能力，分別以適合他們的形態，而自由自在地變化無數的身，便是在這個時刻達成的。關於這一點，月稱的《三歸七十頌》中是這麼寫著的：「佛陀的色身以〔三十二〕相〔八十種〕好廣為人所知，由眾生自身的信解力化現種種身。」

　　若以上述的討論為前提的話，法身、報身、應身三身，應該是能同時獲得的。關於這點，再從其他角度來探討。就像前面提過的那樣[100]，以描述修道菩薩的實踐為主，在《現觀莊嚴論》第四章中，提到生死涅槃平等性的加行、無上淨土的加行、善巧方便的加行這三項修行。這三項加行被

認為是獲得三身的個別因。因此，菩薩熟習這三項加行，成就究竟成果也一定是同時達成。要說為什麼的話，譬如說成就前面兩項的人，除了佛陀以外沒有人了，但沒有一位佛陀是未成就善巧方便的。因此，可以歸結這 [212] 三種加行的成就，也就是獲得三身是在同一時候的。三身的獲得，圓滿一切功德，去除一切障礙，一切的一切皆是同時實現的。

　　如此一來前面所說明的，「事實上釋尊從菩薩到成佛這件事，應該比釋尊以應身的身分誕生在古印度還要早，它應該是指成就法身、同時也是在色究竟天的密嚴淨土上成就報身的那個時間點」，可能有人會認為有矛盾，但實際上並不矛盾。理由是，站在應身的角度來看「同時獲得三身」的意義，即有無數的應身，隨時皆可出現在十方世界中，而實際上化現在各個世界中的時間，是根據眾生各方面的條件來決定[101]。

　　整理以上諸論點，章嘉的《宗義解說》有下列解釋：「在應證最後有際（現等覺之前）的等引智的第二剎那時，亦即應證解脫道時，等引智本身變成等引與後得一體化後的智法身。又，無間道的法性（空性），成為離〔煩惱與所知二〕障的自性〔法〕身。以〔三十二〕相〔八十種〕好所莊嚴的身體，即是報身。這個時候，藉由以前的誓願之力，無等起（想要達成目標之意念）地在十方無數世界中無限地示現等，皆在同時產生。」

　　接下來，試著從色身佛陀的身、語、意、事業等方面來簡單整理其功德[102]。佛陀的身、語、意、功德、事業等原本都是一體的，首先身體外觀上的特徵，有頭頂肉髻、眉間白毫等三十二相，及古銅色指甲等八十種好。另外，色身功能上的特點，則以各種身分展現無數的應身，示現於十

[213]　方世界最為重要。

　　語言方面的特色，則是以柔和音聲為首的六十種美妙音聲。特別以能給予所化眾生最適合的教說，及使用最容易明白的言詞來說法，為其最大特色。譬如，在釋尊的身邊有印度人、西藏人、日本人、天人、龍等眾生，釋尊能在同一時間內以他們各自的語言為其說法。也就是說，在同一個時間內，對西藏人而言聽到的是藏語，日本人聽到的是日語，而天人則有可能聽到的是天的語言。

　　關於意的特點，簡單來說是以智慧與慈悲完全無缺地持續到永恆。佛陀的智慧稱為「一切相智性」，能正確地理解一切的存在。也就是說，一切法的領域與佛陀的所知領域是完全一致的。也就是說，凡所有存在的東西，都是佛陀所知的對象。反之，若非佛陀所知的對象，即為不存在之物，只不過是虛妄之概念[103]。

　　一切的存在，依照其呈顯方式可以分為現前分、隱蔽分、甚隱蔽分三階段。「現前分」，指凡夫能藉五感的現量而覺知的粗存在，這相當於眼前看到的瓶子的色彩或形狀等等。「隱蔽分」，指凡夫藉五感的現量無法覺知，藉比量的推論能理解的細微隱藏存在。其例子像是瓶子的空性等等，如果是聖者的話，能藉等引智以現量來理解。而「甚隱蔽分」，就像是隱藏於各自業的因果關係般，是細微而難以理解的存在[104]，只能由佛陀的智慧來理解。例如說「某惡業的果報，來生將轉生地獄」，像這類業果的異熟問題，就連十地菩薩也無法窺知，只有佛陀能夠看透[105]。對於現前

[214]　分、隱蔽分、甚隱蔽分的認識對象，佛陀均能以現量知悉一切，無須像比量那樣伴隨著推論的分別的心。

　　若分析佛陀智慧的功能的話，可分為法界體性智、大圓鏡智、平等性智、妙觀察智、成所作智等「五智」。「法界體性智」，是完全地徹底理解空性，並與空性合為一體的智慧。「大圓鏡智」，是像鏡子般將所知原原本本呈現出來的智慧。「平等性智」，是能知生死與涅槃等諸法門，在空性的層次上並沒有善惡的分別，其本質是平等的智慧。「妙觀察智」，是意識（第六識）被淨化的智慧，能個別地觀察所知並進行分析。「成所作智」，是五感之識（前五識）被淨化的智慧，具有能實踐成佛所需修行的功能。

　　關於佛陀的意的特長中，在此僅就慈悲稍加介紹。佛陀的慈悲是廣大無邊際且平等的。對一切眾生完全平等地關注，不管眾生是善是惡、是否皈依三寶、是否精進於修行等等，完全不會因為這些事情的不同而給予差別對待。而在現實中，眾生是否得到救渡，並不是因為佛陀慈悲的多寡，而是端賴眾生的條件或因果關係。也就是說，真正的救渡並非光靠著佛陀單方面的慈悲或威力就能實現的，而是仰賴三寶一步步的引導，進入漫長的修行路，在最後必須由眾生以自身的力量來達成的[106]。也正因為如此，佛陀才會對眾生說：應行善行、應皈依三寶、應精進修行。這些是為了引導眾生備齊諸條件，絕對沒有將不遵從的人從慈悲對象中剔除之意。

　　依其深度，慈悲又可以分三個階段。第一階段是「以有情為所緣的慈悲」，這是一般的慈悲，對眾生溫柔慈愛的心，悲愍體貼眾生苦的心。然而，眾生有多種，其變化也無限。因此，若無甚深智慧相伴，要隨時隨地發起平等的慈悲心是非常困難的。 ［215］

　　第二階段是「以法為所緣的慈悲」，以理解有為法是無常的智慧作為

依據的慈悲，不因眾生的多樣或變化而生動搖。但因為認為慈悲的主體、對象、行為是有某種程度的實體，所以在這種情況下所生的慈悲，尚未到達完全無條件的程度。

第三階段是「無所緣的慈悲」，以理解一切法空的智慧作為依據的慈悲，所以對一切眾生，能無差別地生起慈悲，甚至能超越時間與空間而無限寬廣。因為無須遵照某些緣由才能發起，所以不論何時何地對誰都能平等地生起慈悲心。佛陀的慈悲正是這種無所緣的慈悲。

到此為止，概說了佛陀身、語、意的特點，接下來簡單地討論與這些有密切關連的事業。佛陀的事業，也就是其功能的特點，可分為「無功用」與「不斷」兩大項。

所謂「無功用」，是指完全離開分別思考或有意識的努力，也就是說，佛陀身、語、意的功能，不論對什麼事都藉由直覺的智慧瞬間理解，而能自然地成就最好的結果。例如，佛陀與某人相遇時，馬上就能知悉對方的一切。並且不需要特別生起「渡他」的念頭，就能自然而然地因無所緣的慈悲而對他講離苦的方法，也無須刻意努力便能成就這件事。

[216] 「不斷」，是指佛陀的身、語、意行為，絕對不中斷地持續著。如果是需要某些意念或努力才能具備的作用的話，那麼在相對上就會出現間斷。然佛陀的事業並不需依靠某些意念，所以不會有中斷的事發生。這是修行大乘的五道，累積圓滿一切福德與智慧的資糧，所成就的事業特點。在《現觀莊嚴論》第八章中提到：「只要有輪迴，佛陀的事業便不斷。」

如上所概觀，佛陀的身、語、意、事業的功德是完整無缺的，根據這點在渡一切眾生的方便法中，只要眾生的痛苦沒有消除，佛陀的救渡眾生

也將無盡地持續下去。佛陀的淨土也因此而實現。

《大日經》住心品中說道：「祕密主啊，一切智智是從悲的根本生起的，是從菩提心的因生起，是依方便而達到究竟的。」這正是大乘五道的要訣。趣入資糧道，就是發世俗菩提心；邁向見道，就是發勝義菩提心。藉由這樣的因，於無學道能獲得佛陀的一切相智性（一切智智），但是，這並不是五道的目的。以一切相智性為基礎的方便法門，正是使救渡眾生的行為能夠一直持續下去，這才是大乘五道的完成。而且不論在五道的任何一個階段，支撐一切行為的根本就是慈悲。

月稱在《入中論頌》的歸敬偈中說道：「正因為慈悲的緣故，勝者得以圓滿果實，在培育這樣的種子時，如長流不斷的流水，在享受的場合成熟，因為是這樣的祈求，我首先以禮讚慈悲〔來代替歸敬偈〕。」在此歸 [217] 敬偈中，慈悲被比喻為發菩提心時不可或缺的種子，以不斷的流水譬喻持續不斷地培育菩薩行，因為是佛陀事業的本質，所以以成熟來譬喻。也就是說，在大乘五道的過程中，初、中、後三際上，慈悲是絕對不可欠缺的重要因素，所以月稱以文殊等對諸佛的皈依辭，來代替闡述慈悲之禮讚文。

佛教是「智慧與慈悲的教義」。《般若心經》就像名字所顯示一般，是說明佛教的「智慧的教義」這一部分的經典。因此，以《般若心經》顯義部分的中觀思想，來呈顯智慧的最究竟狀態。相對地，以《般若心經》隱義部分的修道論，從慈悲的立場來闡述《般若心經》，提示了從發菩提心到究竟方便的「道」。

以上概觀了《般若心經》隱義部分的五道與十地的修道論。如前所述，修習此修道論，就像是手中握有標示前往佛陀境界的地圖一般，意義非常重要。如果認為「高境界的修行與現在的自己沒有直接關係，所以沒有必要學習修道論」的話，這是非常危險的事。這就好像，以對面遙遠的高山為登山目標，即使認為自己正向著山頂攀爬，途中卻在深谷內迷失方向而遇難一樣。所以，從山腰到山頂的地圖，可以說是保護登山者生命的必需品。與這個意思一樣，若想認真進入佛道修行的話，學習修道論是不可缺的，因為這樣才能不陷於邪魔歪道，行走於正確的道路上，然後抵達目標的境界。

[218]　因此，學習五道與十地的修道論，是瞭解自己在佛道修行上應行之路，這一點是很重要的。但是，本章在最後要再提出一個重點。那就是我們在修行大乘佛教或是密教時，最重要的事是皈依三寶與發菩提心。從修行的入門到最後的階段為止，這都是不可或缺的要素。

那麼，作為皈依對象的佛寶、法寶、僧寶，到底是怎樣的一種存在呢？要想正確理解第一項的佛寶，必須學習大乘無學道。第二項的法寶，也就是指滅諦與道諦。滅諦，是藉見道以上的聖者的智慧而獲得的對象，完成於無學道的階段。道諦，是見道以上的聖者的智慧。因此，要正確地理解法寶，必須從見道開始學習到無學道為止。第三項的僧寶，因為是見道以上的聖者，所以也是一樣的。因此，要獲得見道的話，加行道是不可缺少的，因為其基礎是資糧道，所以從結論來說，要正確理解三寶就必須學習五道。

　　又，要理解菩提心為何的話，一定要學習大乘五道與菩薩十地。原因是在最初發起菩提心時，便是進入大乘資糧道的時間點，從這個時候開始到大乘無學道為止，正是菩提心的成長過程。

　　「若不知三寶為何，要怎麼皈依呢？若不知菩提心為何，又怎麼能發起菩提心呢？」請仔細思考這段話，將會明白學習最具有實踐性的修道論即「五道與十地」的必要性。

[219]　**注釋**

1. 參照第三章頁 118、124、140。

2. 小乘分為以修習四諦為主的「聲聞乘」以及以修習十二緣起為主的「緣覺乘」二乘。而這兩者與菩薩乘（大乘）合稱為「三乘」，可統括為整個佛教。因此，嚴格來說應該是「聲聞、緣覺、菩薩三乘各自存在著」五道。但緣覺乘在剛開始時跟隨上師（喇嘛）聽聞佛法，接下來全部靠自己一個人的修行而達到阿羅漢的境界，所以相關的解說經典並不多。因此，在本文中以「小乘」所記述的部分，幾乎就只能解釋聲聞乘而已。

　另外，關於在本章對五道的說明，到底是指小乘的五道，還是大乘的五道？在區分上會盡可能地明白提示，所以在閱讀時請務必小心閱讀。還有，以「一般地」或「一般性」等用詞來記述的部分，是指小乘與大乘共通的說明。

3. 資糧道與加行道合稱為「信解行地」。無法以現量來理解空性的凡夫，因為仍然在以信仰或概念性理解為基礎進行修行的階段，所以如此稱呼。

4. 阿羅漢，又譯為「應供」，即適合接受供養者的意思，也就是所有的修行都已經到了究竟無學道的聖者的稱號，以大乘來講相當於佛陀。但普通來說，提到阿羅漢，是指小乘的無學道，也就是單指得到解脫的聖者，因此在本書中也只用這個層面的意思來做說明。

5. 一般來說，佛陀之事稱為「一切智」，佛陀的智慧稱為「一切智性」（或一切智智）。但在彌勒菩薩的《現觀莊嚴論》等著作中，將佛陀的智慧稱為「一切相智性」，而「一切智性」則是指阿羅漢的智慧。因此本書以及本章中，均以《現觀莊嚴論》的說法為準則，以「一切相智」來說明佛陀，以「一切相智性」來說明佛陀的智慧。但是，若阿羅漢的智慧也以「一切智性」來說明的話，則會產生不必要的混亂，因此本書在敘述上不採用這個說法。

[220]　6. 請參照第二章注 1。

7. 關於與大乘不共通的小乘特有修行（僅有利於獲得阿羅漢果的修行方法等），菩

薩雖不親自實踐，但有先學習的必要。原因是所需救渡的一切眾生中，也含括了小乘的修行者及阿羅漢，為了瞭解他們的想法與作法，這是不可或缺的。

8. 歷經五道、十地的階段而證佛果的修道內容，在《現觀莊嚴論》中歸納為「八現觀」。也就是說，應學習的對象有（1）基智性、（2）道智性、（3）一切相智性等「三智」，應實踐的修行法門有（4）正等加行、（5）頂加行、（6）漸加行、（7）剎那加行等「四加行」，以及最後可得到的果為（8）法身，將這些合併在一起則為八現觀。

9. 請參照頁 172。

10. 根據世親的《阿毘達磨俱舍論》的計算法，8,399,000 年 ＝ 小劫，小劫 ×2 ＝ 中劫，中劫 ×80 ＝ 大劫，大劫 ×10^{59} ＝ 阿僧祇劫（不過，「8,399,000」或「10^{59}」這種具體的數字，也可解釋為「無限大」的意思）。

以某一個宇宙（三千大千世界）來想的話，在什麼都不存在的期間（空劫）中連續二十個中劫，接著宇宙生成的期間（成劫）中連續二十個中劫，緊接著宇宙維持的期間（住劫）中連續二十個中劫，然後逐漸崩壞的期間（壞劫）中連續二十個中劫，所以合計共八十個中劫，也就是一大劫。而空劫、成劫、住劫、壞劫這個循環，則是不停地反覆著。

另外，像這樣的宇宙有無數個存在著，彼此在不同的時段中重複著成住壞空的循環。因此，某個宇宙進入空劫的期間，別的宇宙正處於住劫的期間，所以眾生則會轉生到處於住劫期間的宇宙。

順便一提，若僅根據顯教方便法，菩薩的修行期間，一般認為是阿僧祇劫 ×3+大劫 ×100 ＝ 三祇百劫（參照第五章頁 251）。

11. 依《阿毘達磨俱舍論》之說，世界的中心聳立著名為須彌山的高山，其周圍四方分別是東勝身洲、南贍部洲、西牛貨洲、北俱盧洲等四大洲，及附屬於四大洲的八中洲，在外側則是被稱為鐵圍山的山脈所包圍，然後，在須彌山的山腰處有太陽、月亮環繞著。這稱為小世界，這是以印度的傳統思想為基礎所想出的太陽系模式圖（因為視點與現在藉由自然科學所瞭解到的事實完全不一樣，

[221]

所以沒有必要同等考量）。

另外，更大次元的空間單位，其計算方式如下：小世界 ×100 = 小千世界，小千世界 ×1000 = 中千世界，中千世界 ×1000 = 三千大千世界。三千大千世界相當於現代科學中所說的宇宙，佛教認為有無數個像這樣的宇宙存在於十方世界之中，同時也無限重複著成住與壞空（請參照前注）。

這些與三界、六道的關係如下：南贍部洲的地下有八大地獄與八寒地獄，其各自附帶有十六遊增地獄。人類居住於四大洲，現今我們的世界（地球）相當於南贍部洲。須彌山山腰有四天王眾天，山頂有三十三天，其上空有夜摩天、兜率天、樂變化天、他化自在天。其上尚有色界的初禪天，將這些集結起來構成一個小世界。然後，這些小世界集結起來的小千世界全體上方有第二禪天，另外在中千世界全體的上方有第三禪天，三千大千世界全體的上方則有第四禪天。

這樣的世界全都是由山、海、植物等環境要素所組成的（器世間），並由居住在此環境上的有心生物（有情世間）所形成，這兩者合起來而有所謂的輪迴產生。

另外，《阿毘達磨俱舍論》中提及的世界觀，特別在具體數字方面，與大乘經典或密宗經典有說法不一致的地方。

12.所謂「有暇具足」，是由八個有暇與十個具足合在一起。指適合佛教修行的條件。

[222]　「八有暇」者，指離開下述八個不好的生存條件：（1）生於地獄；（2）生為餓鬼；（3）生為畜生；（4）生於長壽天（醉心於長壽與享樂的禪定之中，致難以努力於佛道的修行）；（5）生於佛教的實踐者──四眾（比丘、比丘尼、優婆塞、優婆夷），無法活動的邊境地區；（6）生於佛陀未出生而不知教義的時代；（7）無法運用智能；（8）抱持邪念。

「十具足」者，為：（1）誕生為人；（2）生於四眾活動的地方；（3）具備理解教義並修行的能力；（4）未觸犯五逆（殺害父母、殺害阿羅漢、傷害佛身、破壞僧眾之和）；（5）對以戒律為首的三藏抱持信心；（6）佛陀降生；（7）

佛陀講述正法； （8）佛陀正法傳承至今； （9）上師或修行者們實踐那些法門； （10）獲得周遭眾人的幫助。在這十項條件中，前五項稱為「自身五具足」，後五項則稱「外在五具足」。

13.《阿毘達磨俱舍論》等說一切有部之說則限於東、南、西三大洲的男女。

14.發菩提心的具體修行有「因果七祕訣」與「互換自他的平等」兩種。這些被認為是藏傳佛教的實踐體系中最為重要的祕訣。細節請參照《實踐・藏傳佛教入門》（貢卻斯塔等著，春秋社出版）第四章。

15.不過，譬喻是不完全的，這一點必須注意。救渡眾生不是單方面靠佛陀的力量就能實現的，眾生本身的努力也是不可或缺的。事實上，現實中眾生難渡，是眾生的條件不具足，而不是佛陀的能力不足。請參照注 90、106。

16.「四念住」是對治四顛倒的修行。四顛倒為下述四種錯誤的見解： （1）以不淨為淨（淨顛倒）、 （2）以苦為樂（樂顛倒）、 （3）以無常為常（常顛倒）、 （4）以無我為我（我顛倒）。

17.「四正斷」，即 （1）捨棄已生之惡法、 （2）不生未生之惡法、 （3）未生善法令其生、 （4）持續已生之善法。此四精進法也稱「四正勤」。 [223]

18.「四神足」，即 （1）不斷地以強烈的冀望與恭敬心努力修行所產生的三昧（欲神足）、 （2）以前修習的三昧因所產生的三昧（心神足）、 （3）不斷精進修行所產生的三昧（勤神足）、 （4）以智慧分析所產生的三昧（觀神足）。以上述三昧為基礎可獲得神變。所謂「神變」，以三昧力前往佛陀淨土等，超越常人範圍的能力。

19.因應不同修行者各自的身分立場，而有優婆塞、優婆夷、沙彌、沙彌尼、式叉摩那、比丘、比丘尼七種「波羅提木叉」（別解脫律儀），是他們各自應遵守的戒律。在家修行者的男女（優婆塞、優婆夷）必須遵守的五戒為： （1）不殺生、 （2）不偷竊、 （3）不邪淫、 （4）不打誑語、 （5）不喝酒。
另外，在大乘資糧道的部分，因發世俗菩提心而獲得的「菩薩戒」也必須遵守。菩薩戒中的根本罪，若舉最重要的部分，即抱持邪念以及捨棄菩提心這兩

點。請參照注 68。

20.在賈曹杰的《注釋藏莊嚴》（《現觀莊嚴論》的注釋）第四章中，有如下之解釋：「（1）以佛陀等大乘的道與果為對象的信；（2）歡喜精進布施等一切菩薩行；（3）憶念（心中經常保持）包含圓滿意樂（志願）的發心；（4）對一切法無分別的三昧；（5）完全明白勝義諦與世俗諦中一切法的一切相等，善巧五相之境（對象）。」（編號為作者加上。）

21.大乘資糧道的定義：「於自相續（自己的心相續）中修習一切相智性，是善巧薩埵法（菩薩道）之現觀（道）。」

[224] 22.一般加行道的實踐有：（1）信根、（2）精進根、（3）憶念根、（4）三昧根、（5）慧根等「五根」，以及（1）信力、（2）精進力、（3）憶念力、（4）三昧力、（5）慧力等「五力」。所謂五力，指累積五根的修行後所增長的力量，指已經除去退轉的恐懼狀態。與後面將提到的四善根的關連，則是在煖與頂的階段實踐五根，在忍與世的第一法階段實踐五力。

23.對於菩薩在哪一個階段才能獲得不退轉的相，在《注釋藏莊嚴》第四章中的解釋如下：「利根（能力優秀的修行者）從加行道的煖開始，中程度的修行者〔從〕見道開始，鈍根（能力拙劣的修行者）從〔修道的〕第八地開始獲不退轉相。」

24.關於理解認識對象（境、所取）與認識主體（有境、能取）的無自性之顯現，在四善根的各階段，到底各自瞭解到什麼樣的程度呢？這因為眾說紛紜而無法確定。

在《注釋藏莊嚴》第一章裡提到：「在加行道的最初兩個階段（煖、頂），捨所取諦執的力量逐漸增加。又，加行道的忍生成時，因所取俱生諦執顯現於眼前的力量逐漸衰弱，所以從等引（三昧）甦醒來的時候，以色為首的諸法宛如出現於鏡中的影像一般，這樣共通的性質就能夠被顯現出來。再進一步，世第一法生成時，能取也因修習的力量可以看見。」

又，在章嘉的《宗義解說》有下述的說明：「在煖與頂時，境與有境二顯現，

兩者的存在能藉由經驗來認識、獲得。在忍的時間點上，在等引上修習的境的顯現是無法認識的，但所修習之〔有境〕的顯相是可認識的。在世第一法的時點上，應修習之（境）與修習之（有境）的顯相，幾乎都消失無蹤。」也請參照注 29。

25. 關於四諦十六相在《達賴喇嘛的佛教哲學講義》第二章有詳細的解釋。

26. 若要探討苦諦四行相中的「空」與「無我」的區別的話，前者是我所見的對治，後者是我見的對治（請參照注 48）。因為空是「即使將五蘊視為自己的家一般，也無法在其中尋出自我這個主人」，所以否定以五蘊為我的之觀點。另一方面，無我則是否定以五蘊為我的觀點。 [225]

另外，這種情況下的空或無我，是佛教一般所共通的──否定常住、單一、自在的我，但與中觀派深奧的空性理解在性質上是不同的。請參照第二章注 5。

27. 關於滅諦即「滅苦」，也包含一部分尚未產生的苦。因此，從以現量來理解空性的階段，也可以得到滅。也就是在見道與修道上，在斷煩惱上是依序從粗大煩惱開始，在各個階段所斷的煩惱，就是止滅了苦的起因。因此，在無學道中，因為所有的煩惱皆已斷除，因此所有的苦也完全滅盡。所有的苦滅盡就如同解脫與涅槃。

28. 此處關於空性理論的相關議論，嚴格來說必須加上「不需經歷修行小乘五道而得到空性理論，直接地進入大乘五道的菩薩境界」的限制。

29. 關於這一點，在索南扎巴的《般若學總義》中，有如下的解說：「在小乘的〔五〕道之前尚未〔修習〕菩薩道的情形，依加行道〔心〕相續的聞慧與思慧，伴隨境與有境這兩個粗略的顯現門而瞭解空性。在修習所生智慧的情形，雖然有些微的二顯現，但並沒有和上述〔二〕者一樣的粗略顯現。原因是已經概念地理解了法性（空性）的關係。而且，這也是在理解空性的止，從〔心〕安住的狀態來看，藉正理伺察空性力，如果能啟發身心的輕安（因精神集中而得到輕快的境界），則可獲得以空性為所緣的止觀不離的瑜伽。像這樣止觀不離的加行道四〔善根〕中，〔空性的〕明確顯現有大小的區分。換句話說，在

煖與頂的時間點上，即使粗略的二顯現已滅，但具『有二顯』自相續的補特伽羅（修行者自身）憑經驗得以認識。〔但是，〕得忍時，他並沒有得到這樣的認識。」請參照第二章頁 45。

[226] 30.小乘的阿毘達磨所講述的四善根，是與色等主體相關，而以四諦為緣，僅對治人我執而入無常等行相。請參照注 48。

31.大乘加行道的意思為：「自相續產生於圓滿大乘順解脫分之後，以諦的現觀（直覺地瞭解真理，也就是見道）為基準的大乘世間道。」

32.請參照第三章頁 124。

33.關於現量與比量的定義，請參照第二章注 58、59。關於量的定義，請參照第二章注 3。

34.一般而言，以下述「七覺支」為見道的實踐，即：（1）念覺支、（2）擇法覺支、（3）精進覺支、（4）喜覺支、（5）輕安覺支、（6）三昧覺支、（7）捨覺支。

35.僧伽本來的意思為聖者修行者。但從凡夫的立場來看，要分辨誰是真正的聖者是很難的。因此權宜方便地認為，只要有堅守戒律的比丘或比丘尼四人以上的團體的話——即便他們都是凡夫——都可視其為僧伽。當然若是真正的聖者的話，便跟人數無關，就算僅有一人也是僧伽。

36.「六欲天」，即在須彌山山腰的四天王眾天（增長天、廣目天、持國天、毘沙門天），其上有三十三天（帝釋天等等），又其上另有夜摩天、兜率天、樂變化天、他化自在天。請參照注 11。

37.「色界」有十七天，從下位依序排列的話，初禪有梵眾天、梵輔天、大梵天三天，第二禪有少光天、無量光天、極光淨天三天，第三禪有少淨天、無量淨天、遍淨天三天，第四禪有無雲天、福生天、廣果天、無煩天、無熱天、善現天、善見天、色究竟天八天。

38.「無色界」的定分四階段（四無色定），由下而上依序是空無邊處、識無邊處、無所有處、非想非非想處。

39.不過，生在北俱盧洲的情形是例外。

40.抑制煩惱出現，或是斷除已出現之煩惱的延續，這在凡夫階段是可以藉由修習　　[227]
達到的，同時也應該朝這個方向努力。但要根絕諸如此類的煩惱，必須達到見
道或修道的階段才有可能。而且也因為不可能一口氣根絕所有的煩惱，所以需
依當時的時間點，從最粗大的煩惱開始斷除，慢慢地連煩惱種子的部分也完全
根除。如此一來，煩惱一旦連根被拔除後，是不會再產生同樣的煩惱的。

41.舉例來說，初地菩薩可以在一瞬間同時看到百位佛陀。而第二地菩薩可見到一
萬兩千位佛陀，第三地菩薩則是一百二十萬位佛陀……依此類推逐漸增加。

42.請參照頁 196。

43.所謂「異熟」，是指在以後的其他時間，以不同的事物形態而成熟。具體來
說，從善或不善的因，得到無記（不善亦不惡的中立狀態）的果。例如，從業
障或煩惱等有漏因，得到來世的六道五蘊等。因為轉生的五蘊本身是無記的，
又稱「異熟生」。

在本文的情形，因為是聖者菩薩的關係，不會累積惡業或產生新煩惱，但因過
去的業障或既存煩惱的果，也是會得到「異熟生」的果。隨著菩薩的境界越來
越高，既存的煩惱也越來越少，於是得異熟生的地方也從地上逐漸攀升到天
界。只是，菩薩轉世的方法，並不限於根據異熟，也有依據誓願與禪定力的。
因此，未必是高位的菩薩，就一定生在高的天界。

44.關於這一點，也有主張「初地全是見道，無法設定修道」的學說。

45.嚴格來說，是生於一更的三昧。「更」為時間單位，早晚各自分為初、中、後
三部分。

46.請參照本文頁 193、注 54。

47.對於四諦的質疑。同時也包含對因果、善惡、三寶的疑惑。

48.「有身見」，是執著於「我與我所」的錯誤見解。認為「就是我」的這個對象　　[228]
有其自相的想法是「我見」；認為身體等是「我所有物」且各有其自相的想法
是「我所見」。詳細請參照第二章注 32。

「邊執見」，是執著於極端想法的錯誤見解。而所謂極端想法，是指執著諸法是真理所成之「常邊」想法；或執著諸法只是言說，實際上是不存在的「斷邊」想法；或執著諸法是以真理所成立且不能言傳的「有邊」想法；或執著不抱持諸法不為真理與可藉言傳的「無邊」想法。請參照第二章注 81。

「邪見」，普通是指錯誤的見解，此處特別指否定有為法的因果關係。如果否定因果的話，便無法辨別善惡，甚至不承認三寶的存在。

「見取」，即誤以為有身見、邊執見、邪見三者是正確的，並執著之。

「戒禁取」，即誤以為外道不正確的戒律或誓言是正確的，並執著之。譬如：相信模仿狗的模樣或傷害身體等苦行可以獲得解脫。

49.這是無著的《大乘阿毘達磨集論》之說。承認有身見或邊執見中，有遍計（見惑）與俱生（修惑）的區別（請參照第二章注 32）。

另外，在《阿毘達磨俱舍論》中，主張貪欲、嗔恚、愚痴、慢四者，同時存在於見惑與修惑中；而疑、有身見、邊執見、邪見、見取、戒禁取六者則不納入修惑中。

50.在《阿毘達磨俱舍論》中，用同樣的方法可以數出八十八種見惑。與《大乘阿毘達磨集論》的數量有些出入，後者將有身見與邊執見歸納在見苦所斷，而將戒禁取見分見苦所斷與見道所斷兩種。

51.小乘見道以上的聖者，分有「四雙八輩」（沙門四果）。通常達到世第一法的究竟而入見道階段稱為「預流向」；生起道類智而入修道階段稱為「預流果」。又，修道的階段分有一來向、一來果、不還向、不還果、阿羅漢向，而無學道則是阿羅漢果。但在凡夫階段斷滅部分修惑的情形，是在入見道的時點上，將成為一來向或不還向等等，因應不同的情況有其相當複雜的說明。詳細請參照《阿毘達磨俱舍論》或其注釋、解釋書等。

52.關於四諦十六心剎那的「剎那」含意，《注釋藏莊嚴》第二章解釋為以空性為所緣的一坐等引（三昧），也就是解釋為一次的三昧，並不是時間的最小單位。

53.像這樣的八忍八智的設定，《注釋藏莊嚴》第二章主張八忍的各項為同體異面，八智也各有其同體異面（關於同體異面的部分，請參照第二章注6）。

54.在《阿毘達磨俱舍論》等書中，在四諦十六心剎那最後的道類智時，被認為是杜絕所有見惑而進入修道的階段。關於說一切有部的這種立場，在貢卻亟美旺波的《宗義寶鬘》中有下述之解說：「主張『智忍十六剎那中，最初的十五剎那是見道，第十六〔剎那〕的道類智是修道，如山羊過橋一般必須依順序前進』。」

但大乘見道的情形——如同本文中的說明——在獲得包含道類智的四諦十六心剎那的後得智之後，依後得智的功德力進入下個階段的無間道的時點，被視為進入修道位。因此，道類智應該屬於見道位。這與《現觀莊嚴論》第四章的說法一致，即「在見道，正因為是〔八〕忍〔八〕智的〔四諦〕十六心剎時，才更應知曉不退轉的菩薩相」。

55.一般來說，對於修道的實踐分為（1）正見、（2）正思維、（3）正語、（4）正業、（5）正命、（6）正精進、（7）正念、（8）正定等「八正道」。

另外，資糧道的四念住、四正斷、四神足，加行道的五根、五力，見道的七覺支，以及修道的八正道，總稱「三十七道品」（或稱三十七菩提分法、三十七品助道法）。這些雖然是佛教普遍共通的實踐內容，但在大乘的五道上，各自富含深意，故需一一解釋。以五根、五力的信為例，佛教一般的共通意思是指 [230]「對四諦的信仰」，但在大乘的立場則更加上「從菩薩的立場來皈依三寶」這種獨特的解釋。關於三十七道品在《達賴喇嘛的佛學哲學講義》第五章中有簡明的解釋。

56.在聲聞的立場上，認為欲界的心以及有頂（無色界中的最高天，也就是非想非非想處）的心，是無法移向修道的。

57.此處提到的「執著性」，是指心向對象時，在對名稱與概念混淆的同時一邊努力地想去掌握它們。未必是指以貪欲為基礎所產生的煩惱執著。伴隨分別的知的話，便成為執著性。舉例來說，比量是執著性，現量則非執著性。

58. 對煩惱、五蘊、死、天等四魔而言是勝利。

59. 請參照第一章頁 5。

60. 運用以前的誓願力量來發揮利他行的效果。

61. 請參照注 102。

62. 對一切法起諦執而不執著。

63. 無所緣、無相、無願等三行相，是為了利他而指向「一切相智性」，可藉由修習空、無相、無願等「三解脫門」（參照第三章頁 124）的三昧而獲得。
   所謂「無所緣行相」，是指進入「空解脫門」的三昧，而不以我與我所為所緣。而「無相行相」，是指進入「無相解脫門」的三昧，沒有形色或顯色等歡喜相。「無願行相」，是指進入「無願解脫門」的三昧，不追求三界之果。

64. 遠離常、樂、我、淨的四顛倒（請參照注 16）等，得到未來不退轉的標幟（印記）或相。

[231] 65. 獲得一切相智性。正確知悉一切對象，故稱無量。

66. 請參照頁 211。

67. 所謂「布施」，是指不吝惜施予他人。
   布施金錢或財物是「財施」，布施教法是「法施」，從危難中救出使其免於恐懼狀態是為「無畏施」，上述三種布施總稱為「三施」。密教則加入施樂與善的「慈施」，合稱「四施」。
   布施波羅蜜，是不選擇施予的對象。一般的想法是對貧窮人施予物品或金錢等，但可能不會對富裕的人這麼做。的確，對富有的人沒有必要進行財施，但是法施或無畏施或許就需要了。因此，作為菩薩行的布施波羅蜜而言，抱持「不論對誰，只要是對方所需要的，就毫不吝惜地施予」的態度是很重要的。與此相對的，則是布施中的「供養」是選擇對象來奉獻。一般來說，皈依對象的三寶，以及以特別方式出現的上師或本尊等，都是適合接受供養的對象（但在密教的供養法中，有將供奉給上師與三寶的殘餘供品施給地神或餓鬼等的作法）。認真來說，供養的原因並非三寶需要供品，而是作為一種修行方法，藉

供養的行為來累積功德。

68.「持戒」，是指修行者依各自的立場遵守「波羅提木叉」，特別是堅持「菩薩戒」（請參照注19）。

從內容來看，菩薩戒分下列三種，即斷除惡行的「攝律儀戒」、行善行的「攝善法戒」、為他人利益的「利益有情戒」，此三者總稱為「三聚淨戒」。

又，持戒波羅蜜的當然前提是必須遵守「十善戒」（不殺生、不偷盜、不邪淫、不妄語、不兩舌、不惡口、不綺語、不慳貪、不瞋恚、不邪見）。而接受密教（瑜伽怛特羅，及無上瑜伽怛特羅）灌頂的修行者，最重要的律儀是必須 [232] 嚴守「三昧耶戒」。

69.「忍辱」，是指忍耐苦難，特別是面對危害自己的人，抑制住自己的忿怒。

從內容來看分下列三種，即不管面對任何危害都不去想的「耐怨害忍」，甘願承受苦痛的「安受苦忍」，忍耐熟慮一切存在的「思擇法忍」。

聖提婆在《四百論》中說道：「必須觀察是加害者施加危害行為？抑或是〔加害者〕本身的力量導致如此？應該要知道，這一切就好像是加害者本身的力量導致一切危害產生，但事實並非如此。這是被稱為煩惱的他力所造成的。〔因此，〕釋尊視諸煩惱為敵，但不敵視為煩惱所苦的人們。」

又，在寂天的《入菩薩行論》第六章中說道：「累積了千劫的布施或對善逝（佛陀）的供養等，甚至是所有做得很好的修行，即使只有一次的忿怒，都將會完全破壞殆盡。沒有更甚於瞋恚（忿怒）的罪惡，亦沒有等同於忍辱般的難行（雖然困難卻很有效果的修行）。因此要致力於忍辱行，應以各種理趣（方法）來修習。」

70.「精進」，是指努力修行，重點在絕非勉強，而是歡喜勵行。

從內容來看分下列三種，即為了一切眾生毫無畏懼地修習三祇百劫的菩薩行是「被甲精進」，努力於六波羅蜜行是「攝善法精進」，努力於直接的利他行是「利益有情精進」。

又，精進的必要要素，有確認並理解應努力對象的「勝解力」，有不減努力的

「堅固力」，有歡喜努力的「歡喜力」，還有為了可以長久持續而適當休息的「止息力」等。

[233]　71.「禪定」，是指集中心神於對象上。

在禪定的實踐上，把握住對象並保持的「憶念」，以及檢查是否正確修行的「正知」，這兩種心態是很重要的。在蓮華戒的《修習次第》中篇中提到：「應觀察〔心〕是否很順利地面對所緣？或是昏昏沉沉於其中？抑或因對外境亢奮而心生散亂？……必須依據憶念與正知的綱領，將意象縛於所緣的骨幹上。總有一天昏沉與掉舉（亢奮）會消失，當心可以正確地集中於對象時，緩和地均衡努力，從這個時點開始到有心生欲望為止，就停留〔在這樣的狀態〕。熟悉於這種（心集中於）止的人的身心將可得較為輕安，對所期待的所緣，慢慢地心也變得自在時，就可知道已經成就止。」（這裡提到的「意象」，是以野生象來比喻未成熟的心。又，「輕安」是指透過止的修行來達成制御身心，從結果來看，是脫離遲鈍而無法任意而行的狀態。首先達到心輕安後，再實現身輕安。）

詳細可參照宗喀巴的《菩提道次第廣論》止之章。

72.關於般若波羅蜜，請參照第一章頁9。

又，關於般若（慧）的分類，在《菩提道次第廣論》中，有如下解說：「有通達勝義慧、通達世俗慧、通達利益有情慧〔三者〕。第一是概念性地理解無我的真實義（空性），以及直覺地理解。第二是通曉五明處的智慧，就像〔彌勒菩薩在〕《大乘莊嚴經論》中說道：『如果不精進修習五明處等的話，即使是優秀的聖者也無法成就一切〔相〕智性。因此，為了調伏、攝受他人，為了知悉一切，必須於五明處精進。』為了調伏對〔佛〕教不信者們而精進學習聲明

[234]　（文法學、修辭學）與因明（理論學），為了信者們的利益而精進學習工巧明（技術、工藝、曆法）與醫方明（醫學、醫藥），為了使自己知悉一切而精進學習內明（佛教），以上是從必要性來區分五明。但若從為獲得佛陀〔的境界〕來看的話，是沒有任何區別的。第三是為了有情的今生與來世，知悉如何

使〔他們〕無罪的方法。」

73. 因為六波羅蜜是使自己可以獲得佛陀境界的必要修行，雖說其究竟是以利他為目的，但當下也是為了自利的修行。因此，菩薩行本身是著眼於利他行而整理出來的，有布施、愛語、利行、同事等「四攝事」。在無著的《菩薩地》中寫道：「依諸多波羅蜜，令我熟悉佛陀法門。依諸攝事，讓我熟悉一切有情。」而《菩薩道次第廣論》中引用此文而說道：「菩薩行，是成熟成佛的〔二〕資糧，以及成熟有情〔心〕的相續，這兩者皆依〔六〕波羅蜜與〔四〕攝事來達成。」

四攝事的布施，在內容上與六波羅蜜的布施是相同的。同是布施的實踐，從為了自己能成佛的福德資糧面來看是六波羅蜜，從直接利他行面來看是四攝事。「愛語」，是心含慈悲以溫和的言語來談話。「利行」，是站在對對方有益的立場行事。「同事」，是站在與對方相同立場的角度來行事。

透過四攝事的各項，採取直接對他人有益的行動，其結果是引導對方往菩薩道行，這才是真正的利他行。關於這一點在《菩提道次第廣論》中說道：「愛語，是向所化（弟子）示說諸波羅蜜。利行，是讓所化弟子們依所說內容來實踐，抑或讓其正確行持教法。同事，是他人正在實踐的內容，自己也以同樣的立場配合著一同學習。」

四攝事的本質原本是含括在六波羅蜜之內。關於布施已如前述。關於愛語等在 ［235］《菩提道次第廣論》中，也是從六波羅蜜開展出來。所以如同在本文中所述，畢竟而言，菩薩道的一切行皆包含在六波羅蜜之中。

74. 「方便波羅蜜」，是指完全成熟有情。也就是引導他人進入菩薩道，使其邁向佛陀的境界，是成就最究竟的善巧方便。

75. 「誓願波羅蜜」，是能轉法輪而證菩提。說到徹底救渡眾生，那就是向他人正確說示真理（轉法輪）。唯有善巧地轉法輪，菩薩的誓願方能究竟完成。

76. 「力波羅蜜」，是六波羅蜜中與小乘道不共通的獨特菩薩道行。且於一切法中，斷盡一切諦執的現前。

77.「智波羅蜜」，是建立清淨的佛國淨土。並使如實智與如量智完成（請參照注99）。

78.一般十波羅蜜的順序，第八為誓願波羅蜜，第九為力波羅蜜。在《入中論》等，就是以第八地為誓願波羅蜜、第九地為力波羅蜜的說法來闡述。

79.請參照第一章頁9。

80.索南扎巴的《中觀學總義》中，有如下解說：「自宗（自己宗派的說法）以前沒有修行小乘〔五〕道的菩薩，在獲得第八地不久之後的無間道只在一坐之間，隨即實際地滅盡俱生諦執中的三種類（小的大、中、小）……原因是，其無間道比第七地以下諸地的無間道有著更強大的力量可斷盡所斷（煩惱等）。譬如：藉由真言乘〔究竟〕次第的第四部所說，光明（請參照第五章頁261）的一剎那可實際斷盡遍計與俱生諦執（請參照第二章注75）兩者。」

[236]

81.「顯現境」，指從顯現在心的這一面，所應知的對象。

82.請參照第二章頁43。

83.關於斷盡所知障的佛陀，對空性與世俗的顯現，能同時以現量來認識的構成部分，請參照注99。

84.中觀自立論證派等的解釋，與此有相當大的差異。

首先，若能斷盡煩惱障的話便可從輪迴中解脫，若能斷盡煩惱障與所知障的話便可成佛，這是歸謬論證派與自立論證派所共同認同的地方。

但歸謬論證派視諦執為煩惱障，而自立論證派則視為所知障。諦執是因為不瞭解法無我而產生的，據自立論證派的看法，理解法無我與斷盡所知障是同義的，而且理解人無我與斷盡煩惱障也是同樣的。因此，只要能理解人無我，就能從輪迴中解脫。

相對地，歸謬論證派則強調，若不能理解人無我與法無我兩者的話，就不能說是斷盡煩惱障，也不可能從輪迴中解脫。因此，若只依靠不說甚深法無我的《阿毘達磨俱舍論》等的陳述而持續修行的話，要得到小乘的阿羅漢果是不可能的（因此，《阿毘達磨俱舍論》中所說的「阿羅漢」，並不能說是真正的阿

羅漢）。舍利弗或目連等釋尊的大弟子們，即使沒有學習後世整理出來的中觀哲學體系，但因遵照釋尊的教誨體驗了人無我與法無我的境界，因而修成阿羅漢，這是歸謬論證派的看法。未到達佛陀的境界，絕不是因為欠缺理解法無我，而是修行的過程到了最後仍無法發起菩提心的關係（但最終機緣成熟時，他們會從小乘的涅槃中覺醒，並發起菩提心，隨後進入大乘五道的境界。這為究竟一乘的立場。請參照本文頁 203）。　[237]

然而，自立論證派將所知障分為九個階段，依粗細的順序從第二地到第十地分別滅不同的所知障。相對地，歸謬論證派則強調，若不能到達完全斷盡煩惱障的清淨三地的話，是無法著手滅除所知障的。這樣的想法，就是認為諦執包括在煩惱障中，而所知障為其薰習的由來。也就是說，若腐臭的東西沒有完全拿掉，即便再怎麼努力地想消除臭味，也是徒勞無功。

以上試著以所知障的位置為中心，比較了中觀歸謬論證派與自立論證派的觀點，唯識派的看法一般認為與自立論證派相近。例如，安慧的《大乘莊嚴經論注》中說：「關於所取與能取，執著於〔彼等之〕存在才是所知障，應知……」

85.完成修行階段稱為無學道，相對地，從修行中的階段資糧道到修道的部分則稱為「有學道」。

聖者這個用語，包含有學與無學兩方面，例如：見道與修道的菩薩是「大乘的有學聖者」，佛陀則是「大乘的無學聖者」。

又，佛陀的四身之中，屬於補特伽羅範疇的報身與應身稱為「聖者的佛陀」。

換言之，沒有進到補特伽羅範疇的自性法身與智法身，則不稱為聖者。

86.請參照第二章注 36。

87.中觀歸謬論證派的觀點與此相異，對處於滅盡一切煩惱障的小乘等引（三昧），殘餘蘊的顯現完全滅盡的狀態，是「無餘涅槃」，處於後得，而回復蘊的顯現狀態時，是「有餘涅槃」。因此，與中觀自立論證派等一般的見解相比，有餘涅槃與無餘涅槃的順序是相反的。　[238]

88.請參照注 43。

89.嚴格來說，小乘分為聲聞乘與緣覺乘，故有三乘，而三乘各有不同種性的修行
者，因此三乘也應有各自的五道。請參照注 2。

90.按大乘的救渡過程中，有他力與自力兩方面。在承蒙諸佛引導的修行階段，保
持自力與他力的平衡是非常重要的。但在最終圓滿修行階段的時候，只能依靠
自力。因為完成自我救渡的行為，絕不能仰賴他人來完成；因為自己要在未來
的無學道上實現成佛的目標。因此，「皈依佛」的甚深意義是皈依於未來將成
佛的自己，除此以外別無他義。

現代西藏佛教中的最高領導者第十四代法王達賴喇嘛，也經常在各個機會中強
調這種自力修行的重要性。

請參照注 106。

91.關於自性法身，在《現觀莊嚴論》第八章是這樣定義的：「牟尼佛的自性身，
具一切無漏法、被證得的一切相清淨以及其自性相。」接受這個定義，在師子
賢的《現觀莊嚴論小注》中加入了下列的解釋：「牟尼佛世尊的自性身，從
〔四〕念住〔開始的三十七菩提分法〕等智的我性（本性）、出世間的法界
（空性）之體性（本體）故無漏，諸垢的客塵性（非本來性質之狀態）故一切
相清淨，且自性成空寂相，所以一切物，正因其自體之體性為無生之體性，所
以為此（自性法身）。正因為不是虛構的存在，雖可根據出世間之道而得〔之
物〕，但也正因為不是所作性（依因或緣而做出之物），藉〔第十地菩薩〕宛
如幻影般的識而可理解一切。」

所有眾生的心原本皆清淨，而煩惱障與所知障是偶發性、從外帶來的染污（客
塵）。「清淨」這個詞真正的意思，無外乎是心的空性。眾生的心雖然被煩惱
所染污，卻絕非是心的本質。正因為心的本質是空，才有無限向上而達佛陀境
界的可能性。像這樣，因為心是空，故密藏著得以成佛的潛在可能性，此事稱
為「本來清淨」，也稱作「如來藏」或「佛性」（請參照頁 203）。

自性法身本身即為空性，佛陀的心之空性與眾生的心之空性在本質上是沒有差

[239]

別的。因此，並非是在現等覺的過程中產生或是製作出來的東西。空性是離生、滅、住三相，及離初、後、中三際的無為，因此是常。但眾生的心之空性畢竟只是如來藏——也就是只有成佛的潛在可能性——唯有在圓滿菩薩道的那一刻，獲得一切相智性的時候，才自然成就自性法身。這在《現觀莊嚴論小注》中有下列之注解：「因為非所作性故，宛如幻影般的識而可理解一切。」依照《現觀莊嚴論小注》的定義解釋為基礎，更進一步分析自性法身的話，可分為「自性清淨」與「客塵清淨」兩面。關於這點在章嘉的《宗義解說》中主張，「自性〔法〕身，佛陀境地的清淨界，是離諦成就的一切相以及遠離應否定的客塵煩惱或所知障的細微煩惱這兩方面所產生出來的東西」，並引用《究竟一乘寶性論》第一章中「無為而自然成就，並非依他緣理解之物」之語句作為根據，同時加上解說：「自利法身分界與智二〔面〕，又說界分無為與自然成就二〔面〕。〔其中〕所謂的無為，特意別立離生、滅、住三〔相〕和初、後、中三〔際〕的無為法身真實際（究竟之真理）。〔又，〕所謂自然成就，說的是客塵清淨且完全滅除（努力實踐之）功用的自然成就〔一事〕。」（關於此引用《究竟一乘寶性論》的解說中指出，界是自性法身，智是智法身，無為是自性清淨，自然成就是客塵清淨。）

另外，「客塵清淨」這個概念，可以適用於阿羅漢和佛陀。在阿羅漢的情形，[240] 客塵是煩惱障，而客塵清淨是有餘涅槃與無餘涅槃。在佛陀的情形，客塵是煩惱障與所知障，而客塵清淨是無住處涅槃（請參照第三章注 24）。

在此成為問題的是客塵清淨的定位，也就是定位在涅槃（有餘、無餘、無住處）的位置。在諸法的分類中，涅槃屬無為法。如果是無為法的話，一定是離因果關係的。的確，涅槃遠離因果的束縛，故是常，此無外乎是完全清淨的境界。然而，另一方面，涅槃的境界，乃是因修行的因緣所得到的，這樣的話，它怎麼能說是與因果關係分離的？

關於這一點，西藏的學僧們在論辯中，使用「離繫之離繫」（bral ba'i bral ba）的表現來說明。也就是說，達成涅槃的過程分為（1）作為修行的結果，完全

離開因的束縛，以及（2）自然成就永遠遠離因果狀態兩個階段。（1）是修行的結果，所以是有為且無常，但此階段已完全離開因果，（2）則是無為且常。兩者之間看似有因果關係，但這畢竟只是從沒有經歷過（1）的人的角度來看而已。因此，（2）才是涅槃，是客塵清淨，特別是從佛陀角度來看的話，是自性法身中的客塵清淨面，也就是《究竟一乘寶性論》中所說的自然成就的意思。

正因為無為法的狀態是超越生、住、滅三相與過去、現在、未來三時，因此（2）並非是在（1）達成的時點上產生的，也不是從那個時點才開始的。像這樣，從無為或常的角度來捕捉佛陀的自性法身的話，捕捉到的無外乎是自性清淨。

[241] 為了讓抽象的議論可以變得容易瞭解，以下以去除污染源、實現清淨空氣為例。污染物質相當於客塵煩惱，清淨的空氣則相當於自性法身。為了停止造成空氣污染主因的工廠廢氣與汽車廢氣，需要非常大的努力與智慧。而累積這些努力的成果，使得污染源在最後完全去除。若現實中污染物質也完全不再排放到大氣中的話，就相當於上面提到的（1）。如此一來，空氣自然而然地清淨起來，就相當於前面提到的（2）。清淨的空氣，不是因為（1）的結果而重新被製造出來，應該是與公害非常嚴重時完全同樣的東西。只是，現實中被污染空氣所害的人們無法享受清淨的空氣，也不認為「自己所居住的城鎮有清淨的空氣」。雖然獲得清淨空氣成為他們的新目標，但若不努力去除污染源的話，絕對無法得到。從清淨空氣原本就存在的觀點來看，相當於自性清淨。而從停止放出污染物質這一個視點來看，則相當於客塵清淨。因為這些只是清淨空氣的兩個視點，若論其本質則永恆不變，這個相當於自性法身狀態的無為與常（但我們必須注意這個比喻的不足之處。在公害的例子，在成為污染空氣之前應該是有清淨空氣的，但眾生的心——縱使說「本來清淨」——卻是被無始的客塵煩惱所污染。知道污染公害發生前的人或許會說「重拾清淨空氣」，但對於修行者而言，自性法身並不是「應重拾的」，而是「應成就的」。另外，公害可

能會因為新的污染而再次發生，但一旦成就了自性法身，是不可能會被煩惱再次污染的）。

以上針對自性法身進行了詳細的討論，它的框架是《般若經》的修道論，也就是正確瞭解「作為基本的勝義諦（空性）、作為道的般若波羅蜜、作為果的法身」的關係的重點。透過這樣的整體討論，最重要的是理解自性法身，也就是空性或空。自性法身，無外乎是究竟真理——與凡夫的五蘊等無實體性是一樣 [242]
的——絕非以實體而存在（請參照本文頁 203）。

92. 所謂「理趣」，指應有的、理想的狀態、方法。

93. 十二相的算法有很多種。例如，有將降魔設定在轉法輪之後的，但這種情形並不代表滅盡自身的阻礙，而是著眼於以利他行作為退去諸魔或外道之理趣。

又，釋尊的生涯事蹟，被整理為「八相」（降兜率、入胎、出胎、出家、降魔、成道、轉法輪、涅槃），這是中國與日本最熟悉的模式。

又，在西藏佛教中，在（1）祈願大祭（利他行的降魔）、（2）薩嘎達瓦（誕生、成道、涅槃）、（3）初轉法輪、（4）拉波堆（自天界歸來）的釋尊四大聖日，有舉行盛大法會、修法等慶祝儀式的習慣。

94. 在當時的印度，有人認為「當肉體衰弱時，精神將遠離束縛而得到解脫」，從這樣的思想產生一再傷害身體的苦行。這樣的苦行是建立在錯誤見解上的不正確修行法，佛教認為這樣的苦行是沒有意義的。

95. 這是從大乘立場來做深意的解釋。小乘的話，就像一般歷史中提到的一樣，認為在菩提伽耶的金剛寶座上成佛。

又，亦請參照本文頁 212。

96. 釋尊所說的教義還存在時，是不可能有下一位最勝應身出現的。因此，假使現在有人自稱自己是佛陀並公開佈教的話，那麼至少在正統佛教的角度看來，那個人等於是在宣告自己是假佛陀。

又，現在是稱為「賢劫」的幸運時期，有千位的最勝應身將出現。釋尊是第四 [243]
位最勝應身，第五位則是彌勒。

97.以技藝應身為例的話,如乾闥婆的彈琴等。以受生應身為例的話,如諸天、動物、植物等。

98.從這一點,可以找出西藏佛教獨特的轉世活佛制度的理論根據。

也就是說,某位德高望重的高僧可能是佛陀的應身(化身),這種想法的可能性,至少在理論上是無法排除的,所以弟子與信眾們深信之。當這位高僧死亡時,「如果是佛陀的化身的話,那麼應該會為了救渡有緣的我們,而再一次地轉世」這樣的想法,成為弟子們積極地尋找轉世靈童的動力。這樣子的習慣慢慢地擴散,轉世活佛的制度因而在社會中生根。

但西藏的佛教徒們,面對為數眾多的轉世活佛,並不認為所有的轉世活佛都是佛陀的化身。反而認為大多數的活佛是菩薩的心相續所轉世。菩薩雖然不像佛陀一樣擁有可以自由自在化身出現的能力,但依來世也想繼續利他行的誓願力,轉世到需要自己的人們的身邊,是有可能的。

在為數眾多的轉世活佛之中,誰是佛的化身,誰又是菩薩的轉世?這在西藏社會中並未做明確的區分。原因是,從活佛的角度來看,沒有必要公告自己是佛的化身還是菩薩的轉世,另外,從凡夫的角度來看,則是不可能瞭解活佛境界的高度。而達賴喇嘛與班禪喇嘛這兩位地位非常崇高的活佛,大多數的西藏佛教徒堅信他們「一定是佛的化身」。

但轉世活佛存在的理論根據,和實際上是否正確選擇轉世者,以及每一位活佛是否具備成為活佛的資質,完全是兩回事。只因為擁有「土古」或「仁波切」這樣的稱號,就毫無條件地相信那位活佛就是自己的上師,即使是在民風淳樸且對佛教深具信心的西藏社會中,也會告誡這種態度是過於輕率的。

[244]

與此相關的,是西藏佛教在實踐面上相當重視的「上師相應法」,因此這裡稍加討論。這原本是指自己與上師的直接關係,而這名上師並不需要被認定為是轉世活佛。首先,選擇上師(喇嘛)時,必須好好地觀察是否符合作為上師的條件,然後再考量是否適合自己的性格,這點也是不可忘記的一大要素。

這樣選擇並師事上師,從弟子的角度來看——在個人的師徒關係的框架內——

必須相信自己的上師即為佛陀。原因是，上師與弟子之間的緣分是仰賴佛陀的
加持力而來的。也就是說，十方佛陀的身、語、意全部集中在上師身上，透過
上師的舉止行持而顯現給自己看，佛陀的事業與上師的事業是不二的。關於這
一點，即使上師的境界是凡人也是一樣，更何況，上師的真正境界無法輕易做
判斷。因此，即使看起來像是凡人的上師，也不該排除「事實上是佛陀的化
身」的可能性。如果真是那樣的話，「因為自己的惡業與煩惱業重的話，得遇
佛陀化身的機會將更難，所以，大悲佛陀為了救渡煩惱業重的自己，上師特地
現凡夫相」的想法也是可以成立的。用這樣的態度來對待上師，正是師事上師
的訣竅。像這樣的論點，若能正確理解，以此為基礎來加深信心的話，那麼視
上師為佛陀而皈依之事，將不再只是虛構。上師相應法的傳統，是歷經印度佛
教與西藏佛教的悠久歷史而確立的，是以過去聖者們的經驗為基礎的實踐方法。

99. 關於佛陀以現量同時理解二諦的構造，宗喀巴的《中觀密意解明》第六章如此
解說：「藉由佛陀的智慧而理解所知的方法有兩個，〔那就是〕理解勝義諦的
所知一切之方法（如實智），以及理解世俗諦的所知一切之方法（如量智）。
此中，第一是不需藉看蘊等世俗諸顯現的方法，進而理解那些真實義（空性） [245]
（請參照第二章頁 41）。第二是『即使不顯現也能夠理解』這樣的間接理解方
式，不能設定在佛陀身上，因為『〔世俗諦的所知一切〕應〔設定為〕顯現之
後才能理解』，因此，在如量智的部分，必須藉境與有境兩者顯現之方法而理
解。雖然佛陀的如量智，不像被污染的無明薰習（所知障）顯現在蘊等上面，
但可藉著其他的補特伽羅（有情）的無明所污染的知而顯現，所以可〔設定〕
佛陀〔如量智〕顯現之事。原因是，像這樣子顯現〔於其他補特伽羅之知〕不
能說它不存在，但如果那樣的世俗存在的話，也應緣於如量智而顯現。……
在二顯現的迷亂薰習尚未盡除以前〔以現量來認識〕『本來如此』，以及以現
量來認識『有限』，這兩者是無法成為一體而生的。因此，不得不藉等引與後
得的交互替換來認識〔勝義與世俗的所知〕，所以還達不到以一剎那的智來認
識兩者。假使迷亂的薰習一點也不剩地完全滅盡的話，那麼在剎那間的智上，

產生〔如實與如量〕二智一體且不間斷,因此,在一個時間點上,以現量來認識〔勝義與世俗〕兩者所知〔的一方〕時,〔另一方〕則無法辨識,所以兩者無須交互替換。……雖說〔如實與如量〕二智是一體的,〔但在勝義與世俗〕二境的觀待(依存)中,出現兩者不等的理解方法,一點也不矛盾。這就是唯一的佛陀世尊的特長。」

又,「如實智」的意思是理解對象的「本來面貌」,也就是對實際是空的一切法,依照其原貌「空」來認識的智慧。

又,「如量智」的意思是理解對象的「有限」,也就是說一切法在世俗次元(有限)中,以各式各樣的樣貌來顯現,(如量智是能如其顯現)毫無遺漏地能完全知悉的智慧。

[246] 對於這個如量智的顯現境(請參照注 81),《菩提道次第略論》觀之章說道:「〔即使是在『有限』的顯相境上〕,有未被無明的薰習所污染的佛陀〔三十二〕相〔八十種〕好等,以及被無明的薰習所污染的不淨器(世間)與有情(世間)等兩者。前者,在佛陀的境界中也不會消失。後者,隨因的消失而消滅。……關於佛陀的如量智方面,〔境的顯現結構如下,即〕對尚未斷滅無明〔者〕而言,在色、聲等自相不成就的同時,以(色、聲等自相)而顯現,而此等諸事物〔也有佛陀的如量智〕的出現,這是因為唯有藉著受到無明污染的那些補特伽羅的顯現,才能顯現佛陀的〔如量智〕。但是,若不觀待(依存)於他者,從佛陀本身的角度是不可能顯現的。……像這樣的話,從如量智本身的角度來說〔該以怎樣的形式來顯現〕,因為作為一切事物的無我,即無自性的體(本身)而顯現,所以顯現的是虛偽如幻般的,並非以諦來顯現。」

100.請參照頁 195。

101.這一點在章嘉的《宗義解說》中視為賈曹杰的密義,並如此說明:「報身成為增上緣往瞻部洲等現最勝應身的特色之一,順應所化顯現的數量多寡,來設定早晚順序的區別也是應該的……」

102.「如來十八不共法」整理了只有佛陀才有的身、語、意、事業的功德。其中的

「無不定心」，指不管在禪定中或禪定以外的時間，心也是經常集中於現量所認識的空性。這無外乎是本文再三說明的等引智與後得智的區分已消除的狀態。

103. 例如：虛空中的蓮華、兔子的角、宇宙的創造神等。請參照第二章頁 23、同章注 4。

104. 甚隱蔽分，是指所知因隱藏的程度，在認識的困難度上最艱難的意思。例如，個別業的異熟，因為因果關係的生成時間相當漫長，還有錯綜複雜的各式各樣條件結合在一起，所以要正確且透徹地理解非常困難。但若比較的是真理的甚深幽遠度的話，隱蔽分的空性，要比甚隱蔽分的業異熟更深不可及。 [247]

105. 這種佛陀特有的能力稱為「業異熟智力」。佛陀特有的知覺能力，可整理為如來十力，其中包含「業異熟智力」。

「如來十力」為 (1) 知曉合理與不合理之力（處非處智力）、(2) 知曉個別業與因果關係之力（業異熟智力）、(3) 知曉四禪等三昧境界之力（禪定三昧智力）、(4) 知曉眾生個別能力的程度之力（根上下智力）、(5) 知曉眾生想法傾向之力（種種勝解智力）、(6) 知曉區分十八界之力（種種界智力）、(7) 知曉眾生前往從地獄到涅槃處之力（遍趣行智力）、(8) 知曉自他的前世之力（宿住隨念智力）、(9) 知曉眾生的生死之力（死生智力）、(10) 知曉滅盡自他的煩惱障與所知障之力（漏盡智力）。

106. 在自身漫長的佛道過程中，從某方面來看，只仰賴他者的佛陀慈悲力（他力）而獲救渡的案例也是有的。但修行過程中，只仰賴他力來成就是不可能的。因此，「為了救渡所有眾生，我將以成就佛陀境界為目標」的這一點也必須列入考量。但要以什麼方法來救渡眾生呢？這需要仔細思量。

釋尊是這麼說的：「諸佛，並非以水洗淨業障，也非用手取走眾生的痛苦，更不是將自身的理解轉給他人。而是藉由開示法性的諦（真理），讓〔眾生〕得以解脫。」

請參照注 15、90。

五

《般若心經》與密教

[250]　　　　如前所述，《般若心經》是基於顯義闡釋空性與緣起，基於隱義闡釋五道與十地。其中，空性與緣起和佛道修行的一環般若（智慧）有關連。又，五道與十地則和另一環的慈悲及方便有關連。佛教的傳統中並以女尊象徵般若，以男尊象徵方便。

　　　　因此，我們再次以子女自父母出生的過程，來比喻修行般若及方便以達到佛陀境界之道。首先，藉母親的般若進入觀空性的修習，產生被比喻為子宮的三昧樂。在那之中，藉父親的方便播下菩提心種，便誕生了子女的菩薩。若借助大悲等其他方便的力量養育，最終將成長為佛陀。如此趣旨的詮釋方式，也能在彌勒菩薩的《現觀莊嚴論》及《究竟一乘寶性論》或宗喀巴大師的《菩提道次第廣論》中發現。

　　　　「果的般若波羅蜜」[1]即是佛陀覺醒的境地——若採取密教的解釋——可以父母交會的情形來譬喻。因為佛陀境地正是般若與方便完全一體化的狀態。若以視覺方式來呈現，便為無上瑜伽續的「父母尊」[2]。可說是密教本尊究竟境界的父母尊，同時也是釋尊在《般若心經》中所闡釋內容的具體化產物，瞭解這點，是十分重要的。

[251]　一　顯教與密教

　　　　接下來，在第四章已說明過的大乘五道的過程，也就是從發菩提心到現等覺為止，到底需要多長的期間呢？若只根據顯教[3]的方便，需要「三祇

百劫」[4]如此長久的歲月，也就是三大阿僧祇劫再加上百大劫。將之套用於十地與五道各階段的話，那麼，第一阿僧祇劫修行資糧道和加行道，第二阿僧祇劫修行初地至第七地，第三阿僧祇劫修行三清淨地。

這段極其長久的時間，是菩薩行的實踐在本質上所必需的，即使天性聰慧的利根菩薩也難以將其縮短。不過，在菩薩花費近乎無止境的時間來累積修行的這段期間，當他成為佛陀之後，該解救的無數眾生卻仍繼續在輪迴世界中受苦。對一切眾生的大悲越深，菩薩就更加無法眼睜睜地看著如此情景而安穩度日。

為了這類菩薩，釋尊以特殊方便而闡釋的教法正是密教。換句話說，密教是為了使大乘五道能夠快速進行的祕密交通工具。只有為了純粹對一切眾生抱持大悲心並誠摯希望能將三祇百劫縮短的菩薩，那扇門才會真正地開啟[5]。密教修行者以佛陀境地為目標前進的道程，就是《般若心經》的隱義，換句話說正是大乘五道，而循著偏離此道的其他路是不可能到達的。也就是說，首先要有作為前提的大乘五道，而所謂的密教也只能設定　[252]
在這個框架上。這點是極其重要的，若無視這點而實踐密教，絕對會墮入邪道。

只要正確遵循密教的方便，便可大幅縮短菩薩行所需的時間，密教一般主張能在七生至十六生證得佛果[6]。若完成所有必需條件並圓滿無上瑜伽續的生起、究竟二次第的話，要在這世到達佛陀境地也並非不可能。

如此一來，加深對一切眾生的慈悲，想盡快到達遙遠彼岸閃耀發光的佛陀境地而焦急的菩薩，在通曉一般的佛教及大乘教義後[7]，理所當然會毫不遲疑地踏入密教之門。關於這點，宗喀巴的《菩提道次第略論》中如此

闡釋：「學習經（顯教）、真言（密教）兩者的共通之道後，應該毫不猶豫地進入真言〔之道〕。這是由於此道遠較其他諸法稀少[8]，並能快速圓滿〔福德與智慧〕二資糧的緣故。」

在此，我們必須留意宗喀巴使用「毫不猶豫」如此強烈的語氣。密教的實踐乃依附於顯教的內容（大乘五道等）才得以成立，因此絕對不可不學顯教就進入密教之道。宗喀巴藉著各種機會，嚴格告誡這一點。但若是條件具足的修行者，則應該將哀愍眾生的大悲心加深至最極限，並以此為原動力直接進入密教之道。「毫不猶豫」這幾個字裡，包含著宗喀巴大師如此真正的用意。

[253]　二　本尊瑜伽與空性的修習

那麼，藉密教的方便能速疾完成菩薩行，到底是為何？謎底的關鍵，就在「本尊瑜伽」這個密教獨特的修行法中。因為這是修行者自身與本尊成為一體，或是徹底成為本尊的修習，所以接受具格阿闍梨（上師）的灌頂成為必要條件。相對於顯教的止和觀是站在因的立場來修習，密教的本尊瑜伽則可以說是以果的立場來修習。所謂「以果的立場」，即先預測修行的結果而後修習。而所修的果，則是佛陀的法身與色身。尤其以佛陀的色身來取代身為凡夫原貌的修行者的手法，是本尊瑜伽最大的特色。

關於這點，宗喀巴的《真言道次第論》闡釋如下：「縱然將大乘二分

〔為波羅蜜乘（顯教）與真言乘（密教）〕，有不依理解甚深（空性）般若的分類，卻有依方便分類的必要，而方便的主體即成就色身的部分。為什麼？因為令色身成就的方便，正是修習使其（色身）與行相一樣的本尊瑜伽，且優於他乘的方便之緣故。」

　　上述《真言道次第論》的引文裡，還必須注意另一件重要的事，即「並非藉理解空性的智慧來區分顯教和密教」。若能正確理解其中含意的話，透過《般若心經》或中觀歸謬論證派的哲學而更加清楚的空性與緣起的思想，應該能清楚明白在密教結構中被視為究竟極致的見解之所以能成立的原因。若不能接受這點，即使想在密教中找出更高次元的見解的話，將無法獲得任何東西。像這樣子，「在密教與顯教間，雖在方便這方面有優劣之差，但在見解與果（圓滿修行而能得佛陀的境地）這方面並沒有任何差別」，這也是宗喀巴大師密教觀的特色。 [254]

　　空性與緣起的見解，是實踐密教修行核心的本尊瑜伽時，作為基礎所不可或缺的。為了讓本尊瑜伽在佛道修行上發揮其有效性，伴隨空性的修習是大前提。關於這點，在《真言道次第論》第一章裡，引用寶作寂的論述做如下之闡釋：「若只修習本尊瑜伽的話，將永遠無法成佛。又，若不修習本尊瑜伽，而將空性和其他方便一起修習的話，則需歷經多次阿僧祇劫之後方能成佛。若同時修習本尊瑜伽和空性兩者，此道最為快速。」

　　這個解說，將佛道修行方法分為三類。第一，不以空性與緣起的見解為基礎，這是錯誤的密教實踐。不修習空性卻努力修習本尊瑜伽，這好比不懂語言卻只學習文字一樣，是無法達成目的的。對於這樣的錯誤修行，

宗喀巴大師以「永遠無法成佛」的嚴厲口吻來告誡。關於這一點，密教修行者應當要有相當的自覺。第二，以空性與緣起的見解為基礎，只依照顯教的方法修行。將空性和其他方便合併修習，卻不實踐本尊瑜伽，就好比明白語言卻不知道文字一般，雖然沒有效率，但可以達成目的。第三，以

[255] 空性與緣起的見解為基礎，實踐正確的密教修行。若在修習空性的同時實踐本尊瑜伽，好比語言與文字兩者皆知一般，能有效率地達成目的。

那麼，在修本尊瑜伽時，與空性的修習究竟有何具體的關係？關於這點，在《真言道次第論》第三章裡，以《大日經》百字位成品的論述為依據做如下解說：「在以自身為本尊生起前的空性修習方法，即『依附於大種的自身的蘊，在勝義之下如同虛空，在世俗之下如同影像（幻）』，這是諸佛所理解的。由於沒有更勝於他們（諸佛）的，所以自己也該如同諸佛所觀一般地理解。換句話說，就像『自身與應修習的本尊兩者，都沒有依體性（實體性）而成立的自性，因依附〔於他〕而生，故如同影像』，這般想法決定了自身與本尊兩者是無自性的。還有，在經過訓練，能十分確信『所謂自身與本尊雙方的無自性，兩者的空性是沒有差別的』之後，有必要以〔自身〕為本尊而生起。」

宗喀巴在引用上述《大日經》的經文之後，做如下之告誡：「必須認為這與修習四部續本尊前的空性修習方法是相同的。在未確定這樣的見解，而只念誦『娑瓦娑瓦……』等真言，只是使顯現收斂[9]的話，那麼，精髓（本尊瑜伽最根本的要素）將不存在。」這段引文強調了為修習本尊瑜伽，正確的空性理解是絕對不可或缺的[10]。

另外，《真言道次第論》第三章中，斷言「所謂認識因見解而確定一　　　[256]
切法無自性的意義，維持這樣的判斷知是必要的[11]。若不如此，毫無分別
地放置不明瞭見解的心，或即使獲得見解卻未在修習時保持對見解的認
知，而只保持無分別狀態，這些都不是空性的修習」，應該明確地將密教
的正確的空性修習與無念無想的三昧區別開來。

密教的修行，包括像是：在眼前的虛空觀想本尊，觀想供養本尊的供
物，並邊念誦真言邊修習本尊和自己合而為一。或在什麼都沒有的空間生
起曼荼羅，自己從該曼荼羅中心的種字或三昧耶形[12]中以本尊之姿生起，
並邊念誦真言邊修習本尊的事業[13]。

若修行者將自身、本尊、曼荼羅以及供物等視為自性來掌握的話，抑
或──即使未奉行所謂「以獨立實體而成立」的錯誤思想──順應凡夫習
性，很理所當然地視之為實體的話，那麼，縱然實踐如此之觀想和修習，
是不可能有效用的[14]。例如，凡夫的我，欲將自身和應修習的本尊，分別
以個別的自性來掌握，在這個情況下，欲將有凡夫自性的我和有佛陀自性
的本尊兩者合而為一，不論理論上還是實行上，都是不可能的。那麼，到
底應該怎麼做才好呢？

密教修行者，若能依正理知量追求自身和本尊的本來面目，將發現兩
者都是除了猶如虛空的空性之外別無他物。這是將《般若心經》的「色是
空」的經文，置換在密教的程序中。到那時，將充分體會「虛空與虛空同
一味」，並擁有「這正是本尊的法身」[15]的自覺。

從這個狀態，將自身──以事先修習的利他誓願，或仰賴上師的加持　　　[257]

力為助緣——觀想為如幻的本尊色身。這是將「〔色的〕空性〔此物〕是色」的經文,在觀想中具體化後的東西。到那時,首先體驗如幻的空性,再從中觀想本尊的姿態及功用清楚顯現,抱持「自己正是本尊」這般正面意義的本尊慢[16]。像這樣子,在空的狀態中將自身觀想為本尊的行法稱作「我生起」,這個行法被定位為本尊瑜伽的核心。而使之成立的關鍵,正是《般若心經》所闡釋的空性與緣起的見解。

三　生起次第

在密教之中,具備最高度內容的乃「無上瑜伽續」。西藏佛教將此無上瑜伽續視為佛道修行的頂點,並如同珍寶般呵護著且傳承至今。關於無上瑜伽續的實踐分為生起次第與究竟次第兩個階段。

所謂「生起次第」,即在觀想上修行本尊瑜伽。修行者在觀想出來的曼荼羅樓閣等的中心,讓以自身為本尊的我生起。這點雖然與前述密教的一般行法大抵共通,但應生起的本尊屢屢顯現父母尊之相等,此是無上瑜伽續的獨特要素。另外,下位密續[17]所看不到的特點,卻是生起次第的中心行法為三身修道。

[258]　　所謂「三身修道」,即淨化修行者的死有、中有、生有[18]三階段,並使之轉為本尊的法身、報身、應身三身的行法[19],並在生起次第的階段以觀想來修習。例如《祕密集會》聖者流的生起次第裡,觀想我生起的本尊

循著死亡的過程，漸次地溶入空性。本尊即修行者的五蘊、四大種、十二處，由較粗大的開始依序停止機能而溶入光明。為了能正確觀想，首先必須先通曉五蘊、四大種、十二處等含意作為前提。正如《般若心經》所闡釋的，必須理解若在勝義的次元中追求五蘊等，那麼將什麼也得不到，即必須理解所謂「猶如虛空的空性」的道理。

在這裡所謂的「光明」，若以最簡單的方式表達，指的是空性與認知空性的心成為一樣，二顯現呈消滅的狀態。光明會在死亡瞬間自然出現，這稱為「母光明」。母光明是在經歷死亡的過程中必定會達到的狀態，並且蘊含著以現量理解空性的可能性。同時，修行者透過聞、思、修而體會的光明則稱為「子光明」。這是藉著比量正確理解了《般若心經》及中觀歸謬論證派的哲學所闡釋的空性後，以此為基礎反覆修行得來的智慧。普通死亡的情況，由於只會出現母光明，將錯失以現量理解空性的潛在可能性，並經過中有往輪迴再生。不過若將母光明與子光明合而為一，則能快速實現藉現量理解空性，因而開啟直通佛陀境地的道路。

接下來，在最終將所有的要素溶入死之光明時，浮現的觀想影像，是在晴朗秋日的清晨天際所展開的無邊虛空。接下來，修習母光明與子光明合一，一切法的「猶如虛空的空性」。一面觀想著「此猶如虛空的空性是自性法身，而與此自性法身合而為一的自己的心是智法身，而這個空性理解的體驗正是俱生大樂」[20]的同時，自然生起作為法身的本尊慢。 [259]

以上三身修道的第一階段為「死有法身」。但因為若停留在這個狀態，則無法解救他人，所以必須以大悲為原動力從死有的法身起，為利他而實現色身。此乃三身修道中的第二階段「中有報身」。其原理是淨化普

通死亡中從光明移至中有的過程，就方法論來說是透過月輪、種字、三昧耶形等觀想而我生起報身的持金剛。這樣的我生起稱為「五現等覺」（五相成身）[21]。普通的死亡中，即使有母光明，也無法理解猶如虛空的空性。因此，藉著業與煩惱之力進入中有，最後進入六道輪迴而轉生。不過，淨化普通死亡之後的死有法身，在母子光明合一後，以現量理解猶如虛空的空性。從此狀態發起的中有報身，一方面以理解「如幻的空性」的智慧為基礎，一方面將心集中於五現等覺的三昧力來成就如幻的色身。

但即使稱為色身，若繼續停留在報身的話，將無法解救凡夫眾生，必須獲得更具體姿態的應身。因此，例如《祕密集會》聖者流的生起次第裡，敘述了如下的觀想，即「身為報身持金剛的自己，進入自一切如來父母尊生出的阿閦塊，而成應身的金剛薩埵」。此乃三身修道的第三階段，為「生有應身」，是中有進入來世受精卵並淨化成長過程的產物。這個情況也是在以理解「如幻的空性」為基礎的同時，得到本尊的明確顯現，並生起本尊慢[22]。

[260]

以上簡單介紹了生起次第中三身修道的實踐。這樣的三身修道的過程可說是將《般若心經》的「色是空。空性是色」的經文置換成無上瑜伽續的脈絡後，再套上修道論的時間流程並依之觀想的修習。

《真言道次第論》第十二章中有如下的論述，「在第一次第（生起次第）時，修習空性無論如何都是必要的。因為第一次第，正是成熟生起完全圓滿理解的究竟次第的方便相續的方法，所以〔若〕不修習空性，將無法達成那樣的成熟。……修第一次第時，從應以三身為道這點來看，若將法身視為道，則必須修習空性。另外，從應淨化的基體生有、死有、中有

三者來看，在淨化死有時也必須修習空性。又，觀想所依（樓閣）與能依
（諸尊）的瑜伽等等一切，都是從如幻的〔空性〕狀態中生。此說在無數
密續與論書中都再三如此闡釋」，並強調在生起次第中修習空性的必要性。

四　究竟次第

　　修習生起次第時，雖然三身修道從頭到尾都是觀想上的修習，但在觀
想成就後，進入「究竟次第」時，終於實際上進入了所謂的疑似體驗[23]。　[261]
其觀想重點在於，收攝奔走於全身的精神生理性能量的「風」，從胸中的
脈輪往中央脈管流入、停留並溶入[24]。

　　而在此時，空性的修習也是不可或缺的。為了強調這點，《真言道次
第論》第十四章的闡釋如下：「像這樣知道脈管、風及滴等的產生方式的
要點，若〔修行〕此等正中要點的瑜伽而使風與滴能完全運作，雖然依附
於界（白菩提心）的下降與恢復（上升）之四歡喜的三昧，雖然很明白樂
因無分別而能產生莊嚴〔境地〕，但並非只修習這些。生起確定無我（空
性）之義的清淨見解，並且應當依附在那些方便（四歡喜的三昧等）而修
行。這是因為不這麼做的話，是不可能藉著那些三昧而離開輪迴的。」

　　接著，若能正確實踐使風往中央脈管流入、停留並溶入的過程的話，
就結果而言將能實現「喻光明」[25]。這是將「死有法身」──並非只在觀
想上──伴隨著身體感覺的疑似體驗。然後若從這個喻光明生起的話，將

得到「不淨幻身」。這是「中有報身」的疑似體驗。

獲得不淨幻身後[26]，使全身的風完全地往中央脈管流入、停留並溶入時，不淨幻身也隨之溶入而後消失，而呈現「義光明」（真正的光明）。在這一瞬間，藉現量而明白的空性理解，將達成實際的空性理解。在宗喀巴的《祕密集會五次第直傳》中闡釋如下：「連細微的二顯現也一併淨化後，所謂大樂智將依現量理解真實義（空性）的意涵，就是獲得義光明智的現等覺次第。」

[262]

在義光明的階段，由於諸煩惱的疾速斷滅，若能從此狀態開始的話，即能獲得「清淨幻身」。而再次進入以現量理解空性的三昧時，清淨幻身將不消失而存留下來。此階段為「有學雙運」[27]。清淨幻身雖不至於消失，但在以現量理解空性的狀態下——與等引智和後得智交替代換一樣——不停地重複中斷。

最後，當如此之交替代換完全解除，以現量理解空性的狀態能不間斷地持續之時，則為「無學雙運」，即佛陀境地的達成。這一瞬間，義光明成為法身，清淨幻身成為報身。而自報身流出無數應身並展開曼荼羅，為解救一切眾生而奔走。

以上的密教實踐概觀，不得不再次讓人強烈認知到，《般若心經》中顯義之空性緣起的見解與隱義之五道十地的修道論，在種種場合上成為修法的基礎。這樣的想法，在被定位為一切佛法頂點的《祕密集會》的生起、究竟二次第則更加確實可見。正因為《般若心經》是非常精華的教法，才能成為支持最深遠的密教修行的根基，並且是整體佛教架構中，絕對不可或缺的寶物精髓[28]。

注釋

[263]

1.請參照第一章頁 9。

2.密教經典分為所作、行、瑜伽、無上瑜伽「四部密續」。關於這點，詳細請參照
貢卻斯塔的〈認識西藏的四種密續〉（《密教系列 2　西藏密教》，春秋社）
等。

「無上瑜伽續」的實踐程序雖然並未傳入中國及日本，但在印度後期密教卻被定
位為最深遠的教法。直接繼承其法脈，並遵循傳統流傳至今的，只有西藏佛教。
從教法重點的安排方式，無上瑜伽續分為父續和母續。另外，無上瑜伽續的各
續，基於實踐階段有生起次第與究竟次第。而無上瑜伽續的本尊，經常以父母尊
的形式來呈現。如同在本文中提及的，這是方便與般若合而為一的象徵。以傾向
於密教的文脈來說，是大樂與空性的結合，即所謂的「樂空不二」。以這樣的點
對西藏佛教所做的概要，請參照《實踐・西藏佛教入門》（貢卻斯塔等著，春秋
社）第五章。

3.所謂「顯教」，指密教之外的佛教。

圖11：顯教與密教

顯教的大乘稱為「波羅蜜乘」，密教的大乘稱為「真言乘」。大乘可分為波羅
蜜乘和真言乘兩派，是密教的話絕對是大乘，因此大乘全體所共通的般若（空
性與緣起的理解）及方便（慈悲、菩提心等）對密教也是不可或缺的，由於特
別重要，所以必須事先正確理解。

4.請參照第四章注 10。

[264]

5. 密教門的「灌頂」，嚴格來說應該只授予具真正菩提心名副其實的菩薩。不過在這個墮落的時代（五濁惡世），如此嚴格要求的話，密教的傳承恐將斷絕。因此實際上，選擇在教理、實踐兩方面均具有一定經驗的修行者予以灌頂。不過即使是這樣的情況，將接受灌頂的人也應以觀想的菩提心為基礎，堅持「為一切眾生速成佛陀」的動機，必須在灌頂儀式中受持菩薩戒。即使一開始是這樣作成的菩提心，只要經過一再的修習，最終將成為真正的菩提心。

6. 為了能在七生乃至十六生中證得佛果，其條件是在接受正統密教灌頂之後——即使轉世——能恪守菩薩戒及三昧耶戒。若能滿足以上條件，縱然不實踐其他任何修行，最晚在十六生時必定能得到佛陀境地。跟三祇百劫比較，十六生宛如剎那間的事一般。

7. 即使說充分學習一般佛教及大乘的教法，要完全領會那龐大難解的內容並非易事。因此，將入密教門的條件想得容易雖然荒謬，但若訂得過分嚴苛也是非常不切實際的。

事實上，將修行顯教和密教比喻為猶如車子的前後輪，是非常有效的方法。密教的修行，雖然一定得依附在顯教內容之上，但也具有強力加速佛教修行的功用。因此，在經常維持顯教優先形式的同時，也要能均衡地學習並實踐顯教與密教。實踐密教的意義、修行的路程和到達點等，在五道與十地的修道論裡有詳細的闡述。密教，簡直就是在修行路上疾速向前邁進的方便。而實現此疾速行的理論依據，是空性與緣起的哲學。因此，充分學習本書從第二章到第四章的內容，是實踐密教所不可或缺的。

[265]

縱然已經接受灌頂並開始修行密教到某種程度，有時仍然會深刻體會到對作為基礎的顯教的理解不夠，此時必須重新集中精神學習顯教的必要部分，這在修行的過程中應該會是經常發生的情形。於是，對顯教的理解越加深時，對密教實踐的品質也將隨之提高。

8. 在賢劫出世的千佛中，以釋尊為首闡釋密教的僅有少數。從這點可知，密教被認為比佛還稀有。另外，即使只考慮現世，能接受並實踐密教教法的環境也是難以

獲得且極為珍貴的。

9.以密教儀軌修習空性之際，應念誦 oṃ svabhāvaśuddhāḥ sarvadharmāḥ svabhāva-
śuddho' haṃ/oṃ śūnyatājñānavajrasvabhāva ātmko' haṃ 等真言，並將在此之前所
觀想的內容全部溶入空性中。

10.法王達賴喇嘛十四世也呼籲大家注意，本文所引用《真言道次第論》的部分，
是最重要教誡之一。

11.無上瑜伽續的三昧耶戒，要求絕不捨棄對空性的見解，同時要經常憶念之。接
受無上瑜伽續大灌頂的修行者，若在一天中一次也沒有思憶空性的話，就犯了
三昧耶戒的根本大罪。

12.「種字」乃表示象徵本尊的梵語音節的文字。在西藏佛教的傳統裡，是以西藏
文字的楷書體來觀想。

「三昧耶形」是象徵本尊標記的法具等。例如阿閦的三昧耶形乃是金剛杵，大
日的三昧耶形乃是法輪。

13.所謂「本尊事業」，包括作為自利行供養諸佛之事，作為利他行對一切眾生說
法等事。

14.不論是修習自身還是該修習的本尊，都是藉自己的心而認知的對象。將這樣的　[266]
認知對象（外境）視為實體的凡夫習性，是密教修行初步階段的一大障礙。為
了徹底對治這個障礙，實踐以強烈否定外境實在性的唯識派之空性理解為基礎
的本尊瑜伽，將在某種條件下的特殊情形發揮強大效果。在這點上，應該能在
密教實踐面中找出唯識派見解的存在意義（附帶一提，若以說一切有部及經量
部等的空性理解為基礎的話，將無法實踐密教的本尊瑜伽）。

不過，當視外境為實體的習性減弱時，同樣也應抑制將認知本體的心（即自己
的心）視為實體。因此，在到達這個階段之後，必須脫離無法完全否定心的實
體性之唯識派見解。在實踐密教的高度本尊瑜伽時，成為其基礎的空性修習，
最後也一定要以中觀歸謬論證派的見解為根本。請參照第二章注 95。

15.在那過程中，藉著伴有二顯現的諦執所認識的日常世界的現狀，例如藉著觀想

「將水注入水中」的影像，到變成虛空般的空性。或者在自己的心中想像西藏文字 ཧཱུྃ（hūṃ），並觀想從下方的字形逐漸向上方字形溶入而最後消失於虛空，這是修習自性法身與智法身的境地。這樣的觀想技巧，需伴隨正確的空性理解及佛身觀才能發揮有效作用，若只是影像並無太大意義。請參照頁255。

16.本尊瑜伽的修行者在修習「自己即本尊」時，其正面意義上的自豪稱為「本尊慢」。簡單地說，就是貫徹利他的心並使自身完全地成為本尊。

相對於此，修行者的凡夫原貌稱為「凡俗顯現」，而對此執著則稱為「凡俗慢」。壓制凡俗的顯現及慢並生起本尊慢，是本尊瑜伽的要點。最初雖然只能在修習儀軌中做觀想，但應逐漸擴展到日常生活中，在行住坐臥中努力生起本尊慢。

[267]　　在本尊瑜伽的修習中，還有一項重要因素，即「明確顯現」。這是指將曼荼羅的主尊、眷屬、樓閣等，甚至是細節，都能像拿在手掌上般地清楚觀想、憶念。並且用強烈意念觀想其全部「是自己」，而後生起本尊慢。不論是明確顯現還是本尊慢，正因伴隨著空性修習而可能實現。

其次，若將一般佛教的止與觀套用在此處的文脈，那麼生起本尊慢相當於止，獲得明確顯現相當於觀。和修行止與觀的情況相同，目標也在於能交互修習並逐漸結合本尊慢與明確顯現，並達到不離的狀態。

17.所作、行、瑜伽的三密續。請參照注2。

18.請參照第三章注48。

19.詳細請參照《格魯派版　西藏死者之書》（平岡宏一譯，學研）。作為三身修道的基礎，從無上瑜伽續的角度來解說人的死、中有、再生過程。

20.所謂「藉俱生大樂以現量理解空性」，這是無上瑜伽續的基本立場，而實現以上的覺醒狀態稱之為「樂空不二」。

所謂「俱生大樂」，是透過實踐無上瑜伽續而被活化的先天的大樂。以密教的流程徹底追求「方便與般若」（請參照第一章頁10、第五章頁250）中所說的

方便，將能體驗到細微的幸福感。這就是所說的「大樂」。

21.在《祕密集會》聖者流的「五現等覺」中，依照（1）真如、（2）月輪、（3）種字（包括廣觀、斂觀）、（4）三昧耶形、（5）本尊身的順序展開觀想。這些分別相當於《真實攝經》（金剛頂經初會）中所闡釋的「五相成身」，即相對於通達菩提心、修菩提心、成金剛心、證金剛身、佛身圓滿。

22.在空性的修習上，必須隨時排除將本尊慢視為實體的傾向，這在實踐本尊瑜伽上是非常重要的。請參照注16。

23.有關究竟次第的實踐，在《真言道次第論》第十章中，有如下的解說：「究竟 [268] 次第的要點乃由以下三者決定：（1）自加持的世俗，即幻〔身〕的究竟次第；（2）四空次第的勝義，即光明的究竟次第；（3）如幻般的身體成為金剛薩埵佛身（世俗），以及心進入真實義的勝義光明，兩者無差別地結合雙運。」（編號為筆者所加）像這樣子，在究竟次第的文脈中，幻身被定位為世俗諦，而光明則為勝義諦。

24.針對脈輪、脈管、風、滴等究竟次第用語的含意，請參照《實踐‧西藏佛教入門》第五章、《格魯派版　西藏死者之書》。

25.因為將風導入中央脈管，能使空、甚空、大空的狀態依序出現。以上乃基於死亡過程中顯明之白相、顯明增輝之赤相、近得之黑相，以上均分別是前者溶入後者形式的體驗。達成這樣的「三空」，並與子光明（請參照頁258）合而為一的境地即為「喻光明」。將其定位為「死有法身」的疑似體驗，從中產生的「中有報身」的疑似體驗，乃是自加持的「不淨幻身」。

成就自加持的幻身後再將風完全導入中央脈管時，將出現一切空的狀態。這是藉瑜伽的力量，才得以在還活著的同時體驗死的光明。這樣的「四空」全數達成後，並與子光明結合的境地，就是「義光明」。也就在此時，實際上以現量理解空性，並於此再次為利他而生起，即成為有學雙運的「清淨幻身」。

幻身是微細的風所構成的意生身（請參照第四章頁209）。這在概念上是非常難解的，在實踐上更是極端困難。不過正因如此，將風導入中央脈管，達成三

空，並在此開始不淨幻身的過程，才是究竟次第的實踐關鍵部分。這就好比將《般若心經》的「色是空。空性是色」這句經文，以無上瑜伽續的脈絡來代換，並設定修道論的時間流程，這並非只是觀想的現實體驗，而可說是修習的最初階段。

[269]

又，關於幻身，較淺顯易懂的概論有平岡宏一氏的〈幻身——西藏密教中的即身成佛理論〉（《密教系列 2　西藏密教》，春秋社）。

26.關於使成就幻身優先於義光明的必要性，在宗喀巴的《祕密集會五次第直傳》中如此解說：「因為成就幻身乃無上瑜伽密教特殊的不共（獨自）法，只〔為了〕以現量理解勝義諦的光明，沒有必要事先生起幻身。同樣地，藉俱生大樂（請參照注 20）以現量理解真實義（空性）的智，也沒有必要生起幻身。然而，義光明智是為了淨治所知障的特別力量〔事先的幻成就就成為必要的〕。這是因為〔幻身成就是〕色身不共之因的主體。」

27.請參照第四章注 85。

28.雖然也有將《般若心經》定位為闡釋「噶得噶得……」此類般若波羅蜜真言的密教經典的說法，但在西藏佛教的通說中，《般若心經》並非四部密續之下的密教經典（請參照第三章頁 145）。

假設《般若心經》是密教經典的話，則一定得屬於四部密續之一。以下純然私見：如果《般若心經》是一部單純為了闡釋般若波羅蜜真言的經典，那麼應該會被分類為所作續。下位的所作續中所闡釋的內容，常常被在上位的無上瑜伽續中以高次元否定較低次元的形式被否定。從這點來看，與其強將《般若心經》視為密教經典，不如將之定位為是包含無上瑜伽續在內的所有密教實踐的基礎，換句話說，「《般若心經》是濃縮顯教要點的經典」，才是其真正價值的精確評論。

後記

我們策畫本書，已經是距今七年前的事了。最初的開端，是將藏文的《般若心經》譯成日文，而索南格西師以此教材進行演講。之後經過種種迂迴曲折，到今天大致上開花結果為止，花費了如此長久的歲月，或許是因為我們的策畫太不知天高地厚了。

《般若心經》是佛教文化傳統中最為人所熟知的經典。而書店的佛教書區裡，總是擺滿了《般若心經》的注釋書。如此狀況下，書店裡有的是以「西藏佛教的……」為題的別出心裁作品，我們不過是寫了本注釋《般若心經》的書，到底有什麼意義呢？

因為當初就有這樣的想法，所以我們認為，與其詳細解說《般若心經》本身，不如把《般若心經》當成一個題材，以做出一本縱觀西藏佛教教學體系的書作為目標。確實，或許這是個非常有意義的目標設定。不過也因為這樣，我們超越了執筆《般若心經》注釋書的範圍，將過重的負擔攬在自己的身上。

對像我這樣才疏學淺的人來說，實在難以負荷這樣的重擔。果不其然，我陷入左右為難的局面，浪費了許多時間。不過，很幸運地，索南格西師與貢卻斯塔師乃精通西藏佛教傳統教學和近代佛教學的碩學，真是託這兩位師尊確實指導的福，本書才得以見天日。

索南格西師建構了包括本書整體內容的架構，即《般若心經》的解釋、中觀學、般若學等，並且設定了撰寫的方向性。貢卻斯塔師則主要針對佛教論理學、認識論、中觀哲學等要點給予淺易的解說。而後，將如此寶貴的教法重新構成並作為日文書籍問世，則是由不才我負責。

因此，實在不得不由衷地憂心懺悔，由兩位師尊所開示像珠玉般的佛

法光輝，是否被自己的無知、不注意、怠惰等煩惱垢穢給污染了？如今只能一心祈願讀者諸賢靈活利用本書好的部分，並能分別達到所期盼的成果。

＊

接下來藉著這個機會，提出執筆寫作本書時的一些感觸。

在說明佛教內容時，近來一般傾向於盡量避免使用專門用語。在無損教法精神的範圍內，換成平易的現代用語來表達，也較能廣為一般人所理解。我對於這樣的用意，基本上也是贊成的。不過，想要在一定程度上正式學習並實踐的話，避開使用佛教用語時反倒招致混亂的例子也很多。

例如，不用「五蘊」這個佛教用語，試著以「五個聚集」來表達。像這樣把兩個漢字的佛教用語，換成混有平假名助詞等的現代白話用語，在說明哲學性內容的文脈中，實在不明白到底要翻譯到怎樣程度才能算得上是完整，這種作法實在很危險。舉個單純的例子：「五個聚集的範圍，比任何存在的範圍都要狹窄。」這段文章也能解釋成，「『聚集的範圍』有五個，而這些比其他任何『存在的範圍』都要狹窄」。當然，這是完全意義不明的。若用佛教用語「五蘊的範圍，要比一切法的範圍都要狹窄」，這樣的表現就能避免不必要的誤解了。

確實在「五個聚集」這個表現裡，不懂的字一個也沒有。但若不知道五蘊的內涵，就算是用「五個聚集」，結果也還是完全不知道是在講什麼。在懂得五蘊的含意、實例、分類等，並且能判斷某任意存在是否歸納

在五蘊範圍的時候，才稱得上是真正理解了五蘊。從這個簡單的例子也能清楚地明白，縱使沒有出現不懂的詞，也不代表一定能正確地理解內容。

暫且撇開這點來思考，不論用「五蘊」還是「五個聚集」，這些用語都不過是識別的記號。既然是記號，越簡潔越方便，也越能廣泛通用。「五蘊」這個用語，是廣泛通用於漢譯佛教圈的詞，包括日本的傳統佛教。而且和梵文及藏文的佛教用語，也幾乎都能一一對應。這一點是十分重要的。日本佛教徒，用屬於自己精神傳統的漢譯佛教用語，能和大論師月稱及始祖宗喀巴大師共有大部分的論議平台道場。

現代語譯則無法如此。有人將五蘊翻成「五個聚集」，也有人翻成「五個構成要素」。另一方面，也有人將「四大種」翻成「四個構成要素」。如此一來，就算有誤解「從五個構成要素（五蘊）中去掉一個，剩下的就是四個構成要素（四大種）了」的讀者出現，也絕不稀奇。當然，剛才的例子或許有點極端。即便漢譯的佛教用語也絕非萬能，問題點也不少。只是「對有強烈興趣的讀者來說，不用佛教用語，真的是個親切的作法嗎？」這個問題，務必希望能藉著這個機會提出來。

因本書所設想的主要對象，乃是「具相當程度、想正式學習並實踐西藏佛教」的讀者，或是熟知《般若心經》玄奘三藏譯本的讀者，所以硬是積極地使用了佛教用語，儘管十分清楚這和最近的趨勢逆道而行。不過這並不表示「若不懂佛教用語，就無法閱讀」，而是「即使是不懂佛教用語的讀者，也能透過本書得知重要用語」。就算是初學者，只要有效利用索引等，應該都能充分讀通本書。

＊

　若將佛教分成顯教和密教，本書的內容除了第五章外，幾乎都屬於顯教的部分。不過，或許可以說我們是從「西藏密教的實踐」這個觀點來執筆本書。這是因為，在思考應該說明的內容時，常將「在實踐密教所需依據的思想哲學這方面，應該先通曉怎樣的內容呢？」這點放在心上的緣故。為了提升密教實踐的品質，熟知密教瞑想技巧雖然也很重要，不過更應加強所依據的顯教思想哲學的理解。

　因此，如果有「對思想哲學應付不來，但想試著實踐密教的瞑想」的人，那麼務必請這樣的人加把勁讀讀本書。為了真正地實踐密教的瞑想，此時此刻最需要的部分，或許能從本書得到什麼提示。

　不過，若覺得突然進入本書的內容會有障礙，建議先試著讀我們之前的著作《實踐・西藏佛教入門》（春秋社）。藉此應當可以大致掌握西藏佛教的教義與實踐體系的結構。在紮實地明白構築這些骨架的框架後，再透過本書學習「般若學」及「中觀學」，將更易理解。

＊

　即使如此，自從前著《實踐・西藏佛教入門》問世之後，轉眼間也已經七年了。在這段期間，在日本的西藏佛教的狀況有極大變化。從將法王達賴喇嘛十四世的著作譯成日文為開端，學習西藏佛教的日文資料，在今天不論質或量都很充實。會把西藏密教與奧姆真理教混淆的誤解跟偏見，

幾乎都已成了過去。

　　前著的〈後記〉中，我為了正式學習並實踐西藏佛教，提出了在日本國內建立據點的重要性。當時不過只是打算抒發一下長期的夢想而已，但沒想到這麼快就目睹它成真了。平成十年的秋天，我們三人成立了「西藏佛教普及協會」（Potala College）這個佛教團體，規模雖然極小，也總算是整頓出一個能專注於追求西藏佛教的理想環境了。

　　在成立這個佛教團體時，我們迎請了代表現代西藏佛教界並可說是「喇嘛中的喇嘛」名僧登馬洛確仁波切（Kyabje Denma Locho Rinpoche，大昭寺前僧院長）、於法王達賴喇嘛膝下致力佛教哲學指導的檀確格西（Geshe Damchoe Gyaltsen，達蘭薩拉辯經學院院長）、日本密教學界第一把交椅的宮坂宥勝教授（名古屋大學名譽教授）以及吉田宏哲教授（大正大學教授）為宗教兼學術顧問，在各種形式上承蒙指導至今。另外，特別和南印度格魯派大本營哲蚌寺洛色林僧院、北印度達蘭薩拉辯經學院建立緊密的交流關係。

　　西藏佛教普及協會的主要活動，是在東京、靜岡、京都、廣島四地定期舉辦索南格西師與貢卻斯塔師的佛教講習和瞑想指導。另外也有西藏的法會、藏語教室、與佛教及西藏文化有關的各種演講等。未來也將建造藏式寺院，並舉行推廣活動（有興趣者，歡迎與本協會聯繫。地址：東京都千代田區神田須田町一—五翔和須田町大樓 B1；電話與傳真：03-3251-4090；網址http://www02.u-page.so-net.ne.jp/sc4/potala/。）

　　作為西藏佛教普及協會的特別活動，我們甚至請來以格魯派教主甘丹赤巴（Gandain）座主、副教主蔣哲曲傑（Jangtse）法座為首的最長老的高

僧，實現了《祕密集會》等無上瑜伽續的大灌頂及成就法儀軌的傳授。而結果是現今最高水準的西藏密教及其實踐程序在日本逐漸穩固，這已經不是夢想的階段，而是確實在現實中發生的事。將來在回顧日本佛教史的時候，說不定會被定位在極重要的轉振點上也未可知。而現在的我們正身處其中……。想到這裡，在感到深深的喜悅及感動的同時，一股無法形容的壓力感湧上心頭，不由得全身顫抖起來。

新傳入日本的高度密教教法，是否能確實地被繼承，就看我們自己將大乘佛教的基礎穩固到什麼程度了。前面提到「從『西藏密教的實踐』這個觀點來執筆本書」的用意，是基於如此的經過。作為實踐高度密教之依據，為了加深對般若學及中觀學的理解，希望在平常定期的佛教講習中，能盡量積極地活用本書。事實上，本書原稿的一部分，正是我自己在課堂上所使用的資料。像在表達方面改用更容易理解的詞彙等，結果收穫非常地豐富。再次向提供寶貴意見的聽講各位表達謝意。

最後，像這樣內容的書籍得以問世，全都要歸功於春秋社的神田明社長、鈴木龍太郎編集部長和上田鐵也先生，在這裡代表作者三人獻上最誠摯的感謝之意。從最初的階段開始，經過了這麼一段漫長的期間，極具耐心地激勵我們並寬大地包容我們的種種任性，真是無論如何都不足以表示謝意。近來正值最嚴苛的社會情勢，能以大局的觀點來推動像本書這般保守的企畫，對那身為出版者、編輯者的崇高氣度，謹獻上無限敬意。

＊

接下來，僅藉著介紹班禪喇嘛四世卻吉堅贊大師的《上師供養儀軌》中，闡釋「空性與緣起」的優美偈頌來取代結論。

外內諸法悉如幻如夢，
亦如清泉池中映月形，
任何觀擇不實理證知，
圓滿如幻三昧求加持。

生死涅槃纖毫自性無，
緣生因果如如不虛誤，
二互不違相助以出升，
解龍樹義現證求加持。

平成十四年四月八日，於佛誕日

齋藤保高

附錄

藏文版《般若心經》修行次第

一 藏文版《般若心經》原文與羅馬對音

三歸與發心

སངས་རྒྱས་ཆོས་དང་ཚོགས་ཀྱི་མཆོག་རྣམས་ལ།

བྱང་ཆུབ་བར་དུ་བདག་ནི་སྐྱབས་སུ་མཆི།

བདག་གིས་སྦྱིན་སོགས་བགྱིས་པའི་བསོད་ནམས་ཀྱིས།

འགྲོ་ལ་ཕན་ཕྱིར་སངས་རྒྱས་འགྲུབ་པར་ཤོག །

sangs rgyas chos dang tshogs kyi mchog rnams la /

byang chub bar du bdag ni skyabs su mchi /

bdag gis sbyin sogs bgyis pa'i bsod nams kyis /

'gro la phan phyir sangs rgyas 'grab par shog //

開經偈

སྨྲ་བསམ་བརྗོད་མེད་ཤེས་རབ་ཕ་རོལ་ཕྱིན།

མ་སྐྱེས་མ་འགགས་ནམ་མཁའི་ངོ་བོ་ཉིད།

སོ་སོར་རང་རིག་ཡེ་ཤེས་སྤྱོད་ཡུལ་བ།

དུས་གསུམ་རྒྱལ་བའི་ཡུམ་ལ་ཕྱག་འཚལ་ལོ། །

smra bsam brjod med shes rab pha rol phyain /

ma skyes ma 'gags nam mkha'i ngo bo nyid /

so sor rang rig ye shes spyod yul ba /

dus gsum rgyal ba'i yum la phyag 'tshal lo //

般若心經本文

༄༅། །རྒྱ་གར་སྐད་དུ། ཧྲ་ག་ཝཏི་པྲཛྙཱ་པཱ་ར་མི་ཏ་ཧྲི་ད་ཡ།

བོད་སྐད་དུ། བཅོམ་ལྡན་འདས་མ་ཤེས་རབ་ཀྱི་ཕ་རོལ་ཏུ་ཕྱིན་པའི་སྙིང་པོ།

ྦཨམ་པོ་གཅིག་གོ །ཿ

rgya gar skad du / bha ga wati pra dznya pā ra mi tā hri da ya /

bod skad du / bcom ldan 'das ma shes rab kyi pha rol tu phyin pa'i snying po /

bma po gcig go /

1. འདི་སྐད་བདག་གིས་ཐོས་པ་དུས་གཅིག་ན།

   'di skad bdag gis thos pa dus gcig na /

2. བཅོམ་ལྡན་འདས་

   bcom ldan 'das

3. རྒྱལ་པོའི་ཁབ་བྱ་རྒོད་ཕུང་པོའི་རི་ལ་

   rgyal po'i gab bya rgod phung po'i ri la

4. དགེ་སློང་གི་དགེ་འདུན་ཆེན་པོ་དང་།

བྱང་ཆུབ་སེམས་དཔའི་དགེ་འདུན་ཆེན་པོ་དང་

ཐབས་ཅིག་ཏུ་བཞུགས་ཏེ།

dge slong gi dge 'dun chen po dang /

byang chub sems dpa'i dge 'dun chen po dang

thabs cig tu bzhugs te /

5. དེའི་ཚེ་བཅོམ་ལྡན་འདས་ཟབ་མོ་སྣང་བ་ཞེས་བྱ་བའི་

ཆོས་ཀྱི་རྣམ་གྲངས་ཀྱི་ཏིང་ངེ་འཛིན་ལ་སྙོམས་པར་ཞུགས་སོ།

de'i tshe bcom ldan 'das zab mo snang ba zhes bya ba'i

chos kyi rnam grangs kyi ting nge 'dzin la snyoms par zhugs so /

6. ཡང་དེའི་ཚེ་བྱང་ཆུབ་སེམས་དཔའ་སེམས་དཔའ་ཆེན་པོ་

འཕགས་པ་སྤྱན་རས་གཟིགས་དབང་ཕྱུག་

ཤེས་རབ་ཀྱི་ཕ་རོལ་ཏུ་ཕྱིན་པ་ཟབ་མོའི་

སྤྱོད་པ་ཉིད་ལ་རྣམ་པར་བལྟ་ཞིང་།

ཕུང་པོ་ལྔ་པོ་དེ་དག་ལ་ཡང་

རང་བཞིན་གྱིས་སྟོང་པར་རྣམ་པར་བལྟའོ།

yang de'i tshe byang chub sems dba' sems dpa' chen po

'phags pa spyan ras gzigs dbang phyug

shes rab kyi pha rol tu phyin pa zab mo'i

spyod pa nyid la rnam par blta zhing /

phung po lnga po de dag la yang

rang bzhin gyis stong par rnam par blta'o /

7. དེ་ནས་སངས་རྒྱས་ཀྱི་མཐུས་ཚེ་དང་ལྡན་པ་ཤཱ་རིའི་བུས།

བྱང་ཆུབ་སེམས་དཔའ་སེམས་དཔའ་ཆེན་པོ་

འཕགས་པ་སྤྱན་རས་གཟིགས་དབང་ཕྱུག་ལ་

འདི་སྐད་ཅེས་སྨྲས་སོ།

རིགས་ཀྱི་བུ་འམ་རིགས་ཀྱི་བུ་མོ་གང་ལ་ལ།

ཤེས་རབ་ཀྱི་ཕ་རོལ་ཏུ་ཕྱིན་པ་ཟབ་མོའི་

སྤྱད་པ་སྤྱོད་པར་འདོད་པ་དེས་ཇི་ལྟར་བསླབ་པར་བྱ།

de nas sngas rgyas kyi mthus tshe dang ldan pa shā ri'i bus /

byang chub sems dpa' sems dpa' chen po

'phags pa spyan ras gzigs dbang phyug la

'di skad ces smras so /

rigs kyi bu 'am rigs kyi bu mo gang la la

shes rab kyi pha rol tu phyin pa zab mo'i

sbyad pa sbyod par 'dod pa des ji ltar bslab par bya /

8. དེ་སྐད་ཅེས་སྨྲས་པ་དང་།

བྱང་ཆུབ་སེམས་དཔའ་སེམས་དཔའ་ཆེན་པོ་

འཕགས་པ་སྤྱན་རས་གཟིགས་དབང་ཕྱུག་གིས་

ཚེ་དང་ལྡན་པ་ཤཱ་ར་དྭ་ཏིའི་བུ་ལ་འདི་སྐད་ཅེས་སྨྲས་སོ།

ཤཱ་རིའི་བུ་རིགས་ཀྱི་བུའམ་རིགས་ཀྱི་བུ་མོ་གང་ལ་ལ་

ཤེས་རབ་ཀྱི་ཕ་རོལ་ཏུ་ཕྱིན་པ་ཟབ་མོའི་སྤྱད་པ་

སྤྱོད་པར་འདོད་པ་དེས་འདི་ལྟར་རྣམ་པར་བལྟ་བར་བྱ་སྟེ།

de skad ces smras pa dang /

byang chub sems dpa' sems dpa' chen po

'phags pa spyan ras gzigs dbang phyug gis

tshe dang ldan pa shā ra dwa ti'i bu la 'di skad ces smras so /

shā ri'i bu rigs kyi bu'm rigs kyi bu mo gang la la

shes rab kyi pha rol tu phyin pa zab mo'i spyad pa

spyod par 'dod pa des 'di ltar rnam par blta bar bya ste

9. ཕུང་པོ་ལྔ་པོ་དེ་དག་ཀྱང་རང་བཞིན་གྱིས་སྟོང་པར་

རྣམ་པར་ཡང་དག་པར་རྗེས་སུ་བལྟའོ།

phung po lnga po de dag kyang rang bzhin gyis stong par

rnam par yang dag par rjes su blta'o /

10. གཟུགས་སྟོང་པའོ། སྟོང་པ་ཉིད་གཟུགས་སོ།

གཟུགས་ལས་སྟོང་པ་ཉིད་གཞན་མ་ཡིན།

སྟོང་པ་ཉིད་ལས་ཀྱང་གཟུགས་གཞན་མ་ཡིན་ནོ།

gzugs stong pa'o / stong pa nyid gzugs so /

gzugs las stong pa nyid gzhan ma yin /

stong pa nyid las kyang gzugs gzhan ma yin no /

11. དེ་བཞིན་དུ་ཚོར་བ་དང་། འདུ་ཤེས་དང་། འདུ་བྱེད་དང་།

རྣམ་པར་ཤེས་པ་རྣམས་སྟོང་པའོ།

de bzhin du tshor ba dang / 'du shes dang / 'du byed dang /

rnam par shes pa rnams stong pa'o /

12. ཤཱ་རིའི་བུ་དེ་ལྟར་ཆོས་ཐམས་ཅད་སྟོང་པ་ཉིད་དེ།

མཚན་ཉིད་མེད་པ། མ་སྐྱེས་པ། མ་འགགས་པ།

དྲི་མ་མེད་པ། དྲི་མ་དང་བྲལ་བ། བྲི་བ་མེད་པ།

shā ri'i bu de ltar chos thams cad stong pa nyid de /

mtshan nyid med pa / ma skyes pa / ma 'gags pa /

dri ma med pa / dri ma dang bral ba / bri ba med pa / gang ba med pa'o /

13-1. ཤཱ་རིའི་བུ་ དེ་ལྟ་བས་ན།

སྟོང་པ་ཉིད་ལ་གཟུགས་མེད། ཚོར་བ་མེད།

འདུ་ཤེས་མེད། འདུ་བྱེད་རྣམས་མེད། རྣམ་པར་ཤེས་པ་མེད།

shā ri'i bu de lta bas na /

stong pa nyid la gzugs med / tshor ba med /

'du shes med / 'du byed rnams med / rnam par shes pa med /

13-2. མིག་མེད། རྣ་བ་མེད། སྣ་མེད། ལྕེ་མེད། ལུས་མེད། ཡིད་མེད།

གཟུགས་མེད། སྒྲ་མེད། དྲི་མེད། རོ་མེད། རེག་བྱ་མེད།

ཆོས་མེད་དོ།

mig med / rna ba med / sna med / lce med / lus med / yid med /

gzugs med / sgra med / dri med / ro med / reg bya med /

chos med do /

13-3. མིག་གི་ཁམས་མེད་པ་ནས་ཡིད་ཀྱི་ཁམས་མེད།

ཡིད་ཀྱི་རྣམ་པར་ཤེས་པའི་ཁམས་ཀྱི་བར་དུ་ཡང་

mig gi khams med pa nas yid kyi khams med /

yid kyi rnam par shes pa'i khams kyi bar du yang med do /

13-4. མ་རིག་པ་མེད་མ་རིག་པ་ཟད་པ་མེད་པ་ནས།

ན་ཕི་མེད། ན་ཕི་ཟད་པའི་བར་དུ་ཡང་མེད་དོ།

ma rig pa med ma rig pa zad pa med pa nas /

rga shi med/ rga shi zad pa'i bar du yang med do /

13-5. དེ་བཞིན་དུ་སྡུག་བསྔལ་བ་དང་། ཀུན་འབྱུང་བ་དང་།

འགོག་པ་དང་། ལམ་མེད།

ཡེ་ཤེས་མེད། ཐོབ་པ་མེད། མ་ཐོབ་པ་ཡང་མེད་དོ།

de bzhin du sdug bsngal ba dang / kun 'byung ba dang /

'gog pa dang / lam med /

ye shes med / thob pa med / ma thob pa yang med do /

14. ཤཱ་རིའི་བུ་ དེ་ལྟ་བས་ན།

བྱང་ཆུབ་སེམས་དཔའ་རྣམས་ཐོབ་པ་མེད་པའི་ཕྱིར།

ཤེས་རབ་ཀྱི་ཕ་རོལ་ཏུ་ཕྱིན་པ་ལ་བརྟེན་ཅིང་གནས་ཏེ།

shā ri'i bu de lta bas na /

byang chub sems dpa' rnams thob pa med pa'i phyir /

Shes rab kyi pha rol tu phyin pa la brten cing gnas te /

15. སེམས་ལ་སྒྲིབ་པ་མེད་ཅིང་། སྐྲག་པ་མེད་དོ།

ཕྱིན་ཅི་ལོག་ནས་ཤིན་ཏུ་འདས་ནས

མྱ་ངན་ལས་འདས་པའི་མཐར་ཕྱིན་ཏོ།

sems la sgrib pa med cing / skrag pa med do /

phyin ci log nas shin tu 'das nas

mya ngan las 'das pa'i mthar phyin to /

16. དུས་གསུམ་དུ་རྣམ་པར་བཞུགས་པའི་

སངས་རྒྱས་ཐམས་ཅད་ཀྱང་།

ཤེས་རབ་ཀྱི་ཕ་རོལ་ཏུ་ཕྱིན་པ་ལ་བརྟེན་ནས།

བླ་ན་མེད་པ་ཡང་དག་པར་རྫོགས་པའི་བྱང་ཆུབ་ཏུ་

མངོན་པར་རྫོགས་པར་སངས་རྒྱས་སོ།

dus gsum du rnam par bzhugs pa'i

sangs rgyas thams cad kyang /

shes rab kyi pha rol tu phyin pa la brten nas /

bla na med pa yang dag par rdzogs pa'i byang chub tu

mngon par rdzogs par sangs rgyas so /

17. དེ་ལྟ་བས་ན་ཤེས་རབ་ཀྱི་ཕ་རོལ་ཏུ་ཕྱིན་པའི་སྔགས།

རིག་པ་ཆེན་པོའི་སྔགས། བླ་ན་མེད་པའི་སྔགས།

མི་མཉམ་པ་དང་མཉམ་པའི་སྔགས།

སྡུག་བསྔལ་ཐམས་ཅད་རབ་ཏུ་ཞི་བར་བྱེད་པའི་སྔགས།

མི་བརྫུན་པས་ན་བདེན་པར་ཤེས་པར་བྱ་སྟེ།

ཤེས་རབ་ཀྱི་ཕ་རོལ་ཏུ་ཕྱིན་པའི་སྔགས། སྨྲས་པ།

de lta bas na shes rab kyi pha rol tu phyin pa'i sngags /

rig pa chen po'i sngags / bla na med pa'i sngags /

mi mnyam pa dang mnyam pa'i sngags /

sdug bsngal thams cad rab tu zhi bar byed pa'i sngags /

mi brdzun pas na bden par shes par bya ste /

shes rab kyi pha rol tu phyin pa'i sngags / smras pa /

ཏདྱ་ཐཱ། ག་ཏེ་ ག་ཏེ་ པཱ་ར་ག་ཏེ་ པཱ་ར་སཾ་ག་ཏེ་ བོ་དྷི་སྭཱ་ཧཱ།

tadya thā / ga te ga te pā ra ga te pā ra sa ga te bo dhi swā hā /

18. ཤཱ་རི་བུ། བྱང་ཆུབ་སེམས་དཔའ་སེམས་དཔའ་ཆེན་པོས།
 དེ་ལྟར་ཤེས་རབ་ཀྱི་ཕ་རོལ་ཏུ་ཕྱིན་པ་ཟབ་མོ་ལ་བསླབ་པར་བྱའོ།

shā ri bu / byang chub sems dpa' sems dpa' chen pos /

de ltar shes rab kyi pha rol tu phyin pa zab mo la bslab par bya'o /

དེ་ནས་བཅོམ་ལྡན་འདས་དེང་ངེ་འཛིན་དེ་ལས་བཞེངས་ཏེ།
བྱང་ཆུབ་སེམས་དཔའ་སེམས་དཔའ་ཆེན་པོ
འཕགས་པ་སྤྱན་རས་གཟིགས་དབང་ཕྱུག་ལ
ལེགས་སོ་ཞེས་བྱ་བ་བྱིན་ནས།
ལེགས་སོ་ལེགས་སོ་ རིགས་ཀྱི་བུ་དེ་དེ་བཞིན་ནོ། དེ་དེ་བཞི
ཇེ་ལྟར་ཁྱོད་ཀྱིས་བསྟན་པ་བཞིན་དུ
ཤེས་རབ་ཀྱི་ཕ་རོལ་ཏུ་ཕྱིན་པ་ཟབ་མོ་ལ་སྤྱད་པར་བྱ་སྟེ།
དེ་བཞིན་གཤེགས་པ་རྣམས་ཀྱང་རྗེས་སུ་ཡི་རང་ངོ་།

de nas bcom ldan 'das ting nge 'dzin de las bzhengs te /

byang chub sems dpa' sems dpa' chen po

'phags pa spyan ras gzigs dbang phyug la

legs so zhes bya ba byin nas /

legs so legs so rigs kyi bu de de bzhin no / de de bzhin te /

ji ltar khyod kyis bstan pa bzhin du

shes rab kyi pha rol tu phyin pa zab mo la spyad par bya ste /

de bzhin gshegs pa rnams kyang rjes su yi rang ngo /

19. བཅོམ་ལྡན་འདས་ཀྱིས་དེ་སྐད་ཅེས་བཀའ་སྩལ་ནས།

ཚེ་དང་ལྡན་པ་ ཤཱ་ར་དྭ་ཏིའི་བུ་དང་།

བྱང་ཆུབ་སེམས་དཔའ་སེམས་དཔའ་ཆེན་པོ

འཕགས་པ་སྤྱན་རས་གཟིགས་དབང་ཕྱུག་དང་།

ཐམས་ཅད་དང་ལྡན་པའི་འཁོར་དེ་དག་དང་།

ལྷ་དང་། མི་དང་། ལྷ་མ་ཡིན་དང་།

དྲི་ཟར་བཅས་པའི་འཇིག་རྟེན་ཡི་རངས་ཏེ།

བཅོམ་ལྡན་འདས་ཀྱིས་གསུངས་པ་ལ

མངོན་པར་བསྟོད་དོ།།   ။

bcom ldan 'das kyis de skad ces bka' stsal nas /

tshe dang ldan pa shā ra dwa ti'i bu dang /

byang chub sems dpa' sems dpa' chen po

'phags pa spyan ras gzigs dbang phyug dang /

thams cad dang ldan pa'i 'khor de dag dang /

lha dang / mi dang / lha ma yin dang /

dri zar bcas pa'i 'jig rten yi rangs te /

bcom ldan 'das kyis gsungs pa la

mngon par bstod do //

真言唸誦與祈願

ཏ་ཏྱ་ཐཱ། ག་ཏེ་ ག་ཏེ་ པཱ་ར་ག་ཏེ་ པཱ་ར་སཾ་ག་ཏེ་ བོ་དྷི་སྭཱ་ཧཱ།

tatyathā / ga te ga te pā ra ga te pā ra sa ga te bo dhi swā hā /

འཕགས་པ་དཀོན་མཆོག་གསུམ་གྱི་བཀའི་བདེན་པའི་སྟོབས་ཀྱིས་ཕྱིར།
བཟློག་པར་གྱུར་ཅིག མེད་པར་གྱུར་ཅིག ཞི་བར་གྱུར་ཅིག །

'phags pa dkon mchog gsum gyi bka'i bden pa'i stobs kyis phyir /

bzlog par gyur cig med par gyur cig zhi bar gyur cig /

吉祥讚與普迴向

བགེགས་རིགས་སྟོང་ཕྲག་བརྒྱད་ཅུ་ཞི་བ་དང་།
མི་མཐུན་གནོད་པའི་རྐྱེན་དང་བྲལ་བ་དང་།
མཐུན་པར་འགྲུབ་ཅིང་ཕུན་སུམ་ཚོགས་གྱུར་པའི།
བཀྲ་ཤིས་དེ་རྒྱུང་དེང་འདིར་བདེ་ལེགས་ཤོག །

bgegs rigs stong phrag brgyad cu zhi ba dang /

mi mthun gnod pa'i rkyen dang bral ba dang /

mthun par 'grub cing phun sum tshogs gyur pa'i /

bkra shis des kyang deng 'dir bde legs shog /

ཡང་དག་ལྟ་བ་རིན་པོ་ཆེ།

མ་རྟོགས་པ་རྣམས་རྟོགས་གྱུར་ཅིག

རྟོགས་པ་ཉམས་པ་མེད་པ་ཡི།

གོང་ནས་གོང་དུ་འཕེལ་བར་ཤོག །

yang dag lta ba rin po che

ma rtogs pa rnams rtogs gyur cig

rtogs pa nyams pa med pa yi /

gong nas gong du 'phel bar shog /

བྱང་ཆུབ་སེམས་མཆོག་རིན་པོ་ཆེ།

མ་སྐྱེས་པ་རྣམས་སྐྱེས་གྱུར་ཅིག

སྐྱེས་པ་ཉམས་པ་མེད་པ་ཡི།

གོང་ནས་གོང་དུ་འཕེལ་བར་ཤོག །

byang chub sems mchog rin po che /

ma skyes pa rnams skyes gyur cig

skyes pa nyams pa med pa yi /

gong nas gong du 'phel bar shog /

ཐོས་བསམ་སྒོམ་པའི་ཤེས་རབ་འཕེལ་དུ་གསོལ།

འཆད་རྩོད་རྩོམ་པའི་བློ་གྲོས་རྒྱས་སུ་གསོལ།

མཆོག་དང་ཐུན་མོང་དངོས་གྲུབ་སྩལ་དུ་གསོལ།

མྱུར་དུ་ཁྱེད་རང་ལྟ་བུར་བྱིན་གྱིས་རློབས། །

thos basm sgom pa'i shes rab 'phel du gsol /

'chad rtsod rtsom pa'i blo gros rgyas su gsol /

mchog dang thun mong dngos grub stsal du gsol /

myur du khyed rang lta bur byin gyis rlobs /

དགེ་བ་འདི་ཡི་སྐྱེ་བོ་ཀུན།

བསོད་ནམས་ཡེ་ཤེས་ཚོགས་རྫོགས་སྟེ།

བསོད་ནམས་ཡེ་ཤེས་ལས་བྱུང་བའི།

དམ་པ་སྐུ་གཉིས་ཐོབ་པར་ཤོག །

dge ba 'di yi skye bo kun /

bsod nams ye shes tshogs rdzogs ste /

bsod nams ye shes las byung ba'i /

dam pa sku gnyis thob par shog /

སྐྱེ་བ་ཀུན་ཏུ་ཡང་དག་བླ་མ་དང་།

འབྲལ་མེད་ཆོས་ཀྱི་དཔལ་ལ་ལོངས་སྤྱོད་ཅིང་།

ས་དང་ལམ་གྱི་ཡོན་ཏན་རབ་རྫོགས་ནས།

རྡོ་རྗེ་འཆང་གི་གོ་འཕང་མྱུར་ཐོབ་ཤོག །

skye ba kun tu yang dag bla ma dang /

'bral med chos kyi dpal la longs spyod cing /

sa dang lam gyi yon tan rab rdzogs nas /

rdo rje 'chang gi go 'phang myur thob shog /

二　藏文版《般若心經》漢譯（附玄奘譯）

說明：

句末所附數字為中文版本文說明該句處之日文原書頁碼。

玄奘譯對照文以黑體字標示，置於〈　〉之內。

三歸與發心

佛法僧三寶，

直至菩提我皈依。

累積六波羅蜜諸功德，

為渡眾生願成佛。

開經偈

不可說、不可思議〔以甚深〕般若波羅蜜、

〔應覺〕不生不滅與空性〔之二諦〕。

〔般若是〕內證智，〔二諦是其〕行境。

頂禮三世勝者佛母〔般若〕。

般若心經本文

梵語：《Prajñāpāramitā Hridaya Sūtra》

藏文：《bcomldan' das ma' shes rab kyi pha rol tu phyin pa'i snying po》　4

〈佛説摩訶般若波羅蜜多心經〉

1. 如是我聞，一時　12

2. 世尊　12

3. 在王舍城與靈鷲山　13

4. 與比丘大聖者、菩薩大聖者等齊聚一堂。　13

5. 爾時世尊入甚深顯現三昧法門。　15

6. 爾時，聖觀自在菩薩摩訶薩〔得到世尊的加持〕，能觀甚深般若波羅
　　蜜，覺悟〔以〕五蘊〔而存在的東西〕的自性都是空的。　16
　　〈觀自在菩薩行深般若波羅蜜多時，照見五蘊皆空〉

7. 於是，藉〔世尊〕佛的力量，長老舍利弗尊者詢問觀自在菩薩。　16
　　善男子、善女人中，若有人欲實踐甚深般若波羅蜜之行時，該如何學
　　習？　21

8. 被這樣問之後，觀自在菩薩如是回答舍利弗尊者。
　　舍利弗啊，希望實踐甚深般若波羅蜜行的善男子、善女人，不論是誰都
　　應當做如是觀察。也就是　22
　　〈度一切苦厄。舍利子〉

9. 若能觀五蘊〔存在之一切事物〕的自性是空的話，才是正確的觀。　22,
　　28, 36

10. 色是空。〔像那樣顏色的〕空性是〔那個東西的〕色。色之外沒有別
　　　的空性。〔色的〕空性之外也沒有別的色。　110
　　　〈色不異空，空不異色。色即是空，空即是色〉

11. 同樣地受、想、行、識也是空。　117

〈受想行識亦復如是〉

12. 舍利弗啊！像這樣子一切法是空性。即沒有〔在它本身方面成立的〕相，沒有〔作為自性的〕生、也沒有滅，〔本來〕沒有污穢、〔因此〕也沒有離污穢，〔作為勝義〕沒有減、也沒有滿。 118

〈舍利子是諸法空相，不生不滅，不垢不淨，不增不減〉

13-1. 此故空性中是無色、無受、無想、無諸行、無識。 125

〈是故空中無色受想行識〉

13-2. 〔同樣地，在空性中〕沒有眼、耳、鼻、舌、身、意〔所謂的六內處〕，也沒有〔其對象〕色、聲、香、味、觸、法〔所謂的六外處〕。 126

〈無眼耳鼻舌身意、無色聲香味觸法〉

13-3. 從眼界到意界、更到意識界〔十八界〕悉無。 128

〈無眼界乃至無意識界〉

13-4. 也沒有無明、〔因此〕也沒有無明盡。〔十二緣起一切〕因為也與此相同，沒有老死、也沒有老死盡。 131

〈無無明亦無無明盡，乃至無老死亦無老死盡〉

13-5. 同樣地，也沒有苦、集、滅、道〔四諦〕。〔道的主體〕沒有智，得〔道果〕是沒有的，也沒有沒得。 135

〈無苦集滅道。無智亦無得〉

14. 舍利弗啊！菩薩們因為〔對作為勝義的佛果〕無所得故，以般若波羅蜜為依據而住。 141

〈以無所得故，菩提薩埵依般若波羅蜜多故〉

15. 心沒有〔煩惱與所知二〕障，沒有恐懼，然後完全離開顛倒，〔終於〕達成〔無住處〕涅槃的境地。 143

〈心無罣礙，無罣礙故，無有恐怖，遠離顛倒夢想，究竟涅槃〉

16. 三世中在世的諸佛陀，也以般若波羅蜜為依據，現證無上正等覺。144

〈三世諸佛依般若波羅蜜多故，得阿耨多羅三藐三菩提〉

17. （對利根的所化，在此之前講述的是從資糧道到無學道之間的修行過程，藉接下來將說的密咒而證得。）

「此故，般若波羅蜜的密咒（真言）是大明智的密咒、無上的密咒、無比的密咒、能鎮一切苦的密咒。因為〔這〕是無虛妄的，應知〔這正是〕真理。〔像這樣〕若說般若波羅蜜的密咒的話：「得訝他，噶得噶得，巴阿惹噶得，巴阿惹桑噶得，菩提，娑哈。」 145

〈故知般若波羅蜜多，是大神咒、是大明咒、是無上咒、是無等等咒。能除一切苦、真實不虛。故說般若波羅蜜咒，即說咒曰：揭諦、揭諦、波羅揭諦、波羅僧揭諦、菩提薩婆訶〉

18. 舍利弗啊！菩薩摩訶薩應該學習那樣甚深的般若波羅蜜。〔觀自在菩薩如上回答之後，〕此時釋尊從三昧中站了起來，大大地讚揚了觀自在菩薩。「善哉、善哉。善男子，是的、是的，就像這樣、就像這樣。應該修行如你所說的甚深般若波羅蜜，〔其功德〕諸如來也將隨喜吧。」 146

19. 佛陀這樣說之後，長老舍利弗尊者與觀自在菩薩摩訶薩，及圍繞在座的一切弟子眾，甚至天神、人、阿修羅、乾闥婆等世間眾生們，皆大

歡喜讚佛所說。 147

真言唸誦與祈願

得訝他，噶得噶得，巴阿惹噶得，巴阿惹桑噶得，菩提，娑哈。

仰賴三寶聖教所持真理力，〔障礙盡悉〕退散、消滅、鎮住。

吉祥讚與普迴向

鎮八萬四千障難，

斷切一切諸逆緣，

開運成就圓滿，

今一切皆吉祥。

如寶之正見，

未解應理解，

理解則不衰，

令其漸增大。

如寶菩提心，

未生應令生，

生起則不衰，

令其漸增大。

增進聞思與修習之智慧，
亦廣增說論著之慧，
能授一切悉地，
祈加持速證菩提。

藉此善，無論誰，
圓滿福智二資糧，
由此得生，
佛尊妙二身。

任何眾生不能離，
善上師而修習法，
圓滿地與道諸功德，
祈速得持金剛位。

三 《般若心經》日課讀誦次第、修習法、功德

三歸與發心

首先，「三歸與發心」偈，讀誦三回。皈依佛、法、僧三寶（三歸）的意義，可從下述三階段來看，即（1）懼三惡趣苦、（2）懼輪迴苦、（3）懼不能救一切眾生苦。真摯地面對這樣的恐懼，而生起一心求救的心。的確，只有佛、法、僧三寶具備真正救渡的能力。全面深信仰賴三寶，若順其教而修行的話，將能完全克服一切恐懼。

特別是前述第三階段，即脫離對輪迴與小乘涅槃的恐懼，唯有仰賴佛陀、正法、聖者菩薩，可說是最高次元的皈依。這是大乘的皈依，直接與發菩提心（發心）相連結。此偈的第四句，「為渡眾生願成佛」濃縮了世俗菩提心的精髓。修學、讀誦《般若心經》，不外乎是為了達到「為渡一切眾生，自己得佛境地」的終極目標。三次反覆讀誦此偈，確立修行的正確動機。如果能這樣的話，一堂的日課已經成功了一半。

此最大要訣在三皈依與發菩提心，在確信理解之後，為了能更充分理解再進入實踐，請復習本書第四章第一節「資糧道」。

開經偈

其次讀誦「開經偈」。但是，此開經偈非常難解，需先解釋一下文字的意思。

例如，為了明白物質的存在，並非依實體而成立這點，將其部分細分化，仔細觀察不論在哪裡都無法找到它的實體性。像這樣，將部分或時間無限地細分化，一心一意地深入探討空性，終將到達用語言或概念也無法說明的狀態。這樣的境地，唯有透過深三昧，以直接的感覺去體會。這就是開經偈「不可說、不可思議〔以甚深〕般若波羅蜜、〔應覺〕不生不滅與空性〔之二諦〕」的意思，這樣的智慧稱為「內證智」。

又，「不生不滅」意味著緣起的意思，在第三章第二節「不生不滅──甚深八句法門」中有詳細說明。另外，關於緣起與空性的關係，請參照第二章第二節（五）「空性與緣起」。關於「二諦」，請參照第二章第二節（六）「勝義諦與世俗諦」。所謂「行境」，是「應認識、理解的對象」的意思，關於在修行的各個階段中該如何認識，在第二章第二節（四）「空性的理解」中有說明。又，「三世的勝者佛母〔般若〕」的意思，請參照第一章第一節「《般若心經》的解題」，以及同章第四節「般若與方便」。

一面誦著「開經偈」，一面心中確信「佛母般若波羅蜜」，尤其是其精華中的精華《般若心經》，正是三寶中的第一皈依對象「法寶」，並衷心生起禮拜的心。

《般若心經》本文的讀誦

接著讀誦《般若心經》。這裡用藏語或漢語來誦都可以。只是玄奘譯的漢文版，因缺序分和流通分，所以在誦經前稍做觀想比較好。也就是說，首先觀想從觀自在菩薩的口中宣說《般若心經》的梗概，等誦完經文

後，再觀想釋尊印可、祝福宣說的內容，並咐囑弟子們受持、流通。

　　總之，誦讀《般若心經》的本文時，盡可能地隨經文內容做觀想。邊誦經邊觀想或許較難，可以在適當的段落處停下來做瞑想。關於經文內容的詳細說明，請見從第一章第五節的「五種圓滿」到第二章第二節的（三）「空與無自性」，以及整個第三章〈般若心經講述的教誨〉所說教義，有時間時請多加復習。又，隱藏於字裡行間的要義，在第四章〈般若心經的隱義──五道與十地〉有說明。另外，考慮自身的修行面，正確理解經文內容並時常復習，要比擅長誦經來得重要。若再三重複讀誦與修習的話，便能自然地記得內容，並能一點一點地加深對內容的理解。

真言唸誦與祈願

　　《般若心經》本文的最後，誦的是「般若波羅蜜的真言」。請再次回想「甚深四句法門」與「甚深八句法門」的意義。相關說明，請見第三章第一節與第二節。一面憶念其意義，一面在心中觀想菩薩修行五道的情形，然後請唸誦般若波羅蜜的真言數遍（3 遍、7 遍、21 遍、108 遍等）。有關此真言的說明，請見第三章第六節。

　　真言唸誦完畢後，一面唸「仰賴三寶聖教所持真理力，〔障礙盡悉〕退散、消滅、鎮住」，一面有力地拍手三次。這在消除神魔、惡靈等外障礙，及消除三毒煩惱等內障礙上，是具有極大加持力的祕法。般若波羅蜜的真言，是濃縮究竟真理的心髓，也最能有效對治障礙。原因是外障礙最怕的是真理，而內障礙也是碰到真理就失去其力量。如果能憶念「甚深四句法門」等真理，並守護其祕訣、親身實踐的話，要比其他消災除魔的修

法更有效。

吉祥讚與普迴向

最後，在此日課的結尾，誦的是吉祥讚與普迴向。讀誦《般若心經》可以累積非常大的功德。不要自己獨佔這個善的果，將它分享給一切眾生是非常重要的，因此請做如下之迴向，即「藉自己誦經的功德力，願一切眾生正見增長」、「願一切眾生發菩提心並長養」、「為救渡一切眾生，願成熟種種智慧與神通力」、「願一切眾生圓滿福德與智慧資糧，得佛陀法身與色身」、「不管幾度轉世，都能遇到如法的上師，受教並修行圓滿，自己成為持金剛佛，救渡一切眾生」等等。

誦經功德

因為空性是究竟的真理，讀誦此類經典或論書的話，將能積累大功德、淨化罪過。也可藉此防止來世墮三惡趣。聖提婆的《四百論》說：「小福德，甚至不及對此法（空性）抱持疑義。只是〔對空性〕抱持疑義，就能粉碎輪迴」。換句話說，縱使對空性的道理抱持半信半疑的態度，也能產生足以將輪迴束縛摧毀的大功德力。更何況，以正確信解為基礎，修習空性的話，其功德威力更是無法測量。寂天的《大乘集菩薩學論》也說：「修習空性的利德無限。」

當然，《般若心經》是闡述空性的經典。因此，聽聞、思維、修習此經，或讀誦、書寫、講說此經的話，一定能積累極大的功德。假使未能正確理解其內容並修習，而只是對空性的意義抱持關心，口誦甚深經文，也

能獲得非常多的利益。

有關讀誦、修習《般若心經》的利德，首先該思考的是若以此教法為基礎的話，將可得最究竟之佛陀境地。「從母親的般若波羅蜜，生出身為孩子的佛陀、菩薩、緣覺、聲聞四聖者」，這種說法是中觀歸謬論證派的見解。

其次，從暫時的利德來看，讀誦、修習《般若心經》可消除降臨到修行者身上的內外障礙並去除恐懼。所謂外障礙，例如地震、洪水、火山、暴風等，即器世間的四大所帶來的災害。而所謂內障礙，則是體內的四大失調而損害健康等。這些障礙原本是因業的複雜因果關係而發生的，未必能迴避。但是，例如同樣受到病苦的折磨，學習、實踐《般若心經》的修行者，在精神上所受的苦惱會減少一些，所以利用生病作為修行助緣也是有可能的。

讀誦、修習《般若心經》的利德中，特別為人所熟知的有斷除靈障。所謂靈障，是指魔神、惡靈，也就是邪天、惡餓鬼等，普通人的眼睛所看不到的眾生帶來的災難。想認真修習佛教時，此類障礙經常集中發生的例子也不少。這時候，可藉讀誦、修習《般若心經》快速退散魔神或惡靈。原因是魔神、惡靈最怕的是真理，而《般若心經》正是一部濃縮了究竟真理的經教。只要一度接觸真理，大部分的魔神、惡靈將會退失加害之心。即使不這樣的話，對修習空性的修行者而言，魔神、惡靈們的危害也不會產生效用。關於這點，釋尊藉「降魔」的示現，以完美的形式做了最好的實證。

雖說因種種障礙而產生恐懼、苦惱，但若追究其根本原因，得到的答

案是我們自己的三毒煩惱。三毒煩惱中，無明是一切的根源。若要滅無明，除了理解究竟真理──空性──的般若之外，沒有其他更好的方法了。因此，唯有般若才是對治煩惱的最好方法，能斷除任何的障礙。從這點，可藉由理論推知讀誦、修習《般若心經》的利益功德之根據。

本書引用之印度與西藏論師及其著作介紹

佛說經典

《般若心經》（shes rab sning po (Toh.21)）

《八千頌般若》（sher phyin stong phrag brgyad pa (Toh.12)）

《入楞伽經》（lang kar gshegs pa (Toh.107)）

《無熱龍王所問經》（ma dros pas zhus pa (Toh.156)）

《如來祕密不可思議經》（de bzhin gshegs pa'i gsang ba'i mdo (Toh.47)）

《法華經》（dam pa'i chos pad ma dkar po (Toh.113)）

《勝鬘經》（lha mo dpal phreng gi seng ge'i sgra (Toh.92)）

《大日經》（rnam snang mngon byang (Toh.494)）

《祕密集會》（gsang ba 'dus pa (Toh.442, 443)）

印度論師

龍樹（Nāgārjuna / klu sgrub, c. 150-250）

　　中觀派開祖。文殊菩薩傳授他《般若經》的顯義，因而確立了「中觀學」。主要著作是《根本中論頌》（dbu ma rtsa shes (Toh.3824)）。本書引用的其他著作包括《六十頌如理論》（rigs pa drug cu pa (Toh.3825)）、《空七十論》（stong nyid bdun bcu pa (Toh.3827)）、《寶行王正論》（rin chen phreng ba (Toh.4158)）、《法界讚》（chos dbying bstod pa (Toh.1118)）、《出世間讚》（'jig rten las 'das par bstod pa (Toh.1120)）、《菩提心釋》（byang chub sems 'grel (Toh.1801)）等。站在西藏密教的

信仰基礎上，《祕密集會》的聖者流的《五次第》（rim lnga (Toh.1802)）等也屬龍樹的著作。

聖提婆（Āryadeva / phags pa lha, c. 170-270）

龍樹的弟子。透過與外道的辯論，標顯中觀思想的旗幟。主要著作是《四百論》（bzhi brgya pa (Toh.3846)）。

月稱（Candrakīrti / zla ba grags pa, c. 600-650）

集中觀歸謬論證派哲學之大成的論師。主要著作是《入中論》（dbu ma la 'jug pa (Toh.3861, 3862)）。本書引用的其他著作包括《淨明句論》（tshig gsal (Toh.3860)，《根本中論頌》注釋書）、《六十頌如理論注》（rigs pa drug cu pa'i 'grel pa (Toh.3864)）、《菩薩瑜伽行四百論注》（bzhi rgya pa'i 'grel pa (Toh.3865)）、《三歸七十頌》（skyabs gsum bdun cu pa (Toh.3971)）等。

寂天（Śāntideva / zhi ba lha, c. 650-700）

中觀歸謬論證派論師。主要著作是《入菩薩行論》（spyod 'jug (Toh.3871)）。本書引用的其他著作包括《大乘集菩薩學論》（bslab pa kun bstus (Toh.3939, 3940)）等。

蓮華戒（Kamalaśīla, c. 740-795）

瑜伽行中觀派論師。赴西藏與來自中國的摩訶衍和尚辯論，即所謂的「拉薩論爭」，結果打敗中國論師。主要著作是《修習次第》（bsgom rim (Toh.3915, 3916, 3917)）。

無著（Asaṅga / thogs med, c. 395-470）

　　彌勒菩薩傳授他《現觀莊嚴論》（mngon rtogs rgyan (Toh.3786)）、《大乘莊嚴經論》（mdo sde rgyan (Toh.4020)）、《中邊分別論》（dbu mtha' rnam 'byed (Toh.4021)）、《究竟一乘寶性論》（rgyud bla ma (Toh.4024)）等，確立了「般若學」，同時是唯識派的開宗祖師（請注意：無著所確立的般若學，其最終見解不是唯識而是中觀思想）。主要著作是《攝大乘論》（theg chen bsdus pa (Toh.4048)）。本書引用《菩薩地》（byang sa (Toh.4037)，《瑜伽師地論》〔rnal 'byor spyod pa'i sa〕的一部分）、《大乘阿毘達磨集論》（mngon pa kun btus (Toh.4049)）。

世親（Vasubandhu / dbyig gnyen, c. 400-480）

　　無著的親弟弟。集唯識派哲學之大成。主要著作是《唯識三十頌》（sum cu pa (Toh.4055)）。本書主要引用站在說一切有部立場而撰述的《阿毘達磨俱舍論》（mngon pa'i mdzod (Toh.4089, 4090)）。

陳那（Dignāga / phyogs kyi glang po, c. 480-540）

　　確立佛教論理學的論師。論理學的方法以經量部為基礎，佛教思想面則屬唯識派。主要著作是《集量論》（tshad ma kun btus (Toh.4203, 4204)），本書引用《般若波羅蜜多攝句品》（sher phyin bsdus tshig le'u (Toh.3809)）。

安慧（Sthiramati / blo gros brtan pa, c. 510-570）

　　無相唯識派論師。本書引用其著作《大乘莊嚴經論注》（mdo sde rgyan gyi 'grel bshad (Toh.4034)）、《唯識三十頌注》（sum cu pa'i bshad pa (Toh.4064)）。

法稱（Dharmakīrti / chos kyi grags pa, c. 650）

　　集佛教論理學大成之論師。主要著作是《量評釋》（tshad ma rnam 'grel (Toh.4210, 4216)）。本書雖未直接引用，但所介紹的「佛教論理學」內容，幾乎都來自法稱之說。

師子賢（Haribhadra / seng ge bzang po, c. 800）

　　瑜伽行中觀派的論師，同時集般若學之大成。本書引用其著作《現觀莊嚴論小注》（mngon rtogs rgyan gyi 'grel chung (Toh.3793)）。

阿底峽（Atiśa, 982-1054）

　　中觀歸謬論證派的論師。赴西藏，指導佛教界的再興。根據其主要著作《菩提道燈論》（byang chub lam sgron (Toh.3947, 3948)）確立了「道次第」（lam rim）的程序。

西藏論師

布敦・仁欽朱（bu ston rin chen grub, 1290-1364）

　　佛教經典藏文《大藏經・丹珠爾》的編訂者，是著名學僧。本書引用《佛教史大寶藏論》（chos 'byung rin po che'i mdzod）。

宗喀巴・羅桑扎巴（tsong kha pa blo bzang grags pa, 1357-1419）

　　西藏佛教的教理、實踐體系集大成的大學僧、大聖者。確立了祈願大法會的傳統，建立總本山甘丹寺。格魯派的宗祖。繼承阿底峽以來的「道次第」傳統，主要著作是《菩提道次第廣論》（byang chub lam rim chen mo）與《真言道次第論》（sngags rim chen mo）。本書引用的其他著作包括《菩提道次第略論》（lam rim chung ba）、《菩提道次第集義》（lam rim bsdus don）、《了義未了義善說心髓》（drang nges legs bshad snying po）、《中觀密意解明》（dbu ma dgongs pa rab gsal，《入中論》注釋）、《道的三要訣》（lam gtso rnam gsum）、《緣起讚》（rten 'brel bstod pa）、《祕密集會五次第直傳》（rim lnga dmar khrid）等。又，其外甥暨弟子根敦朱巴（dge 'dun grub）是達賴喇嘛轉世之初尊。

賈曹杰・達瑪仁欽（rgyal tshab dar ma rin chen, 1364-1432）

宗喀巴的大弟子。繼宗祖宗喀巴大師之後，成為第一任甘丹寺法台。本書引用其著作《注釋藏莊嚴》（rnam bshad snying po，《現觀莊嚴論》注釋）、《解脫道作明》（thar lam gsal byed，《量評釋》注釋）、《善說阿毘達磨海藏》（chos mngon rgya mtsho'i snying po，《大乘阿毘達磨集論》注釋）。

克珠杰・格勒巴桑（mkhas grub dge legs dpal bzang po, 1385-1438）

宗喀巴的第二大弟子。繼賈曹杰之後，成為第二任甘丹寺法台。本書引用其著作《因明七部莊嚴》（sde bdun yid kyi mun sel，法稱的論理學七論書的解說）。後世追認他是第一世班禪喇嘛的轉世活佛。

滂杰・索南扎巴（pan chen bsod nams grags pa, 1478-1554）

格魯派大本山哲蚌寺洛桑林經院的教科書的撰寫者。甘丹寺夏孜經院也用此教科書。本書則引用其著作中的《中觀學總義》（dbu ma spyi don）與《般若學總義》（phar phyin spyi don）。另外，本書作者基本上也屬滂杰・索南扎巴的學派系統。

嘉木樣・協巴多吉（'jam dbyangs bzhad pa ngag brtson 'grus, 1648-1721）

哲蚌寺果芒經院教科書的執筆者、格魯派的學僧。在東北藏區建立了大本山拉卜楞寺。主要著作是《大宗義》（grub mtha' chen mo）。

章嘉・若貝多杰（lcang skya rol pa'i rdo rje, 1717-1786）

清乾隆帝的國師，畢生貢獻於蒙古、滿州教化的格魯派學僧。實現了在亞洲大陸廣弘西藏佛教的全盛期。主要著作是《宗義解說》（grub mtha' rnam bzhag）。

貢郤亟美旺波（dkon mchog 'jigs med dbang po, 1728-1791）

嘉木樣・協巴多吉的轉世者，章嘉的弟子。著作《宗義寶鬘》（grub mtha' rin po che'i phreng ba）為本書所引用，是《大宗義》精簡扼要、具體而微的綱要書。

土觀・郤吉尼瑪（thu'u bkwan blo bzang chos kyi nyi ma, 1737-1802）

章嘉的弟子。主要著作為《一切宗義》（grub mtha' thams cad），以將重點放在西藏佛教各宗派的解說而聞名。

索引

使用方法:

詞條依筆畫順序排列。

詞條後為其藏文羅馬拼音（Wylie 羅馬轉寫系統）。

所揭頁碼為日文原書頁碼, 請參照頁邊以 [ ] 標記的數字。

所揭頁碼原則上限定在說明該詞的意義或定義之處所, 以便正確理解該用語。

所揭頁碼文中出現的該詞, 以黑體字表示, 以便找尋。

一畫

一切法　chos thams cad　23

一切相智　rnam pa thams cad mkhyen pa 219

一切相智性　rnam pa thams cad mkhyen pa nyid　6, 10, 204, 213, 219

一切智　thams cad mkhyen pa　144, 219

一切智性　thams cad mkhyen pa nyid　219

一切智智　thams cad mkhyen pa'i ye shes　6, 10, 219

二畫

七覺支　byang chub kyi yan lag bdun　226

二十三心不相應行　ldan min 'du byed gnyis shu rtsa gsum　72

二我執　bdag 'dzin gnyis　79

二身　sku gnyis　7

二無我　bdag med gnyis　79

二資糧　tshogs gnyis　5

二障　sgrib gnyis　7

二諦　bden gnyis　206

二邊　mtha' gnyis　99

二顯現　gnyis snang　45, 95, 180

人無我　gang zag bdag med　31, 59, 90

八十種好　dpe byad bzang po brgyad cu　212

八不　dgags pa brgyad　151

八正道　'phags lam yan lag brgyad　158, 229

八有暇　dal ba brgyad　221

八忍八智　shes bzod skad cig ma bcu drug　190

八相　rgyal ba'i mdzad chen brgyad　242

八苦　sdug bsngal brgyad　158, 229

八現觀　mngon rtogs brgyad　220

八聖道　'phags lam yan lag brgyad　158

力波羅蜜　stobs kyi phar phyin　235

十二心　72

十二相　mdzad pa bcu gnyis　207

十二處　skye mched bcu gnyis　125

十二緣起　rten 'brel bcu gnyis　132, 155, 156

十八界　khams bco brgyad　129

十大煩惱　rtsa nyon bcu　189

十六空性　stong nyid bcu drug　84

十四心不相應行　ldan min 'du byed bcu bzhi　72

十地　sa bcu　165, 184

十具足　'byor ba bcu　222

十波羅蜜　phar phyin bcu　197

十善戒　dge ba bcu　231

三畫

三十七菩提分法　byang phyogs so bdun　229

三十二相　mtshan bzang po sum cu rtsa gnyis　212

三千大千世界　stong gsum 'jig rten　167

三世兩重因果　132

三身　sku gsum　206

三身修道　sku gsum lam 'khyer　258

三空　stong pa gsum　268

三施　sbyin pa rnam gsum　231

三昧　ting nge 'dzin　17

三昧耶形　phyag mtshan　265

三昧耶戒　dam tshig sdom pa　232, 265

三毒　dug gsum　220

三界　khams gsum　183

三祇百劫　251

三乘　theg pa gsum　219

三惡趣 ngan 'gro gsum 168

三智 mkhyen gsum 220

三善趣 bde 'gro gsum 168

三解脫門 rnam thar sgo gsum 124, 230

三種性 rigs gsum 68

三聚淨戒 tshul khrims gsum 219

三慧 shes rab rnam pa gsum 6, 172

三賢 173

三輪清淨 'khor gsum rnam dag 151

三藏 sde snod gsum 220

三轉十二行相 lan gsum du bzlas te chos kyi
'khor lo rnam pa bcu gnyis su bskor ba
137

三寶 dkon mchog gsum 168

上師 bla ma 244

凡俗慢 tha mal pa'i nga rgyal 266

凡俗顯現 tha mal pa'i snang ba 266

大乘加行道 theg chen gyi sbyor lam 181,
226

大乘資糧道 theg chen gyi tshogs lam 175,
223

大乘種性 theg chen gyi rigs can 21, 68

大種所造觸 'byung gyur gyi reg bya 154

大種觸 'byung bar gyur pa'i reg bya 154

大樂 bde chen 267

子光明 bu'i 'od gsal 258

四畫

不生 ma skyes pa 120

不生、不滅 ma skyes ma 'gags 121, 152

不染污的自己愛着 78

不迷亂 ma 'khrul ba 87

不退轉 phyir mi ldog pa 176

不淨幻身 ma dag pa'i sgyu lus 261, 268

不滅 ma 'gags pa 121

不斷 rgyun mi 'chad pa 216

中有 bar do 157

中有報身 bar do longs sku 259

中觀自立論證派 dbu ma rang rgyud pa 52,
236

中觀派 dbu ma pa 20

中觀學 dbu ma 20

中觀歸謬論證派 dbu ma thal 'gyur ba 20,
52

五力　stobs lnga 224

五十一心所　sems byung lnga bcu rtsa gcig 72

五大　'byung ba lnga 71

五戒　bslab gzhi lnga'i dge bsnyen sdom pa 223

五決定　nges pa lnga 207

五性　rigs lnga 68

五相成身　mngon byang lnga 259, 267

五根　dbang po lnga 126, 224

五停心觀 173

五現等覺　mngon byang lnga 259, 267

五智　ye shes lnga 214

五道　lam lnga 164

五種性　rigs lnga 68

五種圓滿　phun sum tshogs pa lnga 12

五蘊　phung po lnga 23, 27

六十種聲　dbyangs kyi yan lag drug cu 213

六大　khams drug 71

六大煩惱　rtsa nyon drug 189

六內處　nang gi skye mched drug 126

六外處　phyi'i skye mched drug 126

六波羅蜜　phar phyin drug 7, 197

六根　dbang po drug 126

六欲天　'dod lha rigs drug 226

六處　skye mched drug 133

六道　'gro ba rigs drug 168

六境　yul drug 126

六識　rnam shes tshogs drug 129

分別　rtog pa 43, 76, 87

化身　sprul sku 207

幻身　sgyu lus 268

引業　'phen byed kyi las 154

心不相應行　ldan min 'du byed 26

心王　gtso sems 26, 71

心所　sems byung 26, 71

心相續　sems rgyud 175

方便　thabs 11, 250

方便三乘，究竟一乘　thabs kyi theg pa gsum/ mthar thug theg pa gcig 68

方便波羅蜜　thabs kyi phar phyin 235

止　zhi gnas 45, 181

止觀不離　zhi lhag zung 'brel 45

比量　rjes dpag 42, 87

水中月的比喻 chu zla'i dpe 112

父母尊 yab yum 250

父續 pha rgyud 263

五畫

世俗 kun rdzob 29, 74

世俗菩提心 kun rdzob sems bskyed 171

世俗諦 kun rdzob bden pa 55, 102, 268

世第一法 chos mchog 177

世尊 bcom ldan 'das 6, 204

世間極成 'jig rten grags pa 50, 106

以有情為所緣的慈悲 sems can la dmigs pa'i snying rje 214

以藉車的比喻否定七邊 shing rta'i dpe dang bcas par mtha' bdun dgag pa 90

以法為所緣的慈悲 chos la dmigs pa'i snying rje 215

以空性為所緣的三昧 stong nyid dmigs pa'i ting 'dzin 41

他力 gzhan stobs 238

他空 gzhan stong 82

出世間 'jig rten las 'das pa 185

出離 nges 'byung 169

加行道 sbyor lam 176

四十六心所 sems byung bzhi cu zhe drug 72

四大 'byung ba bzhi 71

四大種 'byung ba bzhi 25

四加行 sbyor ba bzhi 220

四正勤 yang dag par sbong ba bzhi 223

四正斷 yang dag par sbong ba bzhi 223

四向四果 zhugs pa bzhi dang 'bras gnas bzhi 228

四身 sku bzhi 206

四念住 dran pa nyer bzhag bzhi 173, 222

四法 chos bzhi 10

四法印 lta ba bka' rtags kyi phyag rgya bzhi 69

四空 stong pa bzhi 268

四空性 stong nyid bzhi 85

四施 sbyin pa rnam bzhi 231

四苦 sdug bsngal bzhi 157

四神足 rdzu 'phrul gyi rkang pa bzhi 223

四部密續 rgyud sde bzhi 263

四善根 dge tsa bzhi 176, 224

四學派 grub mtha' smra ba bzhi 20

四諦 bden pa bzhi 136

四諦十六心剎那 sems skad gcig ma bcu drug 190

四諦十六行相 bden bzhi rnam pa bcu drug 178

四雙八輩 zhugs gnas brgyad 228

四邊 mtha' bzhi 102

四顛倒 phyin ci log bzhi 222

四攝事 bsdu ba'i dngos po bzhi 234

四魔 bdud bzhi 69

外境內心有無平等 phyi rol dang nang sems gnyis yod med mtshungs pa 105

布施 sbyin pa 231, 234

本來清淨 gzod ma nas rnam dag 153, 239

本尊事業 lha yi phrin las 265

本尊瑜伽 lha yi rnal 'byor 253

本尊慢 lha yi nga rgyal 257, 266

末那識 nyon yid 155

正知 shes bzhin 233

正理知量 rigs pa'i tshad ma 30, 80

母光明 ma yi 'od gsal 258

母續 ma rgyud 263

生 skye ba 134

生有應身 skye ba sprul sku 260

生死即涅槃 'khor 'das dbyer med 123

生死涅槃平等性的加行 srid zhi mnyam nyid kyi sbyor ba 195

生起次第 bskyed rim 257, 263

示轉 bzlas pa dang po sde 137

六畫

光明 'od gsal 258, 268

共相 spyi mtshan 71

同事 don mthun pa 234

同類因——等流果 mtshungs ldan gyi rgyu - rgyu mthun pa'i 'bras bu 149

同體異面 ngo bo gcig ldog pa tha dad 70, 112

名色 ming gzugs 133

因之三相 tshul gsum 87

因位識 rgyu dus kyi rnam shes 132

因果 rgyu 'bras 113, 148

因諦、勝義、真實而成立 bden pa dang don dam par dang yang dag tu grub pa 52

如幻的空性 sgyu ma lta bu'i stong nyid 46, 186

如來 de bzhin gshegs pa 204

如來十八不共法 sangs rgyas kyi chos ma 'dres pa bco brgyad 246

如來十力 de bzhin gshegs pa'i stobs bcu 247

如來四無畏 de bzhin gshegs pa'i mi 'jigs pa bzhi 161

如來藏 bde gshegs snying po 203, 239

如量智 ji snyed pa mkhyen pa'i ye shes 245

如實有 ji lta ba 59, 104, 245

如實智 ji lta ba mkhyen pa'i ye shes 245

成住同質 grub bde rdzas gcig 70

成就修道 sgrub pa sgom lam 195

成實 gzhi grub 68

有 yod pa 23, 68, 133

有色根 dbang po gzugs can pa 126

有身見 'jig lta 32, 76, 132, 228

有依根 rten bcas kyi dbang po 153

有為 'dus byas 70

有為法 'dus byas chos 24

有為法的滅 'dus byas zhig pa 152

有限 ji snyed pa 58, 104, 245

有情 sems can 26

有情世間 bcud kyi sems can 221

有暇具足 dal 'byor 168, 221

有漏法 zag bcas kyi sgom lam 194

有漏修道 zag bcas kyi sgom lam 194

有餘涅槃 lhag bcas myang 'das 202, 237

有學道 slob pa'i lam 237

有學雙運 slob pa'i zung 'jug 262

死有法身 'chi ba chos sku 259

老死 rga shi 134

自力 rang stobs 238

自己愛著 rang gces 'dzin 78

自他交換法 gtong len 67

自立論證派 rang rgyud pa 98

自利身 rang don gyi sku 206

自性 rang bzhin 28, 31

自性法身 ngo bo nyid sku 206, 238

自性清淨 rang bzhin rnam dag 239

自相 rang gi mtshan nyid 33, 73, 98, 120

自相 rang mtshan 71

色 gzugs 25

色身 gzugs sku 206

色界 gzugs khams 184, 226

色境 gzugs 126

色蘊 gzugs kyi phung po 27

行 'du byed 132

行為的滅 las 'gags 152

行相 rnam pa 178

行蘊 'du byed kyi phung po 27

七畫

佛母 rgyal ba'i yum 6

佛性 sangs rgyas kyi rigs 203, 239

佛陀 sangs rgyas 5, 204

佛教論理學派 nang pa'i tshad ma rigs pa ba 86

佛寶 sangs rgyas dkon mchog 218

作成的菩提心 bcos ma'i byang sems 264

別相念住 173

別解脫律儀 so sor thar pa'i sdom pa 223

利他身 gzhan don gyi sku 206

利行 don spyod pa 234

否定生四邊 mtha' bzhi'i skye ba dgag pa 92

形色 dbyibs 154

忍 bzod pa 177

忍辱 bzod pa 232

戒禁取 tshul khrims brtul zhugs mchog 'dzin 228

我 bdag 31

我生起 bdag bskyed 257

我見 bdag lta 32, 76

我所見 bdag gir lta ba 32, 77

技藝應身 bzo bo sprul sku 209, 243

扶塵根 dbang rten khog pa 153

究竟一乘 mthar thug theg pa gcig 165, 204

究竟次第 rdzogs rim 260, 263

見取 lta ba mchog 'dzin 228

見所斷 mthong spang 189

見惑 mthong spang gi nyon mongs 189

見道 mthong lam 182

言說有 tha snyad du yod pa 106

言說量 tha snyad pa'i tshad ma 30

邪見 log lta 228

八畫

事物 dngos po 24, 70

依他起性 gzhan dbang 94

供養 mchod pa 231

取 len pa 133

受 tshor ba 73, 133

受生應身 skye ba sprul sku 209, 243

受用身 longs spyod rdzogs pa'i sku 206

受蘊 tshor ba'i phung po 27

味境 ro 154

定 ting nge 'dzin 17

定立性否定 ma yin dgag 38, 84

所化 gdul bya 17

所引 'phangs pa'i yan lag 155

所生 mngon par grub pa'i yan lag 155

所作性 byas pa 24, 70

所知 shes bya 68

所知障 shes sgrib 200

所量 gzhal bya 68

所緣 dmigs pa 68, 178

所緣緣 dmigs rkyen 129

明確顯現 gsal snang 267

果位識 'bras dus kyi rnam shes 132

波羅提木叉 so thar sdom pa 223, 231

波羅蜜多 pha rol tu phyin pa 6

波羅蜜乘 phar phyin theg pa 263

法 chos 68

法性 chos nyid 39, 82

法界 chos dbyings 39, 82

法處所攝色 chos kyi skye mched pa'i gzugs 154

法無我 chos kyi bdag med 31, 92

法境 chos 127

法寶 chos dkon mchog 218

知 shes pa / blo 25, 88

空 stong pa 36, 224

空性 stong pa nyid 39

空性的修習 stong nyid sgom pa 255

空空性 stong pa nyid stong pa nyid 81, 119

舍利子 shā ri'i bu 16

舍利弗尊者 śāradvatību 16

初地 sa dang po 184

表業　rnam par rig byed yin pa'i las　128

金剛喻定　rdo rje lta bu'i ting 'dzin　141, 210

阿僧祇劫　bskal pa grangs med pa　167

阿賴耶識　kun gzhi　97, 152, 155

阿羅漢　dgra bcom pa　5, 165, 202

非有非無　yod min med min gyi lta ba　99

非事物　dngos med　24

非定立性否定　med dgag　38, 84

非所作性　ma byas pa　24

九畫

信解行地　mos pas spyod pa'i sa　219

前五識　dbang shes lnga　129

南贍部洲　lho 'dzam bu gling　170

客塵　glo bur　238

客塵清淨　glo bur rnam dag　239

後得智　rjes thob ye shes　46, 185

思己業　bsam pa' i las　154

思所成慧　bsam byung gi shes rab　174

思業　sems pa'i las　154

持戒　tshul khrims　231

流轉逆觀　nyon mongs phyogs kyi rten 'brel

lugs ldog　134

流轉順觀　nyon mongs phyogs kyi rten 'brel
lugs 'byung　134

甚深八句法門　zab mo khyad par brgyad ldan
118

甚深四句法門　zab mo khyad par bzhi ldan
110

甚深顯現　zab mo snang ba　15

甚隱蔽分　shin tu lkog gyur　213, 246

皈依　skyabs 'gro　168, 169, 172

相互緣起　phan tshun ltos pa'i rten 'brel　49,
148

相應根　de mtshungs kyi dbang po　153

約教的二諦說　104

約境的二諦說　104

苦諦　sdug sngal bden pa　136, 178

風　rlung 261

香境　dri　154

俱生大樂　bde chen lhan skyes　267

俱生我執　lhan skyes kyi bdag 'dzin　77

俱生煩惱　lhan skyes kyi nyon mongs　189

俱生諦執　lhan skyes kyi bden 'dzin　51, 97,

193

修心 blo sbyong 67

修所成慧 bsgoms byung gi shes rab 180

修所斷 sgom spang 189

修習 sgom pa 17

修惑 sgom spang nyon mongs 189, 198

修道 sgom lam 194

師事作法 bshes gnyen bsten tshul 244

根識 dbang shes 129

涅槃 mya ngan las 'das pa 153

真如 de bzhin nyid 39

真言乘 sngags kyi theg pa 263

真實義 de kho na nyid 39

神變 rdzu 'phrul 223

十畫

能引 'phen pa'i yan lag 155

能生 mngon par 'grub par byed pa'i yan lag
155

般若 shes rab 6, 233, 250

般若波羅蜜 sher phyin 10

般若波羅蜜多 shes rab kyi pha rol tu phyin
pa 6

般若學 phar phyin 164

迴向修道 bsngo ba sgom lam 194

十一畫

假說 btags pa 48, 53, 62

唯識派 sems tsam pa 94, 97, 105, 266

基、道、果 gzhi lam 'bras gsum 58

執著性 zhen pa 43, 76, 230

執著境 zhen yul 76

密教 gsang sngags 251

將水注入水中 chu la chu bzhag pa 184,
266

常 rtag pa 24

常住、單一、自在之我 rtag gcig rang
dbang can gyi bdag 70

常邊 rtag mtha' 53

欲界 'dod khams 184

清淨三地 dag pa sa gsum 198

清淨幻身 dag pa'i sgyu ma'i sku 262, 268

清淨修道 rnam dag sgom lam 195

理解 rtogs pa 17

理趣 tshul 242

現前分 mngon gyur 213

現等覺 mngon par byang chub pa 206

現量 mngon sum 42, 87, 182

畢竟無 ye med pa / gtan med 23, 69

異熟 rnam smin 227

眼識 mig shes 129

第六識 drug pa yid shes 129

第四禪 bsam gtan bzhi pa 184

習氣 bag chags 200

貪欲 'dod chags 189

頂 rtse mo 177

十二畫

最後有 rgyun mtha' 210

最後有的菩薩 byang sems rgyun mtha' ba 141

最勝應身 mchog gi sprul sku 208

勝者 rgyal ba 204

勝義 don dam 29, 74

勝義菩提心 don dam sems bskyed 183

勝義諦 don dam bden pa 39, 55, 102, 268

喇嘛 bla ma 244

單純我 nga tsam 65, 157

喻光明 dpe'i 'od gsal 261, 268

報身 longs sku 206

悲 snying rje 171

智波羅蜜 ye shes kyi pha rol tu phyin pa 235

智法身 ye shes chos sku 259

智慧 shes rab 10

無上正等覺 bla na med pa'i yang dag par rdzogs pa'i sangs rgyas 144, 204

無上淨土的加行 zhing dag pa bla na med pa'i sbyor ba 196

無上瑜伽續 rnal 'byor bla med rgyud 257, 263

無功用 lhun gis grub pa 215

無自性 rang bzhin med pa 39

無色界 gzugs med khams 184, 226

無住處涅槃 mi gnas pa'i myang 'das 5, 144

無我 bdag med 70, 224

無所欺瞞 mi bslu ba 55

無所緣行相 mi dmigs pa'i rnam pa 230

無所緣的慈悲　dmigs pa med pa'i snying rje 215

無明　ma rig pa　32, 74, 77, 132, 156, 189

無表業　rnam par rig byed ma yin pa'i las　128

無為法　'dus ma byas　24, 119

無相行相　mtshan ma med pa'i sbyor ba　230

無常　mi rtag pa　24, 70

無間道　bar chad med lam　185

無漏法　zag med kyi chos　70, 137

無漏的等引　mnyam bzhag zag med　45, 185

無漏修道　zag med sgom lam　194

無餘涅槃　lhag med myang 'das　202, 237

無學道　mi slob pa'i lam　202

無學雙運　mi slob pa'i zung 'jug　262

無願行相　smon pa med pa'i rnam pa　230

猶如虛空的空性　nam mkha' lta bu'i stong nyid　45, 186

發菩提心　sems bskyed　170

發趣心　'jug pa sems bskyed　21, 171

發願心　smon pa sems bskyed　21, 171

等引智　mnyam bzhag ye shes　45, 185

等無間緣　de ma thag rkyen　129

善巧方便　thabs mkhas　208

善巧方便的加行　thabs mkhas sbyor ba　196

善因樂果、惡因苦果　rgyu dge ba las 'bras bu bde ba/ rgyu sdig pa las 'bras bu sdug bsngal　114

善根　dge rtsa　174

善逝　bde bar gshegs pa　204

菩提心　byang chub sems　21

菩薩　byang chub sems dpa'　21, 172

菩薩戒　byang sems sdom pa　99, 223, 231

虛空　nam mkha'　70

貼上標籤　ming gis bzhag pa　62

量　'jal ba　68

量　tshad ma　42, 69, 86

集諦　kun 'byung bden pa　136, 178

順決擇分　nges 'byed cha mthun　176

順解脫分　thar pa cha mthum　167

須彌山　ri rab　221

十三畫

僅是世俗　kun rdzob tsam　56

圓成實性　yongs grub　94

愚癡 gti mug 189

意生身 yid lus 209

意根 yid dbang 126

意現量 yid mngon 89

意識 yid kyi rnam shes 129

慈 byams pa 170

想蘊 'du shes kyi phung po 27

愛 sred pa 133

愛語 snyan par smra ba 234

損減 skur 'debs 85

滅諦 'gog pa'i bden pa 137, 178, 225

煩惱即菩提 nyon mongs dang byang chub
   ro gcig 123

煖 drod 177

瑜伽現量 rnal 'byor mngon sum 43

義光明 don gyi 'od gsal 261, 268

聖者 'phags pa 183

聖者的佛陀 sangs rgyas 'phags pa 183

補特伽羅 gang zag 26

解脫 thar pa 5

解脫道 rnam grol lam 185

資糧道 tshogs lam 167

道諦 lam gyi bden pa 137, 178

遍計我執 kun brtags kyi bdag 'dzin 77

遍計所執性 kun brtags 94

遍計煩惱 kun brtags kyi nyon mongs 189

十四畫

僧伽 dge 'dun 183, 226

僧寶 dge 'dun dkon mchog 218

境 yul 68

對治 gnyen po 74

滿業 rdzogs byed kyi las 154

種字 sa bon 265

精進 brtson 'grus 232

聞所成慧 thos byung gi shes rab 174

誓願波羅蜜 smon lam gyi phar phyin 235

輕安 shin sbyangs 233

十五畫

增上意樂 lhag bsam 171

增上緣 bdag rkyen 129

增益 sgro 'dogs 86

慧 shes rab 6, 233

樂空不二 bde stong dbyer med 263, 267

瞑想 sgom 17

瞋恚 zhe sdang 189

緣 dmigs pa 68

緣起 rten 'brel 48, 113

諸法 chos rnams 23

趣入境 'jug yul 86

輪迴 'khor ba 167

遮詮法 dgag pa 37, 83

遮遣趣入 sel 'jug 76

十六畫

器世間 snod kyi 'jig rten 221

憶念 dran pa 233

諦 bden pa 38, 74

諦不成就 bden par ma grub 39

諦成就 bden grub 39

諦取 bden 'dzin 52

諦執 bden 'dzin 52

隨現觀 rjes la mngon rtogs 194

隨喜修道 rjes su yid rang sgom lam 195

十七畫

應身 sprul sku 207

應供 dgra bcom pa 219

禪定 bsam gtan 233

總相念住 173

聲境 sgra 154

還滅逆觀 rnam byang gi rten 'brel lugs ldog 134

還滅順觀 rnam byang gi rten 'brel lugs 'byung 134

隱蔽分 lkog gyur 213

十八畫

斷邊 chad mtha' 54

藉自體、自相、自性而成立 rang gi ngo bos dang rang gi mtshan nyid kyis dang rang bzhing gyis grub pa 52

薰習 bag chags 200

轉世活佛制度 sprul sku ngos 'dzin lam srol 243

十九畫

離一異性 gcig dang tha dad bral ba'i mtshan nyid 90

離分別 rtog med 76, 87

繩與蛇的譬喻 thag dang sbrul gyi dpe 59

識 rnam par shes pa 132

識蘊 rnam shes kyi phung po 28

證成法 sgrub pa 37, 83

證成趣入 sgrub 'jug 76

證轉 bzlas pa gsum pa sde 137, 159

邊執見 mthar 'dzin pa'i lta ba 228

顛倒知 log shes 87

二十畫

勸轉 bzlas pa gnyis pa sde 137

觸 reg bya 133

觸境 reg bya 154

釋迦牟尼佛 ston pa śākya thub pa 204

釋尊 ston pa bcom ldan 'das 204

二十一畫

灌頂 dbang bskur ba 253, 264

二十三畫

變化身 sprul pa'i sku 207

顯色 kha dog 154

顯教 mdo 251, 263

顯現境 snang yul 236

二十五畫

觀 lhag mthong 45, 181

觀自在菩薩 'phags pa spyan ras gzigs dbang phyug 15

國家圖書館出版品預行編目資料

西藏的般若心經／索南格西（Geshe Sonam Gyaltsen Gonta）、貢卻斯塔
（Kunchok Shithar）、齋藤保高（Saitou Yasutaka）著；凃玉盞 譯．二版．--
臺北市：商周出版：城邦文化事業股份有限公司出版；英屬蓋曼群島商家
庭傳媒股份有限公司 城邦分公司發行；2022.03
面：　公分

　　譯自：チベットの般若心経

　　ISBN 978-626-318-175-5（平裝）

　1.般若部　2.藏傳佛教

221.45　　　　　　　　　　　　　　　　111001563

人與宗教 34

西藏的般若心經

原 著 書 名／チベットの般若心経
作　　　者／索南格西（Geshe Sonam Gyaltsen Gonta）、貢卻斯塔（Kunchok Shithar）、
　　　　　　齋藤保高（Saitou Yasutaka）
譯　　　者／凃玉盞
企 畫 選 書／林宏濤
責 任 編 輯／李尚遠、楊如玉
版　　　權／黃淑敏、吳亭儀
行 銷 業 務／周丹蘋、賴正祐
總　編　輯／楊如玉
事業群總經理／黃淑貞
總　經　理／彭之琬
發　行　人／何飛鵬
法 律 顧 問／元禾法律事務所　王子文律師
出　　　版／商周出版
　　　　　　城邦文化事業股份有限公司
　　　　　　台北市中山區 104 民生東路二段 141 號 9 樓
　　　　　　電話：(02) 25007008　傳真：(02) 25007759
　　　　　　blog：http://bwp25007008.pixnet.net/blog
　　　　　　E-mail：bwp.service@cite.com.tw
發　　　行／英屬蓋曼群島商家庭傳媒股份有限公司城邦分公司
　　　　　　台北市中山區 104 民生東路二段 141 號 2 樓
　　　　　　書虫客服務專線：(02) 25007718、(02) 25007719
　　　　　　24 小時傳真專線：(02) 25001990、(02) 25001991
　　　　　　服務時間：週一至週五上午09:30-12:00；下午13:30-17:00
　　　　　　劃撥帳號：19863813；戶名：書虫股份有限公司
　　　　　　讀者服務信箱E-mail：service@readingclub.com.tw
　　　　　　歡迎光臨城邦讀書花園　網址：www.cite.com.tw
香港發行所／城邦（香港）出版集團有限公司
　　　　　　香港灣仔駱克道193號東超商業中心1樓
　　　　　　電話：(852)25086231　傳真：(852) 25789337
　　　　　　E-mail：hkcite@biznetvigator.com
馬新發行所／城邦（馬新）出版集團　Cité (M) Sdn. Bhd.
　　　　　　41, Jalan Radin Anum, Bandar Baru Sri Petaling,
　　　　　　57000 Kuala Lumpur, Malaysia
　　　　　　電話：(603)90563833　傳真：(603)90562833

封 面 設 計／李東記
排　　　版／新鑫電腦排版工作室
印　　　刷／韋懋印刷事業有限公司
經 銷 商／聯合發行股份有限公司　電話：(02)29178022　傳真：(02)29156275

■ 2009 年(民98) 10 月 29 日初版一刷　　　　Printed in Taiwan
■ 2022 年(民111) 3 月 二版

定價450元